KB065750

과잉 민주주의

양극화 사회에서 정치의 자리

로버트 B. 탈리스(Robert B. Talisse) 지음
조계원 옮김

OVERDOING DEMOCRACY

과잉 민주주의
양극화 사회에서 정치의 자리

『과잉 민주주의』 책이 적절한 번역자를 통해 한국어로 소개되고, 서문을 쓰게 되어 큰 영광이다. 이 책은 2016년 미국 대통령 선거라는 시련 속에서 탄생했다. 이 기간에 하루가 멀다고 새로운 스캔들 의혹과 결례, 무도한 일들이 터져 나왔다. 두 명의 주요 후보인 힐러리 클린턴과 도널드 트럼프는 서로 상대방이 공직에 근본적으로 부적합하다고 주장하며 전면전을 벌였다. 트럼프는 더 나아가 클린턴을 범죄자로 규정했으며, 10월에 있었던 TV 토론에서는 자신이 당선되면 클린턴을 감옥에 보내겠다고 말하기도 했다. 미국 민주주의의 치욕스러운 순간이었다.

대통령 선거가 점점 더 격렬해지면서 일상에서도 어쩔 수 없이 선거를 둘러싸고 공적인 토론이 일어났다. 식료품점이나 동네 공원에 가는 중에도 낯선 사람들과 정치적 대화가 벌어졌다. 주로 후보자들의 성격에 초점을 두고 대화가 이어졌는데, 분노와 격분으로 치닫는 경우도 잦았다. 후보들의 공식적인 정책 공약이 언급되는 경우는 거의 없었다. 언급되더라도 후보자들의 슬로건과 공격 노선을 넘어 토론이 이루어지지는 않았다.

나는 이런 상황에 너무 지쳐버렸다. 그러다 문득 이렇게 과열된 정치 상황이 사회 전반의 경향을 반영한다는 생각이 들었다. 미국을 비롯한 민주주의 국가들에서 일상생활이 점점 더 정치를 중심으로 조직되고 있는 모습이 나타나고 있다. 오랫동안 나는 이것이 민주주의가 건강하다는 신호이며, 당파적 정체성이 일상적인 활동과 결합되는 것은 책임감 있는 시민성에서 비롯된다고 여겼다. 민주주의는 결국 시민으로서 전 시간을 보내야 하는 일이기 때문이다.

하지만 2016년에는 뭔가 잘못된 것 같았다. 단지 선거가 유례없이 혼탁해진 탓만은 아니었다. 마치 민주주의 정치가 변한 것처럼 느껴졌다. 당파적 분열은 좋은 정부냐, 나쁜 정부냐의 차이가 아니라 민주주의 자체의 실존을 둘러싼 근본적인 갈등으로, 그래서 국가의 생존이 달린 문제로 여겨지고 있었다. 이러한 상황에 대한 진단이 필요했고, 우리가 민주주의를 과도하게 추구해서 민주주의가 과잉되고 있다는 생각이 떠올랐다.

이 주장을 명확히 하는 것이 중요하다. 민주주의가 과잉될 수 있다는 생각은 우리가 정치에 참여하지 않거나 정치에서 물러나 엘리트나 전문가에게 통치를 맡겨야 한다는 주장이 아니다. 정치적으로 반대편에 있는 사람들과 화해하고, 서로의 차이를 제쳐두고 합의를 도출하는 법을 배워야 한다는 주장도 아니다. 참여하지 않는 것은 민주적인 선택지가 아니며, 화해는 실제로 가능하지 않은 경우가 많다.

오히려 이 주장은 민주주의만을 지속적으로 추구하게 되면 민주주의라는 공동선이 손상될 수 있다는 생각을 담고 있다. 정치가 우리가 함께하는 일의 전부일 때 민주주의는 어려움을 겪을 수 있다는 것이다. 시민들은 민주주의를 위해 적극적인 역할을 해야 하지만, 자기 삶 속에서 정치가 아닌 다른 목적을 위해 협력하고 활동할 수 있는 여지를 남겨두어야 한다. 그리고 때때로 정치에서 벗어나서 함께 일할 필요가 있다.

나는 비정치적인 협력 활동을 상상하기 어렵다는 것을 알고 있다. 하지만 정치적 표현이 아닌 협력 활동을 상상하기 어렵다는 것 자체가 과잉 민주주의의 증상이라고 생각한다. 우리가 함께하는 모든 일에서 당파적 정체성을 드러내야 한다는 생각에 너무 익숙해진 나머지 정치적이지 않은 친사회적 상호작용의 방식은 생각조차 어려워진 것이다. 이 책에 담긴 주장이 타당하다면, 이러한 상황은 민주주의를 약화시키고 있다.

이 글을 쓰고 있는 지금 미국은 2024년 대통령 선거 시즌이 시작되고 있는데, 이미 적대감이 고조되고 있다. 공화당의 유력 후보는 2020년 대선 당선인 조 바이든에 대한 연방 의회의 인준을 방해하기 위해 2021년 1월 6일 국회의사당에서 발생한 폭동을 선동한 혐의 등으로 여러 차례 기소당한 상태다. 또한, 미국 유권자의 상당수는 2020년 대선이 부패하고 불공정한 선거였다고 확신하고 있다. 올해는 미국 민주주의의 회복력을 시험하는 해가 될 것이다. 비단 미국만의 상황이 아니라는 사실도 분명해지고 있다. 영국, 프랑스, 이탈리아, 독일, 한국의 최근 연구에 따르면, 과잉 민주주의 경향이 비슷하게 나타나고 있다. 이러한 경향은 내부로부터 민주주의를 약화시킨다. 이러한 경향은 가치 있는 시민 활동을 책임감 있는 시민성을 잠식하는 역학관계의 연료로 변질시킨다. 민주주의를 과도하게 추구함으로써 민주주의를 훼손하는 것이다.

민주주의를 지키기 위해 우리는 민주주의가 아닌 다른 일을 해야 할 때도 있다. 민주주의를 실현하기 위해 우리의 삶을 헌신해야 한다는 생각에서 이 책을 쓴 것은 아니다. 그보다는 민주주의가 우리의 사회적 세계 전체를 식민화하도록 허용하게 되면 우리의 삶이 피폐해진다는 점을 보여주고자 했다. 우리는 정치적 목적에 기여한다고 볼 수 없는 것을 쏟아내게 되고, 정치 너머에 있는 풍요로운 경험과 관계를 잃게 된다. 이는 정치적 역기능보다 심각한 문제이며, 도덕적 비극이다.

민주주의가 소중한 이유 중 하나는 사람들이 시민성 이외에도 정치보다 더 큰 의미를 갖는 애정, 돌봄, 사랑, 창의성, 헌신과 같은 것들에 삶을 바칠 수 있는 품위 있는 사회 질서를 약속하기 때문이다. 잘 살기 위해 민주주의가 필요할 수 있지만, 정치만으로 잘 살 수는 없다.

2024년 1월, 테네시주 내슈빌에서
로버트 B. 탈리스(Robert B. Talisse)

CONTENTS

제3부

처방

매년 11월이 되면 미국 사람들은 추수감사절을 기념한다. 이 명절은 매사추세츠주 플리머스(혹은 버지니아주—역사가들의 의견이 다르다)로 이주한 청교도들이 [정착을 도와준] 원주민들을 초대해 [도착 이듬해인] 1621년에 풍작을 축하하며 음식을 나눠 먹었던 일을 기념하는 날이다. 사회적 기원을 담은 이야기들이 대개 그렇듯, 정착과 건국을 둘러싼 실제 역사는 추수감사절 신화가 그려내는 것처럼 아름답지는 않다. 그럼에도 불구하고, 오늘날에는 가족이 모여 전통에 따라 칠면조와 호박파이 등으로 차려진 풍성한 저녁 식사를 즐기며 이날을 기념하고 있다. 추수감사절은 떨어져 사는 일가친척 등이 모여 함께 시간을 보내며, 거의 저물어가는 한 해를 돌아보는 날이기도 하다. 이런 점에서 추수감사절은 가장 상업화되지 않은 미국의 국경일이라고 할 수 있다.

2016년 11월, 한동안 만나지 못했던 오래된 친구가 근황을 나눌 겸 점심을 먹자고 했다. 즐겁게 대화를 나누던 중 곧 있을 추수감사절 이야기가 나오자 내 친구는 근심에 빠졌다. 우리가 점심을 먹기 한 주 전에 이 나라는 유난히 길고, [상대편을] 용서할 수 없을 정도로 과격했던 선거운동 끝에 45대 대통령을 선출했다. 힐러리 클린턴 지지자 중 대다수는 도널드 트럼프가 대통령직에 적합한지에 대해

강한 의구심을 품고 있었기에 패배로 인한 상실감이 특히 컸다. 반면 트럼프 지지자들은 맞아도 싼 정치 기득권층에게 일격을 날린 것처럼 여기며 자신들의 승리를 흐뭇해했다. [그들에게는] 트럼프를 열렬히 지지하지 않은 사람도 기득권층이나 다름없었다.[1] 내 친구는 추수감사절 저녁 식사 자리에서 정치적으로 입장이 다른 친척들 사이에 격렬한 충돌이 일어나지는 않을지 걱정했다.

대화 중에 그녀는 신문에서 읽은 칼럼을 언급했는데 추수감사절 저녁 식사를 정치적 다툼에서 '구해낼' 수 있는 방법을 조언하는 내용이었다. 이날을 기념하는 사려 깊은 취지가 무색하게, 이제 추수감사절 저녁 식사는 많은 가족이 불안해하는 자리가 된 것이다. 그래서 11월 초만 되면 신문, 잡지, 웹사이트, 텔레비전 프로그램들은 추수감사절이라는 시련을 '이겨낼' 수 있는 방법을 조언하고 있다. 몇 년 전만 하더라도 맛없는 요리, 지루한 대화, 꼬치꼬치 캐묻는 질문, 버릇없는 아이들처럼 많은 친척이 모일 때 흔히 겪게 되는 일들을 다루는 칼럼을 찾아볼 수 있었다. 그러나 최근에는 저녁 식사 자리에서 **정치적 의견 충돌**을 피하거나 이를 다룰 수 있는 방법에만 거의 관심을 두고 있다. 주지하다시피 2016년 선거 이후 이러한 최근의 추세는 더욱 심화되었다.

분명 당신도 이런 장르가 이미 익숙하겠지만, 그래도 2018년 겨울에 쓰인 몇 편의 기고문은 살펴볼 가치가 있다. 메리 셀라는 《뉴욕타임즈》 오피니언란에 쓴 글에서 명절 저녁 식사 자리에서 이야기 나눌 수 있는 "안전한 주제들"이라는 코믹한 목록을 제시했는데, 스포츠, 날씨, 교통처럼 낯선 사람들과 이야기 나눌 법한 주제들만 포함되어 있었다.[2] CNN.com 건강 섹션에서 AJ 윌링엄은 명절 동안 가족과 지내면서 "미끼를 물지" 않도록 주의해야 한다는 다니엘 포스트 세닝의 조언을 소개했다. 친척이 부추겼을 때 "웃으며 팀을 위해 희생"하지 않고 정치적 논쟁을 벌이고 싶은 생각이 든다면 실수라는 것이다.[3] 《글로브 앤 메일》에 쓴 글에서 데브라 소는 아예 논쟁적인 대화에 끼지 말고, 가능하다면 논쟁이 생길 수 있는 명절 모임 자체를 거르라고 조언한다.[4] 이러한 칼럼들은 유감스럽게도 많은 사람에게 가능한 선택지가 아니라는 사실을 인정하면서, 그냥 집에 있는 게 최선이라고 자주 언급하고 있다.

추수감사절이면 (언제나 크리스마스 시즌으로 이어지면서) 가족 간에 다양한 일들이 생기고, 여러 다른 요인이 스트레스를 안겨준다는 점을 고려하면 이러한 장르의 글들이 똑같은 조언을 담고 있다는 사실은 놀랍게 다가온다.[5] 메시지도 마찬가지다. 우리 중 많은 사람이 1년에 한 번 가족들과 함께하는 저녁 식사 때문에 다른 사람에게 조언을 얻어야 한다는 사실은 뭔가 이상하다. 분명 가족을 하나로 모으기 위한 목적의 저녁 식사 자리인데, 어떻게든 식사를 마치기 위해 다른 사람에게 조언을 구해야 한다는 점이 부조화를 일으키는 것이다. [이처럼] 민주주의 정치가 우리를 갈라놓고 있다.

이 책은 민주주의 이론과 민주적 실천의 교차점에 놓인 문제를 다루고 있다. 보다 구체적으로 말하면, 현재 우리가 민주주의를 실천하고 있는 방식이 가진 문제점을 고찰함으로써 민주주의 정치에 대한 우리의 사고방식을 변화시키기 위한 논거를 제시한다. 이 주장은 현재의 민주주의가 실제로 문제가 있다는 전제에서 출발한다. 이러한 전제의 근거는 내겐 너무나 명백해 보이며, 오늘날 민주주의 정치에 대해 이야기하고 글을 쓰는 사람들 사이에서 널리 공유되고 있다. 정치 스펙트럼을 뛰어넘어 정치이론가, 평론가, 전문가, 시민 등 많은 사람은 오늘날 민주주의가 어려움에 처해 있다는 사실에 동의하는 것처럼 보인다.

혹자는, 현대 민주주의가 전 지구적 불안정성을 비롯해 경제적 불평등, 민족주의, 인종주의, 이민, 난민, 빈곤 등의 문제처럼 지구화로 인해 생기는 어려움에 시달리고 있다고 말한다. 인터넷과 소셜 미디어의 부상을 핵심 문제로 보는 사람들도 있다. 24시간 케이블 뉴스 채널이나 신뢰할 수 없는 언론인이 문제라고 말하는 사람도 있고, 정치인과 정당 지도자를 지목하기도 한다. 또한, 정치에 돈이 유입되면서 정치의 역기능이 발생한다고 주장하기도 하고, 시민 집단 중 가장 많이 동원되는 집단이 정치적으로는 가장 무지한 경향이 있다는 사실을 언급하기도 한다. 시민, 정치인, 전문가, 언론인 사이의 예의 상실을 진짜 문제로 지적하는 사람들도 있다. 이처럼 민주주의의 문제를 진단하는 다양한 방식들에는 나름의 장점이 있다. 하지만 이 책의 목적은 이러한 설명 중 어느 것이 옳다고 단정 짓는 데 있지 않다. 다만 이어지는 논의는 현대 민주주의가 모든 면에서 좋은 것은 아니라는 가정에서 시작한다.

나의 목적은 민주주의의 문제 중에서 항상 눈에 보이기 때문에 오히려 간과되고 있는 차원을 포착하는 것이다. **일상의 모든 측면에서** 민주주의 정치가 중요해지는 것으로, 현재의 정치적 범주와 구분을 기반으로 조직된 활동과 프로젝트가 우리의 사회적 삶을 가득 채우는 현상이다. 이하에서는 이를 사회적 공간의 정치적 포화라고 부른다. 정치적 포화는 민주주의 사회라는 이상을 개념화하는 대중적인 방식이 초래할 수 있는 예상된 결과다. 우리는 평등한 존재들 사이의 집단 자치라는 프로젝트가 현재 진행 중이며 매우 가치 있다고 여기기 때문에, 함께 살아가는 우리의 삶 속에서 끊임없이 민주 시민으로서의 역할을 수행해야 한다고 생각한다. 그 결과 명백히 정치적인 프로젝트가 우리의 사회적 삶을 지배하는 경향이 생기는 것이다. 이는 곧 우리의 일상적인 사회적 만남이 정치적 충성심을 중심으로 구조화되는 경향이 있음을 뜻한다. 요컨대, 우리는 민주주의를 과도하게 추구하고 있다. 과도한 민주주의 추구는 민주주의를 잘 수행할 수 있는 우리의 능력을 오히려 저하한다. 그래서 이 책의 결론적인 처방은 다음과 같다. 만약 우리가 민주주의의 상태를 개선하길 원한다면, 때로는 정치가 아닌 다른 것들과 함께해야 한다. 우리는 정치를 제자리에 두어야 하는 것이다.

이처럼 민주적 이상은 그 자체의 제약을 보다 명확하게 인식할 수 있도록 재구상되어야 한다. 우리에게는 [민주주의 외에도] 추구할 가치가 있는 다른 것들이 있으며, 이러한 것들은 그 자체로 민주 정치의 실행을 가져오는 것은 **아니지만** 민주주의가 잘 작동할 때 가장 잘 추구될 수 있다. 이러한 의미에서 민주주의를 잘 실행하는 것은 가치를 지닌다. 다르게 말하면, 누군가 민주주의가 본질적으로 선하다고 주장한다 하더라도, 여전히 민주주의 가치의 일부는 다른 선들(goods)을 실현할 능력에 있다는 것이다. 그리고 그러한 선의 일부는 정치적 성격을 갖고 있지 않다. 민주 정치 프로젝트가 우리의 시민적 삶 전체를 사로잡게 되면 이러한 다른 선들은 설 자리가 없어지며 왜곡되고 질식된다. 뒤에서 이야기하겠지만, 우리가 민주주의를 과도하게 추구했을 때 밀려나는 선들 중에는 민주주의가 번영하기 위해 필요한 비정치적인 사회적 선도 있다.

민주주의의 과잉은 민주주의를 약화한다. 나는 이 핵심 주장이 결코 반민주적이지 않음을 입증하기 위해 노력을 기울일 것이다. 엘리트가 다스려야 하므로 민주주의가 제한되어야 한다거나, 민주 정부의 영향력을 최소화하고 최소국가를 선택해야 한다고 주장하려는 것은 아니다. 다만 정치에서 벗어나 있는 협업 활동과 프로젝트를 수행하기 위해 우리의 사회적 환경 내에 일정한 공간을 확보해야 한다는 게 내 주장이다. 민주주의가 올바르게 기능하는 데 필요한 [시민들의] 성향과 습성이 유지되려면, 이러한 종류의 활동들이 요구된다. 요컨대, 민주주의의 번영을 위해서는 정치를 제자리에 두는 것이 필요하다.

이제 다시 추수감사절 저녁 식탁으로 돌아가보자. 구글에서 '추수감사절 정치에서 살아남기'로 검색하면 4천만 건이 넘는 검색 결과가 나온다. 물론 이러한 검색 결과가 모두 해당 주제에 대한 고유한 내용을 담고 있는 것은 아니며, 그러한 내용을 내가 모두 참고한 것도 아니다. 하지만 주요 매체에 지난 3년간 실린 수백 건의 글들 중에 추수감사절을 존속시키는 법을 제안하는 글은 유독 찾아볼 수 없다. 내가 읽은 칼럼리스트 중에 추수감사절 저녁 식사가 정치보다 중요하다는 입장을 취하도록 권하는 사람은 없었다. 정치적으로 적대적인 친척들이 모인 자리에서 정치적 논쟁을 벌이지 말도록 권하는 글들은 대부분 그러한 논쟁이 갈등을 초래하고 불쾌감을 준다는 이유를 들었다. 그런데 추수감사절 저녁 식사의 취지를 고려하면 정치적 논쟁을 하는 것이 **부적절하다**고 말하는 글은 없었다. '추수감사절에 살아남기' 장르의 글들에서 어떠한 상황에서는 단지 정치적 논쟁을 피하거나, 제외하거나, 억제하는 것이 아니라 이를 넘어서야 함을 제안하는 경우는 찾지 못했다.

우리는 애써 민주주의를 실행하는 것 말고도 우리 삶에 더 많은 것이 존재한다는 사실을 인식하고 긍정할 때 정치적 차이를 뛰어넘을 수 있다. 우리 삶에 민주주의 정치보다 더 많은 것들이 있어야 한다는 점은 민주주의가 그 자체를 넘어선 목적을 수행한다는 사실, 즉 민주주의는 무언가를 **위한** 것이라는 사실에서 분명하게 드러난다. 우리 삶에는 비정치적 목표를 중심으로 조직되어 결과적으로 다른 지향점을 갖는 귀중한 프로젝트들이 존재한다. 민주주의 가치의 일부는 개인이 그러한 프로젝트를 추구할 수 있는 역량을 갖추도록 돕고 권능을 부여하는 데 있다. [그런데] 현재의 민주주의 실천 방식은 이러한 사실을 인식하게 어렵게 만든다. **모든 것**이 정치이고, 따라서 우리가 함께하는 모든 일이 민주주의의 한 사례이며, 각 개인의 가장 중요한 사회적 책임은 시민권을 지속적으로 행사하는 것이라는 견해를 조장하는 경향이 존재하는 것이다. 이와 같은 민주주의에 대한 총체적 시각은 놀라울 정도로 널리 퍼져 있다. 이 책에서는 이러한 시각이 철학적으로 결함이 있을 뿐만 아니라 정치적으로도 위험하다는 주장을 편다.

이것이 위험한 이유는 이 책의 표지에 있는 이미지를 보면 이해할 수 있다. 이 그림은 트위터에서 도덕적이고 감정적인 내용을 담은 정치적 메시지가 어떻게 유통되는지에 관한 최근 연구 결과를 보여준다.[6] 일반적인 정치적 견해를 공유하는 사람들 사이에서만 분노, 분개, 열광, 지지를 촉구하는 정치적 메시지를 격렬하게 주고받는 패턴이 눈에 띄게 나타난다. 이러한 메시지가 주로 정치적으로 대립하는 사람들**에 관한** 것임에도 정치적 차이를 넘어서는 소통은 현저하게 드물게 나타나고 있다. 이러한 결과는 어쩌면 놀라운 일이 아닐 수 있다. 사실 소셜 미디어 플랫폼은 생각이 비슷한 사람들 간의 공유, 인맥 형성, 협업을 위해 존재한다고 볼 수 있기 때문이다. 그러나 이 책에서는 이와 유사한 참여 패턴이 사회적 공간 전반에 걸쳐 존재하며, 심지어 우리가 예상하지 못하거나 쉽게 감지할 수 없는 곳에도 존재한다는 점을 보여줄 것이다. 나아가, 이러한 상호작용의 일반적인 패턴이 점차 피할 수 없는 일이 되어가고 있으며, 정치적 분열이 사회 환경 전체를 잠식해 일상적인 경험과 인간관계 전반을 구조화하고 있음을 주장한다. 이 과정에서 우리는 정치적 입장이 다른 사람들에게 점점 더 이질적이고 불가해한 존재가 되어가고 있으며, 반대로 그들은 우리에게 점점 더 불안정하고, 비정상적이며, 이해할 수 없는 존재가 되고 있다. 정치적 차이를 가로지르는 사회적 상호작용이 줄어들면서 그러한 상호작용을 할 수 있는 우리의 능력도 점점 줄어들고 있다. 대중 사이의 정치적 분열이 광범위하게 나타나면서 민주 시민으로서 역할을 적절히 수행하기 위해 필요한 역량이 침식되고 있는 것이다. 이러한 상황에서는 우리가 참여에 기초한 자치라는 민주적 이상을 진정으로 실현하기 위해 최선의 노력을 기울여도 역효과가 발생할 가능성이 높다. 그래서 당파를 초월한 초당적 협력과 협치를 요구하는 것만으로는 불충분하며, 이러한 해법은 잘못된 측면도 있다. 더 많은 정치와 더 나은 정치는 이 책 표지에 담긴 문제의 해결책이 될 수 없다. **정치가 문제**이기 때문이다. 만약 우리가 민주주의를 바로잡길 원한다면 '당파적 입장을 넘어서는 것' 이상의 일을 할 수 있는 기회를 찾아야 한다. 당파적 구분 자체가 없는 곳에서 협력하기 위해 노력하고, 정치가 전혀 개입되지 않은 곳에서 활동할 수 있는 방법을 고안해야 하는 것이다.

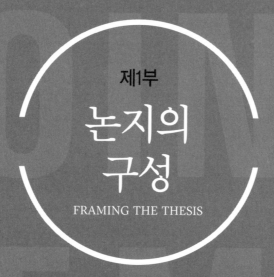

제1부

논지의 구성

FRAMING THE THESIS

제1장

민주주의가 과잉될 수 있는가?

수년 전, 안타깝게도 이름이 기억나지 않는 헌터대학교의 어느 학부생이 내가 이제까지 접한 것 중 가장 심오한 철학에 대한 정의를 내렸다. 그녀는 "철학은 원점으로 돌아가는 것"이라고 말했다. 이 책은 원점에서 시작한다.

이 책에서 주장하는 핵심 논지는 명확하게 말할 수 있다. 미국을 비롯한 서구 민주주의 국가들에서 정치가 과잉되고 있으며, 이는 민주주의에 해악을 끼치고 있다. 그러므로 민주주의를 회복하려면 시민들이 정치에 더 관여하기보다는 관심을 줄여야 한다. 요컨대, 민주주의하에서도 정치를 제자리에 두어야 한다는 것이다.

논지는 이렇게 간단히 표현할 수 있지만, 정확한 의미가 전달되려면 보다 자세한 설명이 필요하다. 민주 정치를 제자리에 두어야 한다는 주장은 자칫 민주주의에 반대하는 논의 가운데 하나로 들리기 쉽기 때문이다. 무언가를 제자리에 두라는 말은 분명 그것의 가치를 낮추거나 질책하는 의미를 지닌다. 그래서 정치를 제자리에 두어야 한다는 주장은 정치를 억제하거나 규율해야 한다는 뜻으로 이해될 수 있다. 그러나 이 책 전반에서 이 표현은 전혀 다른 의미로 사용되고 있다. 무언가를 제자리에 둔다는 것은 그것을 **올바르게** 위치시켜 적합한 자리에 놓는다는 뜻이다. 따라서 정치를 제자리에 둔다는 말은 민주주의가 과잉되는 경향을 바로

잡기 위해 정치가 **적절한** 위치에 놓여야 함을 뜻한다. 그래서 이 책에서 사용되는 민주 정치를 제자리에 두어야 한다는 주장은 민주주의를 폄하하거나 비난하는 의미를 담고 있지 않다.

민주주의를 폄하하는 주장과 유사하게 들리는 견해가 통용되기도 한다. 민주 정치의 올바른 자리는 강력한 엘리트와 전문가들로 이루어진 명예로운 회의실이라는 주장이 그 예다. 뒤에서 분명해지겠지만, 여기서 제시하는 시각은 민주주의의 자리가 특권적인 소수에게 있다는 생각을 거부한다. 이 장에서 나는 이 책에서 옹호하는 견해가 튼튼하고 진보적인 참여 민주주의 정치를 주장하는 시각과 완전히 합치된다고 주장할 것이다. 더 나아가 정치를 제자리에 두는 것이 온전하고 진정한 민주주의를 유지하는 데 필수적이라고 주장하고자 한다.

그럼에도 불구하고, 이러한 논지는 신중하게 전개되어야 한다. 따라서 1장과 2장은 주장을 펴기보다는 논지를 명확히 하고, 논지의 틀을 구성하는 데 집중하고 있다. 이 장에서 논의되는 내용의 상당 부분을 이미 잘 알고 있는 독자도 분명 있을 것이다. 그런 독자들에게는 기초적인 내용으로 여겨질 수 있겠지만 참고 읽어주셨으면 하는 바람이다. 다시 말하지만, 목표는 원점에서 시작하는 것이다.

1. 민주주의의 가치

민주주의는 주요한 사회적 선 중 하나다. 사실 민주주의는 더 특별한 것일 수도 있으며, 어쩌면 **최고의** 사회적 선일 수도 있다. 많은 사람이 다음과 같은 이유에서 민주주의를 최고의 선으로 간주한다. 민주주의는 인민의, 인민에 의한, 인민을 위한 정부 형태로, 정부가 통치받는 사람들을 평등하게 존중해야 한다는 도덕적 요건을 충족시키는 유일한 대규모 정치 질서다. 군주제나 과두제와 같은 다른 경쟁하는 체제 형태와 달리 민주주의는 시민들에게 정치적 권력을 동등하게 분배하며, 이를 통해 민주 정부는 모든 시민에 대한 평등한 존중을 표명한다. 평등한 존재들 사이에서 정치적 통치를 확립할 수 있는 이러한 능력 때문에 민주주의는 정당성을 지닌 유일한 정부 형태가 된다. 민주 정부가 권력을 행사할 수 있는 **권한을 지니는** 것은 시민의 평등을 존중하는 민주주의의 능력 덕분이다. 그리고 정치적 정당성은 당연히 정부의 가장 중요한 덕목으로 여겨진다. 정당성이 존재할 때만 정의가 실현될 수 있기 때문이다. 정당성을 지닌 정부가 없을 때는 효율성, 질서, 안정성 등과 같은 다른 명시적인 사회적 선들은 약화된다. 우리가 독재 정권을 가리켜 질서 있다고 표현할 때는 그러한 정권이 좋은 것을 성취했다는 의미보다는 그들의 잔인성을 지적하는 경우가 많다. 민주주의 없는 정부는 정당성을 결여하게 되며, 결과적으로 다른 중요한 사회적 선을 손상시킨다고 말할 수 있을 것이다.

앞선 단락에서 제시한 민주주의에 대한 시각은 현대 정치철학자들이 일반적으로 공유하는 견해다. 민주주의를 사회적 평등을 지향하는 정부의 도덕적 이상으로 묘사한 다음, 현실 세계에서 실천되는 민주주의의 가치는 그것이 희구하는 이상적 가치에서 비롯된다고 주장한다. 민주주의의 가치를 그것이 만들어내는 결과나 산물에서 찾지 않는 것이다. 민주주의의 **본질적** 가치에 대한 설명이라고 볼 수 있는데, 나도 이런 견해를 지지하는 입장이다. 그러나 철학에서 항상 그렇듯 회의론자들도 존재한다.

그들 중에는 정치적 통치가 평등한 존재들 사이에서 이루어진다는 생각 자체가 속임수라고 주장하는 사람도 있다. **철학적 무정부주의자**라고 부를 수 있는 이러한 유형의 이론가들은 평등한 존재들 사이에서는 정당한 정치적 통치가 존재할 수 없으며, 모든 형태의 정치는 평등성을 깨뜨린다고 주장한다. 대중 사회에서 민주주의가 모든 사람에게 부여하는 평등한 정치적 권력—투표권의 평등—은 사실 너무 사소한 것이어서 실질적으로 큰 가치가 없으며 기껏해야 상징적인 것에 불과하다고 주장하는 사람들도 있다. 이들에 따르면 민주주의는 평등한 존재들 사이의 정치적 통치에 대한 환상에 지나지 않는다. 이와 연관된 입장 중에는 민주주의의 이상은 실현 가능한 것으로 간주하지만, 현존하는 정치체제를 비판하면서 민주주의 사회는 존재하지 않으며, 존재할 수 없을 것이라고 결론 내리는 견해도 있다.

이러한 시각들을 다루는 것은 현재의 내 목적에서 벗어난 일이다. 그렇지만 민주주의의 본질적 가치에 대해 어느 정도 회의적인 입장을 지닐 수 있음을 인정하더라도, 민주주의를 옹호할 수 있는 강력한 근거가 남아 있다. 경험적으로 민주주의는 다른 종류의 주요한 사회적 선의 생산과 높은 상관관계를 가진다. 그래서 민주주의는 **도구적** 가치를 지님을 보여줄 수 있다. 예를 들어, 민주주의 국가들은 사회적으로 안정적인 경향이 있다. 민주주의 국가에서는 반란, 혁명, 쿠데타, 암살과 같은 사건이 거의 발생하지 않으며, 민주화는 가장 폭력적 형태의 시민적 불안을 해소할 수 있는 신뢰성 높은 방법이라는 점이 입증되고 있다. 민주주의 사회는 시민의 자유와 기본권을 보다 잘 보호하며, 인권 관련한 기록도 상대적으로 훌륭한 편이다. 이를 고려하면 민주주의는 가장 끔찍한 형태의 부정의를 막아내는 경향이 있다고 말할 수 있다. 또한, 민주 정부와 대규모 기아의 부재는 높은 상관관계를 지닌다. 마지막으로 민주주의 국가들 사이에서는 전쟁이 발생할 가능성이 낮다는 점도 다른 것 못지않게 중요하다.

이러한 점들을 종합적으로 고려하면 민주주의의 도구적 가치에 대한 설득력 있는 주장을 제시할 수 있다. 그리고 안정, 정의, 평화, 풍요와 같은 선을 확보하려면 실제로 민주주의가 필요하다는 주장을 뒷받침할 수 있을 만큼 앞서 말한 경험적 상관관계가 충분히 뚜렷하다는 점도 도구적 가치에 대한 주장을 보다 강화한다. 민주주의 국가들은 이러한 선과 강한 상관관계를 지니는 반면, 비민주주의 국가들은 그러한 선의 부재 및 침해와 강한 상관관계를 보인다.

따라서 도구적 주장은 민주주의가 가장 중요한 사회적 선이라는 생각을 뒷받침할 수 있다. 민주주의의 본질적 가치를 긍정하는 사람들이라고 해서 민주주의의 도구적 가치에 대한 주장을 배격할 필요는 없다. 본질론자와 도구론자는 민주주의가 본질적으로 가치가 있는지에 대해서만 의견이 다를 뿐, 민주주의의 도구적 가치에 대해서는 동의할 수 있다. 본질론자는 최선의 정치체제가 될 수 있을 만큼 민주주의가 도구적 가치를 지닌다는 생각을 충분히 수용할 수 있다. 그래서 민주주의가 본질적으로 가치 있다고 주장하는 사람들과 도구적으로 가치 있다고 주장하는 사람들은 민주주의가 주요한 사회적 선이라는 데 동의할 수 있는 것이다.

그런데 합리적인 사람에게 민주주의의 가치를 설득해야 할 필요가 있을까? 민주주의가 매우 중요한, 어쩌면 최고의 사회적 선이라는 점을 우리는 이미 알고 있는 것 아닌가? 충분히 제기될 수 있는 질문이다. 일상적인 대화에서 '민주주의'라는 용어는 거의 항상 긍정적 의미로 사용된다. 어떤 절차, 제도, 정책 또는 실천을 민주적이라고 기술하는 경우, 우리는 일반적으로 그에 대한 지지를 표현한다. 또한 우리가 어떤 상태가 민주적인지 의문을 제기한다면, 이를 비판하는 의미가 담겨 있다. 철학자들에게 익숙한 용어를 사용하면, 이 용어는 **중층적 개념**(thick concept)을 표현한다고 말할 수 있다.

어떤 단어가 표준 용례에서 어떠한 것을 특정한 규범적 평가를 받을 만한 가치를 지닌 것으로 기술할 때 이 단어는 중층적 개념을 표현한다. 중층적 개념은 [현상을] 기술하면서 동시에 [이에 대한] 규범적 평가를 담아내는 이중적 역할을 수행한다. 예를 들어, 어떤 행위를 **영웅적**이라고 표현하는 것은 부분적으로 그러한 행위가 존경이나 인정을 받기에 적합하다고 기술하는 것이다. 그래서 악당의 행동이 영웅적 행위에 나타나는 특징(예: 심각한 위험 앞에서 굴하지 않는 끈기)을 명백히 드러내는 경우에도, 이를 영웅적이라고 기술하는 경우는 드물다. 마찬가지로 **배제적**(exclusionary)이라는 용어도 부분적으로 부정적인 평가를 암시하면서 어떤 상태를 특징 짓는다. 배제적이라는 말과 **배타적**(exclusive)이라는 말을 대조해보면 현상을 더 명확하게 이해할 수 있다. 두 용어는 거의 동일한 기술적 내용을 가지고 있지만, 규범적 평가[역자주: 영어에서 전자는 부정적 함의를 지니는 반면, 후자는 그렇지 않다]에서는 결정적 차이를 지닌다.

민주주의라는 개념도 중층적인데, 우리는 부분적으로 이 용어를 도덕적으로 올바르고 존경할 만한 것을 기술할 때 사용한다. 따라서 어떤 상태를 비민주적이라고 표현하는 것은 그러한 상태가 불공정하거나 불법적이거나 부적절하거나 엉망이라고 기술하는 것과 같다. [역사적으로 보면] '민주주의'라는 말이 긍정적 의미를 갖게 된 것은 비교적 최근의 일이다. 미국 건국과 관련된 문서들을 살펴보면 **공화정**으로 불리는 정부 형태와 비교되면서 민주주의가 부정적으로 사용되는 구절을 발견할 수 있다[역자주: 미국 헌법 비준을 둘러싼 논쟁을 담고 있는 문서인 『연방주의자 논설』

(The Federalist Papers) 10번에 이러한 내용이 나온다). 이러한 구절에서 인민의 통치를 가리키는 민주주의는 다수가 소수를 압제하는 체제로 여겨진다. 반면 공화정은 사람이 아니라 법을 통해 인민이 통치받는 정치체를 가리킨다. 오늘날 우리가 사용하는 **민주주의**라는 말은 18세기 사상가들이 **입헌 공화국** 또는 **대의제 정부**라고 불렀던 체제를 의미하는 용어다. 이제 우리는 민주주의하에서 인민의 통치는 모든 사람에게 적용되는 헌법에 명시된 법률에 의해 제약을 받는다고 생각하며, 이러한 점에서 민주주의와 법의 지배가 양립하는 것으로 이해한다. 즉, 현대 민주주의는 공화주의적 정부의 한 형태라고 할 수 있다.

단어의 의미 변화를 둘러싼 이야기는 매우 흥미롭지만, 이를 살펴보는 것은 현재 우리가 탐구하는 범위를 넘어선다. 지금은 일상에서 통용되는 말 속에 민주주의가 주요한 사회적 선이라는 생각이 담겨 있다는 정도만 말할 수 있다. 그리고 이러한 생각은 적절해 보인다. 민주주의는 실제로 그런 종류의 선일 수도 있다. 이 책에 담긴 어떤 주장도 이를 부정하지는 않는다.

2. 좋은 것의 과잉?

그러면 이제 적어도 민주주의가 매우 중요한 사회적 선이라는 전제를 가지고 논지를 전개해보자. 좋은 민주주의가 얼마나 대단한지를 둘러싼 논의에 대한 답은 열어두는 것이다. 민주주의를 정말 훌륭한 것으로 생각할 수는 있다. 그러나 그렇다고 해서 너무 과도하게 민주주의를 추구하게 되면, 민주주의의 과잉을 초래할 수 있다. 민주주의가 과잉될 때는 이를 줄여야 한다.

이런 주장을 의아하게 생각하는 독자들도 있을 것이다. 민주주의가 실제로 이처럼 중요한 사회적 선이라면, 어떻게 민주주의의 과잉이라는 말이 성립할 수 있는지 반문할 수 있다. 민주주의가 다른 많은 중요한 선들을 달성하기 위한 요건이 되는 사회적 선이라면, 민주주의가 많으면 많을수록 좋다고 생각할 수 있는 것이다. 즉 민주주의는 과잉될 수도 없고, 이를 줄여야 할 이유도 없다. 이렇게 추론하는 사람들은 정치를 제자리에 두어야 한다는 주장은 민주주의가 중요한 선이라는 사실을 부정하는 것과 같다고 생각하기 쉽다.

이러한 추론은 호소력 있게 들리지만 결함이 있다. 호소력 있게 들리는 이유는 **민주주의**라는 개념의 중층성 때문이지 않을까 싶다. 이 추론에 담긴 결함을 확인하려면 잠시 민주주의가 아닌 다른 사례를 살펴보는 게 도움이 될 것이다.

우리가 좋은 것을 과도하게 추구할 수 있다는 점은 거의 모든 상황에서 쉽게 인정할 수 있다. 치즈케이크를 생각해보자. 치즈케이크를 베어 물었을 때 처음 몇 입은 너무 맛있어도, 어느 순간부터는 계속 먹는 게 더 이상 만족감을 주지 않으며 오히려 불쾌감을 주기도 한다. 분명 치즈케이크는 특정한 종류의 좋은 것이다. 이 재화의 가치는 소비자에게 어떠한 즐거운 감각을 주기 때문에 생긴다. 이 때문에 치즈케이크는 경제학자들이 **한계효용 체감**이라고 부르는 현상의 영향을 받는다. 즉, 다른 모든 것이 일정하게 유지된다면 치즈케이크를 한 입 먹을 때마다 다음 한 입의 가치는 줄어든다. 그래서 치즈케이크를 너무 많이 먹으면, 그것의 가치가 없어진다. 치즈케이크는 좋은 것이지만 과도하게 먹을 수도 있다. 이런 점에서 적당하게 먹을 때에만 즐길 수 있는 재화 중 하나라고 하겠다.

분명 모든 좋은 것이 치즈케이크와 같지는 않다. 민주주의와 치즈케이크를 결부시키는 주장을 전개하려는 것은 아니니 안심해도 된다. 미각적 만족이 아닌 다른 것에서 가치가 생기기도 하고, 한계효용 체감 현상의 영향을 받지 않는 것도 있다.

그러나 '좋은 것을 과도하게 추구한다'라고 표현할 수 있는 다른 현상도 있는데, 이는 다른 형태의 재화에 영향을 미친다. 어떤 재화는 특정한 정도나 방식으로 추구될 때 다른 재화를 **밀어낸다.** 때로는 어떤 재화를 추구하다가 그것만큼이나 중요한 다른 재화—개별적으로든 결합해서든—를 놓치는 경우가 있다. 이러한 현상은 좋은 것이 과잉된다는 말의 다른 의미를 담고 있다.

간단한 예로, 앨리스라는 사람이 있다고 가정해보자. 앨리스는 신체의 건강함이라는 가치 있는 목표를 달성하기 위해 삶을 바친다. 그래서 건강이라는 목표에 너무 몰두한 나머지 친구와의 교류나 여행처럼 그녀가 특별히 가치 있다고 여기는 다른 좋은 활동을 할 시간이 없는 상황이다. 앨리스의 건강 추구가 몸에 무리를 가져와 오히려 건강을 악화시키는 경우가 아니라는 점에 주의할 필요가 있다. 과도하게 건강을 챙기는 습관이 그녀의 건강을 악화시키고 있다고 가정할 필요가 없다는 것이다. 앨리스는 건강이라는 목표에만 **관심을 쏟고** 있으며, 그녀가 하는 모든 일은 몸을 건강하게 유지하기 위한 목표에 집중되어 있다. 자주 가는 장소, 읽는 책, 먹는 음식, 일정 계획을 비롯해 그녀가 참여하는 다른 활동들은 모두 그녀의 건강을 향상할 수 있도록 설계되어 있다. 그래서 여행 갈 시간이 없고, 관계에 소홀해지다 보니 친구 관계도 나빠진다. 한 가지 좋은 것에만 전적으로 확고하게 집중하다 보니 다른 가치 있는 일들이 밀려난 것이다. 이런 측면에서 앨리스는 좋은 것을 과도하게 추구했다고 말할 수 있다.

분명 이 사실 때문에 앨리스의 건강이 나빠지지는 않았다. 친구와 여행에 충분한 관심과 노력을 기울였을 때보다 몸이 **더** 건강해졌을 수도 있다. 어쩌면 산만한 성격을 가지고 있음에도 하나에만 몰두했기 때문에 건강이라는 목적을 달성할 수 있었을지도 모른다. 목적을 달성하는 데 사로잡혀 있어서 자기 파괴적 결과가 초래된 것은 아니다. 이런 점에서 앞서 본 치즈케이크 경우와는 다르다. 치즈케이크를 여덟 조각 연속으로 먹는 것은 분명 불쾌한 일이며, 치즈케이크를 과잉 섭취하면 치즈케이크의 가치가 상실된다. 건강이라는 선은 이와 다르다. 건강에 과도하게 신경을 쏟는다고 해서 건강이 나빠지는 것은 아니다. 하지만 앨리스는 자신이 소중하게 여기는 우정이나 여행과 같은 다른 선을 희생하면서까지 몸의 건강함을 추구했다. 상대적으로 가치가 적은 선을 위해 다른 중요한 선을 포기했다고 생각해서 이를 안타깝게 여길 수도 있을 것이다.

하지만 앨리스는 다르게 생각할 수도 있다. 모든 가치 있는 일에는 대가가 따르고, 때로는 어떤 가치 있는 일을 추구하기 위해 다른 가치 있는 일을 희생할 수도 있다고 판단할 수도 있으며 이는 틀린 생각이 아니다. 어쩌면 혜택과 비용을 고려한 자신의 결정에 만족하고 있을지도 모른다. 그러나 앨리스와의 가상 논쟁은 그녀가 건강이라는 선을 과도하게 추구했는지, 아닌지에 관한 것이라는 점에 주목해야 한다. 건강이라는 일반적인 선은 문제가 되지 않으며, 이 선을 과도하게 추구할 수 있다는 생각도 문제가 되지 않는다. 즉, 건강이라는 선을 긍정하면서 이와 동시에 그것의 과용 가능성도 인정할 수 있는 것이다.

이제 보다 복잡한 사고를 펼쳐보자. 앨리스가 스스로 가치 있다고 여기는 다른 중요한 것들을 희생하면서까지 몸의 건강에 집중하는 **이유**가 무엇일지 궁금해진다. 건강함의 가치 중 일부는 분명 건강해지는 것이 가져다주는 분명한 선과 관련이 있다. 몸이 건강해지면 기분이 좋아진다. 그러나 몸의 건강함이라는 가치가 친구와 사귀거나 새로운 장소를 방문하는 것과 같은 다른 선의 실현과 관련되어 있다고 생각할 수도 있다. 나아가 보다 일반적인 관점에서 보면, 몸의 건강함이라는 가치의 상당 부분은 자신이 가치 있다고 여기는 다른 것을 보다 온전하게 추구할 수 있게 해준다는 점에 있다.

근처 헬스장에서 간단한 설문조사를 해보면 이러한 생각이 우리의 실천과 일치한다는 사실이 드러날 것이다. 일반적으로 우리는 [보다 넓은 의미의] 건강함을 달성하고 회복하며 유지하기 위해 신체적 건강을 추구한다. 그리고 건강이 아닌 다른 목적을 지닌 프로젝트를 추구하기 위해 건강해지길 원한다. 다른 가치 있는 활동에 참여하고, 여행이나 친교와 같은 다른 선을 추구하기 위해 건강을 추구하는 것이다. 그러나 이와 달리 앨리스는 다른 모든 것을 **희생하면서** 건강함을 추구했다.

이러한 이유로 우리는 앨리스가 집착적이거나 병적이라고 여길 가능성이 크다. 앨리스가 처한 상황의 중요한 특징은 단지 그녀가 자신이 가치 있다고 여기는 프로젝트에 전적으로 전념해서 다른 선을 추구하는 것을 추구하는 것을 포기했다는 데 있지 않다. 그녀는 다른 가치를 실현했을 때 부분적으로 가치가 파생되는 목적에 전념했다는 점이 중요하다. 그래서 우정이나 풍부한 경험과 같은 다른 선들을 추구하지 않는다면 몸의 건강함이라는 목적을 달성하려는 프로젝트는 비정상적으로 여겨진다. 몸의 건강에만 몰두하는 것은 다른 가치 있는 것들을 밀어낼 뿐만 아니라, 건강이 **좋은 이유**의 일부가 되는 다른 선들도 밀어낸다. 따라서 몸의 건강함에 모든 것을 쏟는 앨리스의 프로젝트는 치즈케이크 사례와 같은 자기파괴는 아니지만, 일정한 종류의 자기파괴를 수반한다고 말할 수 있다. 우리는 이를 앨리스가 좋은 것을 과도하게 추구한 경우로 타당하게 생각해볼 수 있을 것이다.

지금까지 우리는 좋은 것을 과도하게 추구하는 것이 어떻게 가능한가에 대한 질문을 살펴봤다. 치즈케이크와 같은 재화의 경우는 이를 과용한다는 의미가 간단하다. 그러나 다른 종류의 선/재화는 그 의미가 조금 더 복잡하다. 어떤 선/재화는 우리가 이를 추구할 때 다른 중요한 선/재화를 밀어낸다는 의미에서 과도하게 추구한다고 말할 수 있다. 또한, 우리가 어떤 선/재화를 과도하게 추구하게 되면, 때때로 그렇게 추구되는 선/재화가 부분적으로 성취를 가져오는 다른 선/재화를 밀어낸다. 이렇게 보다 복잡한 경우, 우리는 과도하게 추구하는 선/재화의 가치가 특별히 높다는 것을 일관되게 긍정하면서, 동시에 그것을 추구할 때 일정한 자제를 요구할 수 있다.

이제 민주주의 이야기로 돌아가보자. 민주주의와 앨리스의 건강은 중요한 차이점이 있고, 이는 5장에서 살펴볼 것이다. 그럼에도 앨리스의 사례는 민주주의가 과도하게 추구하는 선이 될 수 있는 일반적인 방법을 파악하는 데 도움을 준다. 우리는 다른 중요한 사회적 선을 밀어내면서 민주주의를 추구할 수 있다. 이처럼 민주주의가 과잉되면 민주주의가 번영하기 위해 확보되어야 하는 부가적인 다른 사회적 선이 고사된다. 단순히 밀려나는 것이 아니라 방치되어 시들게 되는 것이다. 민주주의를 과도하게 추구함으로써 우리는 민주주의를 약화한다. 그래서 민주주의하에서도 정치는 제자리를 지켜야 한다는 것이 나의 중심 주장이다.

3. 과잉 민주주의?

민주주의가 과잉될 수 있다는 주장은 현존하는 민주주의 국가들에서 실제로 민주주의가 과잉되고 있다는 주장이 이어지지 않는다면 단순한 호기심으로 그칠 것이다. 민주 정치를 제자리에 두어야 한다는 주장도 마찬가지다. 결국 모든 것은 적절한 위치에 있어야 한다. 따라서 민주 정치가 제자리에 있어야 한다는 주장도 오늘날 민주주의 국가들에서 정치가 정당한 한계를 넘어섰다는 근거가 제시되지 않는다면 공허한 구호에 불과할 것이다. 3장에서는 미국과 같은 일부 현대 민주주의 사회에서 실제로 정치가 제자리를 지키지 못하고 있으며, 이것이 민주주의에 해로운 영향을 끼치고 있다는 보다 흥미로운 생각을 펼치기 시작한다. 그러나 이러한 주장이 반민주적인 정서를 표현하는 것은 아니라는 점을 다시 한번 강조하고 싶다. 오히려 이와 반대다! 민주주의를 잘 수행하려면, 시민들이 정치를 제자리에 두어야 한다는 게 내 견해다. 이와 함께 현대 민주주의의 병폐는 대부분 민주주의를 과도하게 추구한 결과라는 점을 덧붙이고 싶다.

이러한 생각을 종합해보면, 민주주의를 잘 수행하기 위해서는 시민들이 때때로 다 같이 정치와 거리를 두어야 한다고 말할 수 있다. 명시적인 정치적 목적이나 목표를 가지지 않는다는 점에서 정치와 무관한 협력적인 사회 참여 방안을 마련해야 한다. 제인 애덤스(Jane Addams)와 존 듀이(John Dewey)의 유명한 격언을 뒤집어 말하면, 민주주의의 일부 병폐를 치료하는 방법은 민주주의를 **더 많이** 실천하는 것이 아니라 **덜** 실천하는 것이다.[1]

사실 이러한 역전만으로는 충분하지 않다. 현재 우리가 민주주의를 과도하게 실천하고 있다는 점을 고려하면, 현 상황에서 정치 참여를 꾸준히 지속하는 것은 민주주의의 쇠퇴를 가져오는 중요한 요인이 될 가능성이 높다. 정치적 스펙트럼을 가로질러 많은 시민들은 민주적 행위를 더욱 늘려서 현재의 정치적 병폐에 대응하려는 본능적 성향을 가지고 있다. 하지만 안타깝게도 이 전략은 실패할 뿐만 아니라 역효과를 낼 가능성이 높다. 이러한 생각이 옳다면, '당파적 입장을 넘어' '초당적' 협력을 이루거나, 정치적 차이를 넘어 공통의 기반을 구축하기 위해 고안한 정치 활동에 대한 대중의 참여 확대 요구는 당장의 정치 환경에서는 일정한 가치를 가질 수 있겠지만 궁극적으로는 모두 불충분할 수 있다. 정치적 분열을 극복하기 위한 활동을 해법으로 제시하는 주장은 여전히 정치를 중심에 두고 있기 때문에 대응하고자 하는 근본적인 문제를 해결하지 못한다. 우리가 민주주의를 회복시키려면 단순히 정치를 제쳐두는 것이 아니라 아예 정치가 자리할 곳이 없는 다른 일을 찾아 함께 할 필요가 있다. 정치가 극복되는 것이 아니라 무의미한 협력을 고안해내야 하는 것이다. 그래서 제안하는 또 다른 슬로건은 다음과 같다. 민주주의를 잘하려면 때로는 완전히 다른 것을 해야 한다.

정확히 어떤 것을 제안하고 있는지 궁금해할 수도 있다. 시민들이 정치적 성격을 띠지 않는 협력에 함께 참여한다는 것은 무슨 의미인가? 그러한 협력은 어떤 모습인가? 이 책의 본격적인 논증에 앞서 이러한 질문에 답하는 것은 생산적이지 않다. 이 시점에서 하는 제안은 독자들에게 이미 정치적인 것으로 비춰질 수 있으므로 피하는 게 좋다. 그래도 할 말은 해야 한다. 그래서 3장에서 보다 자세히 살펴볼 동향을 예비적으로 언급하는 게 도움이 될 것이다.

지난 30년 동안 정치적 소속에 구애받지 않고 함께 협력하던 전통적인 활동의 장은 점차 쇠퇴해왔다. 구체적으로 직장, 동네, 예배 장소, 가정, 그리고 공유하는 공공 공간이 정치적으로 동질화되고 정치적 색채가 강해졌다. 이러한 공간, 특히 직장은 정치적으로 분열된 시민들이 상호 협력하는 상호작용을 통해 서로를 **숙련된 믿음직한** 동료나 **좋은 이웃**, 또는 **책임감 있는 부모**로 여기게 되는 장소로 기능해왔다. 하지만 이제 점차 두드러진 정치적 성향이 동일한 사람들하고만 상호작용하는 공간으로 변모하고 있다. 그래서 일상적인 상호작용 속에서 정치적 성향을 공유하는 사람들하고만 접촉하게 되고, 함께하는 일 중 점점 더 많은 부분이 우리의 정치적 성향을 표현하는 활동으로 간주되고 있다. 좋은 이웃, 믿음직한 동료, 책임감 있는 부모라는 개념에 이제 정치적 충성심이 스며들어 정치적으로 경쟁하는 입장의 사람들은 이러한 역할을 수행할 능력이 없다는 생각이 늘어나는 것이다.

이러한 경향은 시사하는 바가 많지만, 너무 앞서가지 않도록 주의해야 한다. 지금 시점에서는 정치를 제자리에 둔다는 것이 무엇을 의미하는지 파악하기 위해서는 먼저 정치가 어떻게 과잉되고 있는지 이해할 필요가 있다. 따라서 비정치적인 협력 활동에 나의 설명은 5장에서 살펴볼 것이다. 그러나 정치가 아무런 역할을 하지 않는 공동의 사회적 활동을 상상하기 어렵다는 점에 주목할 필요가 있다. 이러한 어려움은 이 책이 규명하고 살펴보고자 하는 현상을 드러내는 하나의 징후다.

조금 더 명확하게 말하자면, 나는 민주주의의 과잉 속에 사회적 세계 전체를 불가역적으로 정치적인 프로젝트에 속한 것으로 개념화하는 경향이 일정하게 수반되어 있다고 주장할 것이다. 이는 함께하는 사회적 노력의 지평 자체를 정치로 포화시키는 것이며, 민주적 자치라는 프로젝트가 모든 곳에 광범위하게 존재해야하는 것으로 간주하는 것이다. 다르게 표현하면, 민주주의가 과잉되면 동료 시민을 시민이 아닌 다른 존재로 바라볼 수 있는 능력을 상실한다고 말할 수 있다. 그들이 정치라는 난관을 넘어 개인적인 포부나 목표, 계획을 가진 존재라는 사실을 느끼지 못하는 것이다. 우리의 정치적 역할과 책임이 우리의 삶 전체를 차지하지 않는다는 사실을 망각하게 되면 민주주의가 나빠진다. 만약 우리가 민주주의하에서 살아가는 동료 시민들을 제대로 대우하고자 한다면, 우리는 그들을 시민 이상으로 봐야 한다.

지금까지의 설명에 대해 현대 민주주의 국가들에서 **정치**가 과잉될 수는 있어도 **민주주의**는 그렇지 않다고 반론을 제기할 수 있다. 더 나아가 과잉된 정치와 불충분한 민주주의가 결합되어서 문제라고 주장할 수도 있다. 그래서 정치 **대신에** 더 많은 민주주의가 필요하다고 말이다. 이러한 반응은 사회적 이상으로서의 민주주의와 단순한 정부 형태로서의 민주주의를 구분할 때 생긴다. 정치를 엄밀하게 정부의 통치 과정으로 정의하고, 민주주의는 이를 넘어선 어떤 것, 즉 사회 세계에서 선하고 옳고 건전한 모든 것을 담고 있는 사회적 이상과 동일시하는 것이다. 그래서 이런 관점에서는 민주주의가 과잉되는 것이 불가능하다. 민주주의 사회에서 어떤 병폐가 발생하더라도 그 근원은 민주주의가 아닌 다른 요인에 있어야 한다.

나도 민주주의가 단순히 정부 형태가 아니라 광범위한 도덕적·사회적 이상이라는 데 동의한다. 그럼에도 불구하고 민주주의는 특정한 정부 형태, 특정한 정치를 수반하는 이상이다. 그래서 우리는 일정한 제도와 절차가 민주주의에 필요하다고 보고, 특정 사회 질서에서 이것이 부재할 경우 해당 사회가 민주적이지 않다고 여기는 경향이 있다. 이런 식으로 민주주의의 도덕적·사회적 이상은 결국 민주주의의 특징을 담고 있는 정부 형태와 쉽게 분리되지 않는다. 또한, 민주주의가 **단지** 정부 형태가 아니라는 주장에 따르면 민주주의는 정부 형태이기**도** 하다. 정치를 엄밀하게 정부의 통치 과정으로 이해하는 사람들도 민주주의가 특정한 정치 형태라는 점을 인정해야 한다. 따라서 민주주의 사회에서 정치가 과잉되면, 민주주의도 과잉된다. 민주주의 사회에서 정치는 과잉될 수 있어도 민주주의는 과잉될 수 없다는 주장은 혼란을 초래할 뿐이다.

좀 더 직접적으로 말하면, 도덕적·사회적 이상으로서의 민주주의와 민주주의의 특정한 정부 형태를 극명하게 구분하는 견해는 [민주주의에 대한] 독단적인 정의로 이 책에서 밝히려는 문제를 회피하려는 시도라고 할 수 있다. 그들은 민주주의는 과잉될 수 없다는 억지스러운 전제에서 시작한다. 어쩌면 이런 식의 언어적 회피가 어느 정도 위안이 될 수도 있다. 그러나 이어지는 장들에서 다룰 문제들은 이런 식으로 해결될 수 없다.

요약하면, 이 책의 핵심 논지는 다음과 같이 제시할 수 있다. 우리는 현재 민주주의를 과도하게 추구하고 있으며, 그 결과 민주주의가 고통받고 있다. 민주주의가 번영하는 데 필요한 다른 사회적 선/재화를 밀어내는 방식으로 민주주의가 실행될 때 과잉된다고 말할 수 있다. 우리가 공유하는 사회적 환경 전체가 정치적 프로젝트, 충성심, 분열을 중심으로 구성되면, 우리는 동료 시민을 단순히 정치 행위자, 즉 정치적 목표를 위한 동맹자 또는 장애물로만 바라보게 된다. 그러나 민주주의가 번영하기 위해서는 시민들이 서로를 시민 이상의 존재로 바라볼 수 있어야 한다. 그리고 우리가 동료 시민을 이렇게 보려면 정치를 제자리에 두어야 한다. 즉, 우리는 때로는 정치를 중심으로 조직되지 않거나 정치와 관련이 없는 활동에 함께 참여해야 할 필요가 있다.

나는 아직 이러한 주장들 중 어느 것도 구체적으로 논증하지 않았다. 민주주의가 과잉되고 있으며, 제자리를 찾아야 한다는 말이 의미하는 바를 설명하려고 노력했을 뿐이다. 논지가 명확해졌기를 바란다. 그렇지만 지금까지 논의는 직접적으로 다루어야 할 세 가지 중요한 도전에 직면할 수 있다. 첫 번째는 이러한 논지가 본질적으로 보수적이고 순응적이어서 진보적인 정치 프로그램에 적대적이라는 주장이다. 정치를 제자리에 두는 것이 **바람직한지**에 대한 의문이라고 하겠다. 두 번째는 모든 것이 정치적이라고 주장함으로써 정치를 제자리에 둘 수 있는 **가능성**에 의문을 제기한다. 세 번째는 민주주의가 과잉되고 있다는 주장이 민주주의 이론으로 자주 제시되기는 하지만 사실상 **엘리트주의적인** 정부 형태를 처방하는 입장을 옹호하기 위한 전주에 불과하다고 주장하면서 민주적 성격을 의심하는 것이다. 이러한 도전들을 차례대로 살펴보자.

4. 이 논지는 보수적인가?

어떤 사람들은 이 책의 논지가 체념하고 변화에 반대한다는 의미에서 너무 보수적으로 들린다며 반대할 것이다.[2] 이러한 반대의 가장 흔한 형태는 우리가 정치에서 집단적으로 물러나게 되면 정치적 현상 유지를 묵인하게 된다는 주장이다. 현상 유지를 묵인하는 것은 현대 민주주의 사회에 만연한 불의를 체념하는 것이므로 공모와 같다고 본다. 뿐만 아니라 정치에서 물러나겠다는 생각 자체가 정치적 특권을 행사하는 것이며, 현상 유지 속에서 부당하게 이득을 보는 사람들에게만 가능한 일이라고 주장할 것이다.

이는 내가 다음 장들에서 불식시키고자 하는 만만찮은 주장이다. 하지만 그 전에 내가 정치적 체념이나 정치와 완전히 거리를 두는 것을 요구하지 않는다는 점을 강조하고 싶다. 내가 제안하는 것은 민주적인 시민들이라면 때로는 정치적 충성심에 기반을 두지 않은 다른 일을 함께할 수 있는 공간을 만들어야 한다는 것이다. 이는 활발하게 정치적 활동을 하면서도 가능하다. 다시 말하면, 다른 사람들과 함께 가끔씩 [정치에서] 한 발짝 물러서지 않으면, 우리의 민주적 노력이 역효과를 가져올 가능성이 크다는 게 내 주장이다. 우리가 너무 확고한 입장을 가지고 정치에 참여하게 되면 취약한 다른 사람들을 추가적인 위험에 빠뜨릴 수 있다.

조금 더 설명해보면 다음과 같다. 정치적 정의라는 대의는 당위적 형태를 띤다. 우리가 정치를 통해 격렬하게 투쟁하는 이유는 정치적 결정과 정책이 실제 사람들에게 영향을 미치고, 특히 사회적으로 가장 취약한 사람들에게 실질적 고통을 줄 수 있기 때문이다. 우리는 그들을 대신해서 행동해야 할 도덕적 의무를 지닌다. 민주주의하에서 우리는 정치적 행위를 통해 정의를 추구한다. 그리고 특히 심각한 정치적 실패에 직면했을 때 정의는 더욱 적극적인 정치 참여를 요구한다. 이 중 어느 것도 부정할 수는 없다. 정치를 제자리에 두어야 한다는 내 논지는 민주적 행위를 통해 사회정의에 전심으로 헌신하는 것과 모순되지 않는다. 이러한 처방은 우리가 현재 하고자 하는 것보다 적게 정치적 행위에 참여해야 한다고 말하는 것이 아니다. 오히려 정치적 참여와 함께 다른 종류의 활동, 특히 정치가 개입되지 않은 협력적인 사회 활동을 위한 공간을 확보해야 한다는 주장이다.

민주주의의 과잉은 다른 사회적 선/재화를 질식시키는데, 특히 민주주의가 번영하기 위해 필요한 사회적 선/재화를 파괴한다. 이 책은 미국을 비롯한 국가들에서 민주주의가 과잉되고 있다고 주장한다. 만약 이 주장이 옳다면, 민주주의의 과잉이 지속되는 것은 현존하는 불의의 양상을 악화시킬 가능성이 크다. 결과적으로 정치를 제자리에 두지 않으면, 우리 중 가장 취약한 사람들을 위험에 빠뜨리게 된다. 민주주의를 과도하게 추구하는 사람들이 단기적으로는 자신들의 목표를 달성할 수 있을지도 모르지만, 이는 민주주의의 번영을 가로막는 보다 큰 대가를 치르게 된다. 그러한 승리는 지나친 희생을 치르고 얻은 것에 불과하다. 원하는 정치적 결과를 달성하기 위해 모든 정치적 결과가 손상되기 쉽고 불안정해지는 조건을 만들어왔기 때문이다. 그러므로 더 정의롭고, 평등하며, 공정한 정치 질서를 추구하기 위해서는 이러한 목표를 넘어선 공동의 프로젝트를 함께 추진해야 한다.

하지만 이러한 처방이 독자들이 일정한 사회적 특권을 지니고 있음을 전제로 한다는 것은 사실일 수도 있다. 나는 꼭 그렇다고 확신하지는 않지만, 그런지 아닌지는 중요하지 않다. 실제로 그러한 특권을 전제하고 있음을 인정한다고 해도, 정치를 제자리에 두어야 한다는 논지에 문제가 되는 것은 아니다. 물론 다양한 종류의 특권이 존재하는 것은 문제가 될 수 있다. 그렇다고 해서 특권으로 인해 가능한 모든 행위가 문제가 되지는 않는다. 과분한 특권이 제공하는 혜택 때문에 참여할 수 있는 특정 활동이 있을 뿐, 이러한 활동 자체가 그러한 특권을 부적절하게 행사하거나 부과한 것은 아니다.

더 나아가 문제 삼을 수 있는 특권에 의해 가능한 모든 행위가 그 자체로 문제가 된다는 생각은 일관성을 결여하고 있다. 과거에 도덕적으로 매우 의심스러운 역사적 사건들이 없었다면, 당신의 조상들은 아마 만나지 못했을 것이고 당신도 존재하지 않았을 것이다. 당신의 존재는 심각한 불의는 아니더라도 과분한 특권의 산물일 가능성이 높다.[3] 조금 더 현실적으로 말해보면, 당신이 이 책을 읽고 있다는 사실(또는 당신이 무엇이든 읽을 수 있다는 사실)도 당신의 특권 덕분에 가능한 행위다. 또한 기부, 자원봉사, 시위, 조직화, 행진, 항의 등 당신이 선호하는 정치적 행위 양식도 특권으로 인해 가능한 것이다. 그래서 정치를 제자리에 두는 것은 부당한 특권이 있을 때에만 가능하다는 비판은 우리가 할 수 있는 모든 영역의 노력을 비난하는 방향으로 확장될 수 있다. 정의를 위해 우리가 선호하는 형태의 깨어 있는 정치적 행위를 하는 것도 이에 포함된다.

분명히 말하지만, 나는 부정의한 체제에서 혜택을 받는 사람들이 정의로운 방향으로 정치적 변화를 이끌어내야 할 의무를 지닌다는 점을 결코 부정하지 않는다. 그렇지만 이를 위해서는 특권을 가진 사람들이 행위를 해야 하고, 그러한 행위는 특권 덕분에 가능한 것이라는 점에 유의해야 한다. 보다 구체적으로 말하면, 이러한 변화를 이끌어내기 위해 민주적 시민들이 정치를 제자리에 두어야 한다는 것이 내 주장이다. 정치를 제자리에 두는 것이 특권을 지닌 사람들이 그들이 지닌 특권 때문에 할 수 있는 행위라면, 그렇게 해야 한다. 모든 정치적 제안은 이러한 요건을 부과한다.

5. 하지만 모든 것이 정치 아닌가?

다음으로 **개념적인** 도전에 대해 생각해보자. 정치를 제자리에 두어야 한다는 논지는 정치의 바깥에 근본적으로 비정치적인 일정한 사회적 삶의 영역이 있음을 전제로 한다. 결국, 정치를 제자리에 두는 것이 가능하려면 추구하는 다른 것들과 비교해 정치를 위치시킬 수 있는 보다 큰 그릇이 있어야 한다. 그리고 정치가 아무런 역할을 하지 않는 협력적인 사회적 노력을 고안하려면, 그 자체로 정치적이지 않은 사회적 차원이 일정하게 존재해야 한다. 그런데 그런 차원이 존재할 수 있을까? 모든 것이 정치적이라는 사실은 명백하지 않은가?

'모든 것이 정치다'라는 주장은 흥미로운 내용을 담고 있다. '모든 것이 x다'라는 형태의 진술은 악명 높은 철학적 어려움을 야기할 수 있는데, 여기서 다루지는 않겠다.[4] 이 문제를 다룰 때는 모든 것이 정치라고 말하는 사람이 제기할 수 있는 두 가지 주장을 구분하는 것이 유용할 것이다.

첫째, 정치 질서에 관한 사실과 숙고가 우리 삶의 모든 측면을 **설명하는** 데 있어 무시할 수 없는 역할을 한다고 주장할 수 있다. 이 주장은 분명 옳다고 생각된다. 내가 이 문장을 쓰고 있는 것에 대해 완전하게 설명하려면 내가 살고 있는 정치 세계의 특징을 언급해야 할 것이다. 그리고 이 세계의 특정 요소가 조금이라도 달랐다면, 나는 이 글을 쓰고 있지 않았을 것임을 인정해야 한다. 좀 더 일반적으로 말하면, 우리 각자가 누구인지 드러내는 가장 중요한 특징들은 불가피하게 정치 질서의 일부인 사건, 제도, 규범, 구조를 언급하지 않고는 설명할 수 없다. 당신의 일생을 구성하는 양육, 교육, 인지 및 정서 발달, 재능, 투쟁, 계획, 성취는 당신이 살고 있는 정치적 조건에 대한 특정 사실을 참고할 때만 이해할 수 있다.

이와 달리 '모든 것이 정치다'라는 말로 다른 주장을 펼 수도 있다. 일정한 정치적 맥락에서 발생하는 특정한 헌신, 이력, 충성심, 투쟁이 인간 삶의 모든 측면을 설명하기에 **충분하다**는 주장이다. 이러한 주장은 마르크스주의에 대한 악명 높은 일부 잘못된 해석에서 살펴볼 수 있다. 이러한 해석에 따르면 무엇을 하든, 그리고 자기 자신이 진심으로 무엇을 하고 있다고 생각하든, 어떠한 사람이 수행하는 모든 행위는 실제로는 계급 정체성에 따라 움직인 것이며 이를 표현하는 것이다. 이런 시각에서 보면 정치는 모든 인간적인 것을 포괄하는 것이자 이를 궁극적으로 설명하는 것이기 때문에, 정치를 제자리에 두는 것이 불가능하다. 정치가 놓일 자리가 있다는 생각 자체가 이해되지 않는 것이다.

첫 번째 주장은 중요하면서도 사실이지만, 두 번째 주장은 그렇지 않다. 우리가 설명이 필요하다고 생각하는 어떠한 인간 현상을 완전히 설명하는 데 있어 세상의 정치적 특징이 무시할 수 없는 비중을 차지한다는 의미에서 모든 것은 정치다. 이러한 중요한 통찰은 정치를 제자리에 두어야 한다는 논지에 아무런 문제가 되지 않는다. 정치를 제자리에 두는 프로젝트는 우리 삶의 정치적 조건에서 동떨어질 수 있다거나 정치와 완전히 단절할 수 있다는 환상을 불러일으키지 않기 때문이다. 더 중요한 사실은 비정치적인 협력적 사회 활동을 위한 공간을 구상할 수 있는 가능성이 있다고 하더라도, 이는 우리가 살아가는 정치적 질서가 지닌 어떠한 특징의 산물일 것이라는 점이다. 그러나 인간사를 설명하는 데 있어 항상 일반적인 정치에 대한 사실을 언급할 필요가 있음을 인정하는 것과 정치가 모든 것을 설명한다는 주장을 받아들이는 것은 완전히 다르다.

약간의 용어적 인위성을 허용해준다면, **모든 것이 정치적**이라는 주장과 **모든 것이 정치**라는 주장을 나눠볼 때 차이점을 알 수 있다. 전자는 설명이 필요한 모든 인간 행위의 해석에 정치 현상이 포함된다는 의미로 받아들일 수 있다. 후자는 모든 인간 행위가 정치이며, 정치가 우리에 대한 모든 것을 완전히 설명한다는 완전히 다른 주장이다. 전자는 인간사에 대한 적절한 설명에 정치 현상에 대한 언급이 빠질 수 없다고 주장하며, 다시 말하지만 이는 내 논지와 모순되지 않는 중요한 진리다. 후자는 그러한 설명에 정치 외에는 아무것도 필요하지 않다고 주장하며, 나는 이러한 주장이 명백히 잘못되었다고 생각한다. 어쨌든 이는 내 논지 못지않게 논란의 여지가 있으므로, 후자의 주장에서 시작된 비판은 그 전제를 보다 충분히 뒷받침할 필요가 있다.

다음으로 넘어가기 전에 정치를 제자리에 두는 것은 민주주의 정치를 회복하기 위해 우리가 반드시 해야 할 일이라는 점을 다시 한번 강조하고 싶다. 이를 위해 민주 시민이 때때로 **정치**에서 함께 물러나야 하지만, 이는 방금 확인한 의미에서 보면 어디까지나 **정치적** 노력이라고 할 수 있다.

6. 위장한 과두제?

여기서 살펴볼 또 다른 도전은 이 장의 시작 부분으로 돌아가게 한다. 민주주의가 '제자리에 있어야' 하고 '과잉되면' 안 된다는 생각은 민주주의자들에게는 무지하고 속기 쉬운 대중의 위험성을 이야기하는 우월감에 젖은 담론을 시작하는 것으로 들릴 수 있다. 실질적인 권력을 합리적인 엘리트에 부여해야 한다는 것이다. 지난 세기의 민주주의 이론에 익숙한 사람들에게는 내 제안의 민주적 신뢰성에 의문을 제기할 만한 측면이 분명 존재한다. 소위 민주주의에 대한 **최소주의적**(minimalist) 이론은 내가 제안한 것과 유사한 주장에서 시작하며, 최소주의적 시각은 적극적으로 과두집권체제를 주장하지는 않지만, 사실상 민주적이지 않은 이론으로 널리 알려져 있다. 최소주의적 시각이 **엘리트주의적** 민주주의 이론으로 알려져 있다는 것은 시사하는 바가 크다.

최소주의 이론가들은 대중의 자치라는 개념에 명확한 의미를 부여할 수 없다고 주장하며, 그 대신 민주주의를 "개개인이 국민의 표를 얻기 위한 경쟁적 투쟁을 통해 결정권을 획득하는 정치적 결정에 도달하기 위한 제도적 장치"로 개념화한다.[5] 이 관점에 따르면 민주주의는 단순히 공직을 채우고, 선출된 공직자들—정치 '지도자들'—이 권력을 적절하게 행사할 수 있도록 유인을 제공하기 위한 효율적인 메커니즘일 뿐이다.[6] 이 관점에서 중요한 점은 민주적 선거가 치러지고 나면 시민들은 정치에서 물러나서 다른 일에 전념해야 한다는 것이다. 그렇지 않으면 "정치적인 뒷좌석 운전"이라는 잘못을 저지르게 된다.[7] 이처럼 최소주의자들은 [일반 시민이] 민주주의 정치에서 물러날 것을 권고하므로, 민주주의 과잉 경향을 한탄하는 것으로 이해할 수 있다. 또한, 최소주의자들은 대중적으로 선출된 엘리트가 통치하는 정치를 상정하기 때문에 어느 정도 [민주적] 정당성을 가지고 있기는 하지만 실제로는 민주적이지 않다고 여겨지는 경우가 많다.

그러나 정치를 제자리에 두어야 한다는 주장은 최소주의자들의 견해와 다르다. 엘리트가 통치할 수 있는 충분한 공간을 마련하기 위해 시민들이 민주 정치에서 물러나야 한다고 주장하지 않는다. 시민들 사이에 끔찍한 수준의 정치적 무지와 비합리성이 만연하기 때문에 대중의 정치 권력을 견제하고, 정부를 축소해야 한다고 주장하는 것도 아니다.[8] 현재의 민주주의 사회들에서 민주주의가 과잉되고 있다는 주장은 정치 권력이 무엇이고, 누가 이를 가져야 하는지에 관한 내용을 담고 있지 않다. 그보다는 민주주의 정치의 범주, 어려움, 충성심, 경쟁이 우리의 집단적인 사회적 경험의 모든 측면에 스며들었다는 주장이다. 정치를 제자리에 두어야 한다는 주장은 사회적 삶이 정치로 포화하는 상황을 역전시키고, 공유된 사회적 환경에서 민주주의 정치의 영향력을 다소 축소해야 한다는 요청이다. 반복해서 말하지만, 민주주의가 우리가 함께하는 모든 것일 때, 즉 현대 정치의 다툼과 충성심이 우리가 공유하는 시민적 삶의 모든 측면을 구성할 때, 다른 중요한 사회적 선/재화는 질식되고 민주주의가 악화한다. 그리고 민주주의가 나빠지면, 우리 모두가 고통을 겪게 된다.

7. 앞으로 나아가기

지금까지 언급한 내용만으로도 정치를 제자리에 두어야 한다는 주장이 반민주적이거나 민주적 계보가 의심스러운 요소를 지니지 않는다는 점을 보여주기에 충분할 것이라고 생각한다. 그래서 다음의 네 가지 주장은 전혀 모순되지 않는다.

① 민주주의는 중요한, 어쩌면 최고의 사회적 선이다.
② 올바른 민주주의를 위해서는 당대의 정치적 이슈에 대해 정기적으로 소통하며 함께 추론하는 참여적이고 적극적인 시민이 필요하다.
③ 그럼에도 불구하고 민주주의 정치는 과잉될 수 있다.
④ 현대 민주주의 사회들에게 정치는 과잉되고 있으며, 이는 민주주의를 손상시킨다.

앞에서 말했지만, 정치를 제자리에 두어야 한다는 주장이 우리가 현재 하려는 것보다 적게 민주 정치에 참여해야 함을 의미하지는 않는다. 이보다는 정치에 참여하는 것 외에도 더 많은 일을 함께해야 한다는 주장이다. 민주주의를 잘 실현하려면 정치 이외의 일을 함께하는 것이 필요하다는 것이다. 시민 참여와 공공 활동을 중요시하는 민주주의에 대한 개념화를 선호한다면, 정치를 제자리에 두는 일은 **꼭** 해야 한다. 이런 점에서 여기서 제시한 논지는 명백히 민주적이라고 하겠다.

5장에서는 정치를 초월해 가치를 지니는 사회적이고 인간관계적인 목표와 열망이 존재한다고 주장할 것이다. 따라서 정치를 제자리에 두어야 한다는 논지가 민주주의를 위해 우리가 해야 하는 일로 규정될 수도 있겠지만, 민주주의의 개선이 정치적이든, 비정치적이든 우리가 참여하는 모든 활동의 목표가 되어야 한다고 주장하려는 것은 아니다. 아마 독자들 중에는 정치와 무관하다고 여겨지는 상황에서 다른 사람들과의 협력을 포함한 비정치적 관심사를 키우면서 이미 정치를 제자리에 두고 있는 사람들도 있을 것이다. 이러한 시민들은 민주주의를 개선하기 위해서가 아니라 단순히 관심과 흥미가 있어서 비정치적인 협력적 활동을 한 것이라고 말할 수 있다. 이 책의 주장은 이를 비난하는 내용을 담고 있지 않다. 민주주의의 번영을 위해 우리가 정치를 제자리에 둘 필요가 있지만, 그렇다고 해서 민주주의를 개선하기 위해 반드시 그렇게 해야 하는 것은 아니다. 종종 민주주의를 개선하는 것이 아닌 다른 것을 목적으로 노력할 때만 정치를 제자리에 둘 수 있다는 사실은 5장에서 분명해질 것이다.

다음 장으로 넘어가기 전에 한 가지 더 이야기할 점이 있다. 이 책에서 제시된 설명은 미국을 비롯한 국가들에서 현대 민주주의를 괴롭히고 있는 특정 종류의 기능 장애에 대한 검토에서 비롯되었다. 그래서 민주주의가 흔들리고 있기는 하지만 여전히 잘 작동하고 있어서 내부로부터 이를 회복하려는 헌신이 존재하는 조건에서만 적용될 수 있는 진단과 처방을 담고 있다. 외피만 민주적이거나 그보다 나쁜 정치적 조건에서는 여기서 제시한 것과는 다른 완화 수단이 필요할 것이다. 그러한 수단의 사용이 어느 경우에 정당한지, 해당 사회 질서에서 민주적 헌신을 어떻게 평가할 것인지 등은 이 책의 주제가 아니다.

여전히 모든 것이 불편할 만큼 모호한 상태임을 인정한다. 중요한 주장들은 차차 나오게 된다. 앞으로 논의가 어떻게 전개될 것인지 이야기하면서 이 장을 마무리하는 게 도움이 될 것이다.

다음 과제는 민주주의가 무엇이며, 왜 과잉되기 쉬운지 이해하는 것이다. 2장에서는 민주주의—사람마다 다르게 말할 수 있지만—는 도덕적 이상이며, 시민과 시민, 시민과 정부 간의 올바른 정치적 관계에 대한 이미지라고 주장한다. 또한, 이러한 도덕적 이상은 다양한 형태로 확대되고 확장될 수 있는데, 민주주의를 단순히 정부 형태나 정치체계가 아니라 통치와 정책 메커니즘을 넘어선 집단적 삶의 방식이자 포괄적인 사회 질서로 보는 생각도 여기에서 비롯된다는 것을 보여준다. 이를 통해 민주주의 이상 자체가 정치의 장소를 확장해서 개념화하도록 한다는 점이 분명해질 것이다. 이런 점에서 과잉 민주주의의 문제는 민주주의의 쇠퇴나 이탈에서 비롯된 것이 아니라, 우리의 민주적 헌신 자체에서 기인한 것이다.

2장은 논지의 틀을 구성하는 데 집중하며 이 책의 1부를 마무리한다. 과잉 민주주의는 선의의 민주적 시민들에게 내재된 경향이라는 검토 중인 사실을 바탕으로, 2부에서는 민주주의가 어떻게 과잉되는지에 관한 보다 자세한 진단을 전개한다. 이를 입증하기 위해 많은 현대 민주주의 국가들에서 증가하고 있고 가속화되는 것처럼 보이는 두 가지 밀접한 사회 현상, 즉 **정치적 포화**와 **신념 양극화**에 관한 경험적 자료를 활용한다. 첫 번째 현상이 논의되는 3장에서는 우리의 사회 환경이 정치적으로 극히 동질화되어 있으며, 점점 더 민주주의 정치의 장이 되어가고 있다고 주장할 것이다. 결론적으로 우리는 그 어느 때보다 더 민주 시민으로서의 역할을 수행하고 있지만, 이러한 역할이 거의 항상 정치적으로 동질적인 조건에서 수행되고 있기에 올바른 민주주의가 아니라는 것이다. 다음으로 널리 알려진 신념 양극화 현상을 다룬 4장에서는 정치적 포화 상태가 민주적 **퇴행**을 초래한다고 주장한다. 시민들이 민주적 이상을 달성하지 못할 뿐만 아니라 점점 더 그러한 이상을 추구할 수 없게 된다는 것이다. 실제로 올바른 민주 정치에 참여하려는 의도를 지닌 가장 신중한 시도조차도 신념 양극화로 초래된 역기능을 부채질할 수 있다.

3부에서는 2부의 암울한 진단을 기반으로 처방이 제시된다. 5장에서는 민주주의 이론으로 돌아가, 민주주의가 번영하기 위해서는 민주 시민들이 특정한 역량을 갖춰야 한다고 주장한다. 그런데 정치적 포화 상태에서 신념 양극화가 발생하면 시민들에게 요구되는 역량의 많은 부분이 약화한다. 그래서 시민들이 정치적 역할에서 벗어나 시민이 아닌 다른 존재로서 상호작용할 수 있을 때, 비로소 민주주의의 핵심 역량—내가 **시민적 우애**를 위한 일반적 역량이라고 부르는—을 발달시킬 수 있다고 주장한다. 요컨대, 민주주의의 번영은 시민적 우애를 발휘할 수 있는 역량을 지닌 시민들에게 달려 있다. 그러한 역량은 우리의 사회적 환경이 정치적으로 포화되어 있을 때에는 약화되며, 정치적이지 않은 사회적 토양에서만 배양될 수 있다. 이로부터 정치를 제자리에 두어야 할 필요성이 뒤따르게 된다. 5장에서는 일정 수준의 구체성을 갖춘 실천적 제안을 제시할 때 특별히 주의해야 할 점을 애기한 후, 정치를 제자리에 두기 위한 전략을 제안한다.

민주주의를 신봉하는 일부 사람들이 고취하는 생각과 달리, 민주주의는 인간 삶의 궁극적인 목적이 아니다. 나처럼 민주주의를 가장 중요한 사회적 선이자 정의, 평등, 자유, 자율성, 존엄과 같은 다른 중요한 정치적 가치를 위한 필요조건으로 여기는 사람들도 이러한 통찰을 수용할 수 있다. 민주주의가 훌륭한 이상이고, 그에 수반되는 사회적 가치가 중요하다고 할지라도, 우리 삶의 의미와 목적이 전적으로 민주주의를 실현하는 데에만 있는 것은 아니라는 사실을 잊어서는 안 된다. 민주주의는 사회적이고 정치적인 질서의 한 종류일 뿐이며, 다른 모든 질서와 마찬가지로 그 자체를 넘어서는 목적과 열망을 가지고 있다. 이러한 주장은 마지막 6장에서 다루어질 것이다. 민주주의가 본질적 가치를 지닌다고 가정하더라도, 민주주의는 **무언가를 위한** 것이기도 하다. 그리고 그 무언가는 단순히 더 많은 혹은 더 나은 민주주의가 아니다. 과잉 민주주의의 문제는 이 사실을 놓치는 경향에서 비롯된다. 민주주의의 요체는 정치 투쟁 너머에 있는 의미 있는 프로젝트에 집단적으로나 개인적으로 헌신하는 소중한 인간관계와 삶을 촉진하는 데 있다. 이러한 내 주장이 옳다면, 정치를 제자리에 두지 않을 때 우리는 중요한 사회적 선/재화를 악화시키는 데 기여하게 되며, 나아가 우리의 삶을 가치 있게 만드는 노력과 열망을 상실하게 된다.

제2장

민주주의의 영역 확장

앞 장에서 민주주의에 대해 계속 언급했지만, 민주주의가 무엇인지에 대해서는 거의 이야기하지 않았다. 그래서 잠시 민주주의에 대해 생각해보도록 하자. 익숙한 교과서적 정의에 따르면, 민주주의는 투표와 선출된 대표를 통해 인민이 통치하는 것이며, 이러한 통치는 개인의 권리를 인정하는 공적인 헌법의 제약을 받는다. 이러한 정의는 상당히 옳은 내용을 담고 있지만 실제로는 한계가 있다. 특히 이 정의는 민주주의의 기본 이념인 **인민의 통치**에 대한 통찰력을 제공하지 않는다. 그래서 잠시만 생각해봐도 '인민은 누구인가', '그들이 통치한다는 것은 무슨 의미인가'라는 두 가지 분명한 질문을 비롯해 많은 철학적인 질문을 떠올리게 된다.

이 교과서적 정의를 충분히 상세하게 철학적으로 개념화하려면 수백 쪽이 필요할 것이다. 그래서 현재의 목적에 맞게 다른 지점에서 시작해보자. 우리가 민주 시민으로서의 역할을 수행할 때, 우리는 자신이 무엇을 하고 있다고 여기는가? 이러한 활동이 적절하게 행해질 때 이는 어떤 모습일까? 더 일반적으로 말해, 민주주의에 대한 우리의 일반적이고 **일상적인** 이해는 무엇인가?

교과서적 정의에도 나와 있듯이 선거에서 투표하는 것은 분명 민주주의에 대한 우리의 일반적인 시각에서 큰 비중을 차지한다. 그러나 선거가 선거운동의 정점이라는 것도 우리의 일상적 개념의 일부다. 선거운동은 시민, 공직자, 공직에 입후보하려는 사람들 간의 다양한 상호작용을 포함한다. 민주 시민으로서 우리는 토론, 유세, 인터뷰, 연설 등의 시기를 거친 후에 투표한다. 중요한 점은 우리 앞에 놓인 이슈, 정책, 후보자에 대해 충분한 정보를 습득한 후에 책임감 있게 투표권을 행사해야 할 의무가 있다고 여긴다는 사실이다. 따라서 우리의 일상적인 민주주의 개념은 투표를 통해 정치 권력을 행사하기 전에 시민들이 특정 종류의 정치 활동에 참여해야 할 의무를 불러일으킨다고 말할 수 있다. 현대 민주주의가 시민들이 공동의 관심사에 대해 서로 소통하거나 공직자와 소통할 수 있는 포럼과 행사로 가득한 것은 이 때문이다. 이러한 포럼은 주로 민주적 통치는 **이성의** 통치라는 생각에 따라 조직된다. 즉, 우리는 민주적 시민성을 자신이 선호하는 정치적 결과를 위해 흥정하거나 협상하는 것과는 다른 무언가로 이해한다. 민주적 시민으로 행위할 때에는 다양한 정치적 결정과 정책에 대한 찬반 이유에 귀를 기울여야 한다는 것이다. 이처럼 민주적 시민성은 단순한 선호 표현이 아니라 판단의 행사를 수반한다. 민주적 의사결정은 이성적 근거에 기초해 자신의 정치적 견해에 의문을 품고 비판과 도전을 제기하거나 이를 지지하고 옹호하는 것을 뜻한다. 이를 통해 대표자에게 책임을 물을 수 있게 된다.

물론 이 간결한 묘사는 민주주의를 이상적 상태로 그리고 있다. 현실 세계에서 민주적 실천이 이러한 개념에 부합하는 경우는 거의 없다. 그러나 방금 묘사한 이미지는 우리가 민주 시민으로서 가지는 공통적인 열망을 보여준다. 우리는 우리 자신의 정치적 견해가 이성에 근거하고 있다고 믿는 한편, 우리가 동의하지 않는 사람들의 견해는 정보가 부족하고 잘못 판단한 것이며 수정 가능하다고 여긴다. 또한, 현대 민주주의의 문제점에 대한 대중의 진단은 방금 제시한 것과 같은 이상적 상태를 가정하는 경향이 있다. 민주주의에서 돈과 특권이 지배적인 역할을 하는 것에 반대할 때, 우리는 종종 민주 정치가 이성에 의해 주도되어야 한다고 단언한다. 또한, 소셜 미디어가 잘못된 정보, 선전, '가짜 뉴스'를 유포하는 데 사용되는 것을 한탄할 때도, 우리는 민주 시민이라면 충분한 정보를 가지고 있어야 한다는 생각을 지지한다. 이처럼 민주주의에 대한 우리의 일반적인 개념은 당대의 정치적 이슈에 대해 비판적으로 사고하는 과정에 함께 참여하는 시민이라는 이상을 불러일으킨다.

이 장에서는 이와 같은 민주주의에 대한 일상적인 이해를 좀 더 자세히 살펴본다. 이를 위해 우리는 이러한 이상적인 개념이 민주주의에 대한 보다 단순하고 엄밀한 개념에서 어떻게 도출되는지 살펴볼 필요가 있다. 민주주의 이론의 특정한 발전과정을 추적하는 것이다. 그러나 논의의 초점은 단순히 민주주의 이론의 발전 궤적과의 연관성을 드러냄으로써 우리가 일상적으로 가지고 있는 민주주의 개념을 보다 잘 포착하는 것이 아니다. 오히려 목표는 과잉 민주주의 문제의 기원이 민주주의의 외부가 아니라 내부에 있다는 것을 밝히는 데 있다. 현대 민주주의 이론의 흐름을 추적함으로써 우리는 민주적 이상 자체가 정치의 과잉을 초래할 수 있는 실천을 포용하도록 이끈다는 점을 이해할 수 있다. 이러한 내적 경향을 인정하는 것은 민주 정치를 회복하기 위한 중요한 발걸음을 내딛는 것이다. 문제가 내재적임을 알게 되면 민주주의를 회복하기 위해 특정 대중적 처방을 채택해서 역효과를 내는 것을 방지할 수 있다. 요컨대, 민주주의가 과잉되는 경향이 있다는 것을 인식하면 우리가 민주주의를 망가뜨리는 것을 막을 수 있다.

1장에서는 민주주의의 장소, 확장, 공간과 관련된 흥미로운 비유들을 사용했다. 이러한 비유들을 명확히 이해하는 것이 가장 먼저 해야 할 일이다. 이러한 비유를 대체할 새로운 개념적 자료를 가져온 후, 민주주의를 이해하려고 노력하다 보면 민주주의를 **사회적 이상**으로 생각하게 되며, 이는 다시 민주적인 정치 실천의 개념을 확장시킨다고 주장할 것이다.

1. 범위, 장소, 영역

다시 원점에서 시작하자. 민주주의에 대한 이론은 민주적 거버넌스의 특징이라고 할 수 있는 활동, 과정, 상호작용을 규명할 필요가 있다. 이를 다루기 위해 이론가들은 헌법, 대표 방식, 선거체제, 사법 기구 등 민주주의를 구성하는 다양한 정치제도에 대한 상세한 설명을 제시한다. 그러나 어떤 시각에서 보든 민주주의는 근본적으로 **시민들 간의 자치** 체제이기 때문에 민주적 시민성의 특징에 해당하는 의무, 책무, 책임을 구체화하지 못하면 완전한 설명이라고 할 수 없다. 이러한 구체화를 민주주의의 **범위**(scope)라고 부르도록 하자. 민주주의에 대한 개념이 달라지면 민주주의의 범위에 대해서도 서로 다른 설명을 제시하기 마련이다.

일반적으로 민주주의의 범위에 대한 개념은 올바르게 활동하는 민주 시민이 되려면 무엇이 필요한지에 대한 시각을 담고 있다. 여기에는 민주주의에 기여하기 위해 시민이 무엇을 **해야** 하는지에 대한 견해뿐만 아니라 시민으로서 역할을 수행할 때 어떤 행동을 하는 것이 **바람직하고, 존경할 만하고, 모범적인지**에 대한 견해도 포함된다. 따라서 민주주의의 범위에 대한 견해에는 민주 시민이 비판을 받거나 심지어 조롱이나 비난을 받아 마땅한 경우에 대한 생각도 수반될 것이다. 앞서 언급한 예를 가져오면, 민주주의에 대한 거의 모든 관점은 투표 행위를 민주주의의 장소(site)로 간주한다. 공직선거에서 투표하는 것이 민주적 시민성에서 비롯되는 핵심적인 의무라는 사실을 부인하는 사람은 거의 없을 것이다. 따라서 투표는 대체로 민주 시민이 수행해야 할 훌륭한 행동으로 여겨진다. 마찬가지로 투표를 소홀히 하는 것은 일반적으로 시민의 의무를 저버리는 것으로 간주되며, 이에 따라 비판의 대상이 될 수 있다. 몇몇 민주주의 국가는 의무투표제를 시행하고 있으며, 투표를 하지 않으면 (경미한) 처벌을 받는다. 그래서 대가를 받고 [투표라는] 자신의 정치적 권력을 **파는** 사람은 단순히 비판을 받는 것이 아니라 시민으로서 경멸을 받는 대상이 될 수도 있다.

거의 모든 민주주의 이론이 투표를 민주주의의 범위에 포함되는 핵심적 활동으로 간주하지만, 대부분 이보다 포괄적인 시각을 가지고 있다. 민주주의의 범위에 투표와 밀접하게 관련된 다양한 활동을 포함시키는 것이다. 선거운동에 관심을 갖거나 참여하는 것, 후보자에 대한 지지를 호소하는 것, 투표소에서 봉사하는 것, 그 밖에 다른 방식으로 선거과정에 기여하는 것 등이 이에 해당한다. 더 나아가 자신의 투표에 **영향을 미칠** 수 있는 정치 정보를 습득하고 처리하는 활동—뉴스 따라잡기, 공공정책에 대한 토론회 참석, 후보자 및 정당의 정책 공약 검토 등

—도 민주주의의 범위에 포함된다고 주장하는 견해도 있다. 이러한 이론들은 책임 있는 투표자가 되기 위한 행위를 시민의 의무에 포함시킨다. 지역사회 참여, 자선 활동, 사회적 대의를 위한 자원봉사 등과 같이 선거와 관련되지 않은 행위도 민주주의의 범위에 포함시키는 보다 포괄적인 개념을 취하는 경우도 있다.

민주주의의 범위에 대한 견해는 민주 시민이 수행하거나 참여할 수 있는 활동의 범위에 대한 견해라고 요약할 수 있다. 어떤 시민이 주어진 민주주의의 범위에 해당하는 활동에 참여한다면, 그 시민은 민주 정치 본연의 일에 기여하고 있다고 말할 수 있다. 따라서 민주 시민의 역할에 따르는 의무와 책임이라는 관점에서 해당 활동의 성과를 평가할 수 있다.

민주주의의 범위 내에 있는 것으로 명시된 일부 활동들은 민주 시민에게 **요구된다**고 여겨지기에 이를 제대로 수행하지 못하거나 전혀 수행하지 않는 사람은 시민으로서 비판의 대상이 된다. 하지만 범위 내의 다른 활동들은 요구가 아니라 **기대**에 가까운 것으로 여겨진다. 이러한 활동에 참여하는 사람들은 잘해야 하지만(그리고 잘못하면 시민으로서 비판의 대상이 되지만), 일반적으로 전혀 참여하지 않아도 비판의 대상이 되지는 않는다. 물론 어떤 관점에서 보더라도 민주주의 범위 내에서 요구되는 부분과 (단지) 기대되는 부분 사이의 경계는 유동적이다. 예를 들어, 현존하는 민주주의 국가들에서 군복무에 대해 상반된 시각을 발견할 수 있다. 어떤 국가에서는 모든 시민에게 병역이 의무화되어 있는 반면, 다른 국가에서는 병역이 (단지) 시민이 해야 할 일로 기대될 뿐이다. 또 다른 곳에서는 군복무가 그저 존경할 만한 일로 여겨지기도 하고, 시대와 장소에 따라서는 군복무가 비판의 대상이 되기도 한다.

또한, 민주주의의 모든 견해는 민주주의의 범위를 벗어나는 일부 활동도 암묵적으로나마 용인할 것이다. 즉, 민주주의에 대한 모든 개념에는 민주 시민이 수행할 수 있는 행위 중에 시민의 역할과 관련되지 않은 것도 포함되어 있다. 따라서 이러한 행위는 시민으로서의 역할이라는 측면에서 평가받지 않는다. 예를 들어, 피아노 연주, 만화책 수집, 영화 감상, 스포츠 관람, 케이크 굽기, 시 쓰기, 자동차 정비, 정원 가꾸기, 목공예, 아이들 지도, 하이킹, 뜨개질, 맥주 양조 등과 같은 다양한 종류의 취미와 여가 활동을 하지만, 일반적으로 이러한 활동은 민주 시민으로서의 역할과는 관련이 없다. 분명 중요한 가치를 지니며 사회의 공공선에 기여할 수 있는 취미활동을 하는 시민도 있고, 개인적인 활동에만 시간을 할애하는 시민도 있을 것이다. 일반적으로 이러한 활동을 민주주의 범위 밖에 두는 이유는 잘하든 못하든 또는 아예 하지 않든, 민주적 시민성이라는 측면에서 보면 엄밀히 말해 중요하지 않기 때문이다. 정원을 가꾸는 일이 사회적 선에 크게 기여할 수도 있지만, 정원을 가꾸지 않는다고 해서 시민으로서 비판받지는 않는다. 피아노를 못치거나, 요리를 못 하거나, 뜨개질 실력이 형편없다는 비판을 들을 수는 있지만, **시민**의 역할과는 관련이 없다. 다시 말하지만, 민주주의의 범위에 대한 생각은 다를 수 있고, 그에 따라 당연히 시민의 역할을 넘어선 활동에 대해서도 다양한 시각이 존재할 수 있다. 민주주의에 대해 어떤 개념을 가지고 있든, 민주주의의 범위 안과 밖을 가르는 경계는 가변적일 수 있는 것이다.

민주주의의 범위를 나누는 경계가 어떻게 논쟁이 되는지 알아보려면, 양육을 둘러싸고 계속되고 있는 논란을 살펴보는 게 도움이 된다. 양육 과정에서의 학대가 심각한 위반이라는 사실은 아무도 부정하지 않는다. 국가가 아동을 보호해야 한다는 점은 분명하며, 괜찮은 부모가 되는 것은 어느 정도 시민의 책임이라는 인식도 있다. 하지만 홈스쿨링이나 특정 형태의 종교 교육에 대해서는 논란이 있다. 예를 들어, 잘 알려진 **모저트 대 호킨스 카운티**(Mozert v. Hawkins County) 소송에서 복음주의자 부모들은 공립학교의 독서 교육과정에 반대하며, 해당 교육과정의 독서 부분을 홈스쿨링으로 대체해 달라고 요구했다.[1] 이들은 사용되고 있는 초등학교 교과서에 여러 종교(비기독교를 포함해)의 관점이 담긴 독서자료가 포함되어 있어서 학교가 도덕적, 종교적 상대주의라는 위험한 사상에 아이들을 노출시켜 영혼을 위태롭게 하고 있다고 주장했다. **모저트** 소송이 흥미로운 이유 중 하나는 민주주의의 범위에 속하는 양육 요소와 이에 속하지 않는 요소 사이의 경계에 의문을 제기하기 때문이다.

이제 민주주의의 **장소** 문제로 넘어가보자. 앞에서 우리는 민주주의의 범위—시민의 역할을 구성하는 고유한 활동—에 대한 다양한 관점들이 민주주의가 '발생'

하거나 '실행'되는 다양한 장소를 밝히고 있음을 암묵적으로나마 살펴봤다. 이러한 물리적이고 사회적인 공간에서 민주적 거버넌스에 기여한다고 여겨지는 활동이 이루어진다. 이러한 공간들의 집합을 민주주의의 장소라고 할 수 있다.

앞의 예로 돌아가보면, 거의 모든 민주주의에 대한 견해에서 투표 활동은 민주주의 범위 안의 중심을 차지하고 있다. 그래서 민주주의가 일어나는 중심적인 장소는 선거일의 투표소라고 생각하는 게 일반적이다. 대다수의 사람은 투표소를 비롯해 이를 둘러싼 물리적 공간도 민주주의의 장소라는 데 동의할 것이다. 민주주의의 범위를 보다 포괄적으로 바라보는 시각은 민주주의의 장소에 대해서도 보다 포괄적으로 이해하는 경향이 있다. 예를 들어, 정치 정보를 습득하고 처리하는 활동이 민주주의의 범위에 속한다고 보는 민주주의 이론은 공공도서관, 텔레비전 스튜디오, 라디오 방송국과 같은 공간도 민주주의의 장소에 포함시킬 것이다.

정치 정보의 전달과 접근을 둘러싼 인식론적 문제에 대해 보다 정교한 설명을 담고 있는 이러한 견해는 민주주의의 장소를 구성하는 비물리적 공간에 대한 이해도 포함하고 있다. 또한, 민주주의를 '이성의 장소'[2] 또는 특정 유형의 사회-인식론적 환경으로 이론화하는 경향을 지닌다. 그리고 대면 상호작용, 지역사회 참여, 공적인 대화, 다양한 형태의 사회적 모임과 같은 활동을 민주주의의 범위에 포함하는 사람들은 공원, 길모퉁이, 커뮤니티 센터, 카페, 술집, 인터넷 공론장도 민주주의의 장소로 인식하기 쉽다.

어떤 공간이 민주주의의 장소로 여겨진다고 해서 **전적으로** 민주적 활동만을 위한 공간으로 규정되는 것은 아니며, 그 공간에서 일어나는 모든 일이 민주 정치의 일부로 간주되는 것도 아니다. 물론 투표소, 배심원실, 법정과 같은 특정 공간은 오로지 민주적 활동을 위해서만 사용된다. 그러나 민주주의 장소 중에는 정치적인 활동과 비정치적인 활동이 때로는 동시에 공존할 수 있는 본질적으로 다목적을 지닌 공간도 다수 존재한다. 예를 들어, 일요일 아침이면 집 옆 공원에서는 프리스비 놀이, 소풍, 일광욕을 즐기는 사람들과 다양한 형태의 정치 청원 활동을 하는 사람들을 볼 수 있다. 청원하는 사람들은 시민의 역할을 수행하고 있지만, 다른 사람들은 그렇지 않다. 비록 공원에서 일어나는 모든 일을 민주적 시민성이 발휘된 것으로 볼 수는 없지만, 공원은 민주주의의 장소에 속한다.

공원을 민주주의의 장소 안에 있는 공간으로 규정하게 되면, 공원을 정치 활동이 시작되거나 정치 활동을 접할 수 있는 곳으로 주장하는 사람이 존재할 수 있다. 그리고 그곳에서는 일반적으로 정치 활동이 **환영**받는다고 말할 수도 있다. 민주주의의 범위에 속하는 활동이 민주주의의 장소 내에 있는 공간에서 시작되면, 개인은 시민의 역할을 수행하는 것으로 간주된다. 그래서 시민으로서 [그러한 활동에] 정당하게 참여할 수 있고, 올바른 시민성의 기준을 따라야 한다고 주장한다. 즉 특정한 민주주의 시각에 따르면, 어떤 개인이 민주주의의 장소 내에 위치한 공간에서 민주주의 범위에 속한 활동을 하면, 그 사람은 시민**으로서의** 성취에 대해 비판받거나 칭찬받을 수 있으며, 더 일반적으로는 책임을 져야 할 수 있다.

다시 말하지만, 이 문제에 대해 어떤 관점을 취하든 민주주의의 범위와 장소를 구분하는 정확한 경계는 논쟁의 여지가 있으며, 어떻게 설명하든 어느 정도의 유연성을 예상해야 한다. 다른 경계와 마찬가지로, 민주주의의 범위와 장소도 비판과 재조정의 대상이 될 수 있다. 그러나 현재의 민주적 실천은 한 가지 직관적인 구분 선을 제시한다. 시민들이 서로에게 시민성의 기준을 적용하기 어렵거나 불가능한 사회적 맥락의 경우에는 민주주의의 장소에서 벗어난 것으로 간주해야 한다고 생각하는 경향이 있다.

이를 이해하기 위해 일반적으로 민주주의의 장소를 넘어선 공간으로 여겨지는 —나도 그렇다고 생각한다— 명절 저녁 식사 자리를 생각해보자. 오래된 드라마와 코미디 장르가 보여주듯, 가족 간의 결속은 상호작용에 부정적인 영향을 미친다. 명절에는 많은 가족 구성원이 한자리에 모인다. 이들은 자주 교류하지 않을 수도 있고 공통점이 많지 않을 수도 있는데, 가족으로 묶여 있어서 떨어지기 쉽지 않다. 명절 저녁 식사 자리에서 정치적 발언을 하는 것은 일반적으로, 그리고 당연히, 적절하지 않은 것으로 여겨진다. 이러한 발언이 이를 듣는 방 안의 사람들 사이에서 논란이 될 경우에는 더욱 그렇다. 명절 저녁 식사 자리에서 정치적 논쟁을 유발하는 것은 일반적으로 좋지 않은 행동으로 생각되는 것이다. 단순히 이런 논쟁이 불쾌함을 초래할 수 있기 때문만은 아니다. 오히려 정치적 논쟁은 다른 장소, 즉 논쟁 당사자들이 시민의 역할을 수행하면서 완전하고 자유롭게 상호작용할 수 있는 맥락에서 이루어져야 한다고 생각하기 때문이다.

이러한 일반적인 규칙을 어긴 사람은 경박하고 예의 없다고 여겨진다. 어디까지나 도덕적 측면에서 심한 비난을 받을 만한 잘못을 저지른 것이지, 민주 시민으로서 잘못한 것은 아니다. 실제로 명절 저녁 식사 자리는 민주주의 장소가 아니라고 생각하면서도, 활발한 정치적 토론이 민주주의의 범위 내에서 이루어지는 중심적 활동이라는 생각을 가질 수 있다. 다른 공간이나 상황에서라면 고집불통 삼촌의 귀에 거슬리는 당파적 발언도 온전히 수용될 수 있는 것이다. 하지만 명절 저녁 식사 자리에서 그러한 발언을 하는 것은 규칙에 어긋난다. 이것이 시사하는 바는 저녁 식사 자리처럼 정치적 발언의 대상이 되는 사람, 즉 그러한 발언을 듣는 사람이 시민으로서 온전히 참여할 수 없는 상황에서는 정치적 발언이 적절하지 않다는 것이다.

다른 공간에서의 정치적 활동에 대해서도 비슷한 분석이 가능하다. 직장과 교실은 민주주의 범위에 명백히 속하는 활동임에도 그러한 행위가 어울리지 않는다고 여겨지는 공간이다. 그럼에도 불구하고 이러한 공간에서 정치적 활동이 행해진다면, 이는 부적절한 것이 된다.

사장이 매일 자신이 좋아하는 정치인의 연설을 사무실 전체에 방송하는 직장이나, 교수가 시작 후 10분을 다가올 선거에서 자신이 선호하는 후보를 지지하는 데 보내는 강의실을 상상해보라. 분명 이러한 사례는 문제가 많다. 자신의 정치적 지지를 드러내는 것은 허용되는 (그리고 어쩌면 훌륭한) 행위지만, 이러한 행위가 시민들이 서로를 진정으로 대할 수 없는 공간에서 일어나고 있다는 점이 문제다. 노동자와 학생도 시민으로 참여할 수 있어야 하는데, 그럴 수 없는 상황에서 이들을 대상으로 정치적 발언이 이루어지고 있는 것이다. 그래서 자신이 들어야 하는 정치 메시지에 반대하거나 단순히 의문을 제기하고 싶은 노동자와 학생은 실제로 그러한 목소리를 낼 수 없다. 적어도 사장이나 교수의 보복 위험을 감수하지 않고는 그렇게 할 수 없다. 좀 더 일반적으로 말하면, 대체로 직장과 교실은 평등한 시민들 사이에서 개방적인 정치적 토론과 숙의가 이루어질 수 있는 공간이 아니다. 그

곳에는 다른 할 일이 있기 때문이다. 게다가 그러한 공간에 있는 개인들은 시민성을 구성하는 관계 이외의 다른 관계에 구속되어 있다. 직장에서 이루어지는 정치적 토론은 고용주와 피고용인, 관리자와 부하 직원이라는 **지위를 지닌** 개인들 간의 토론이기 마련이다. 학교의 경우, 특정 수업에서는 학생과 교수가 정치적 토론을 할 수도 있지만, 그러한 활동은 강의와 과목이 추구하는 교육적 사명에 따라 방향이 정해지고, 제한이 이루어진다.

다른 예를 생각해보자. 최근 미국 프로풋볼리그(NFL)는 경기 전 국가가 연주되는 동안 경기장에서 '무릎 꿇기'를 하는 선수를 제재하기로 했다. 우리가 지금까지 진행한 분석은 이 정책이 잘못된 이유를 설명해줄 수 있다. 국가가 연주되는 동안 차려 자세로 서서 가슴에 손을 얹는 것은 국가에 대한 충성심을 공식적으로 표현하는 행동이며, 이러한 이유로 시민성을 드러내는 행위로 간주된다. 어쩌면 국가가 연주될 때 기립하는 것은 시민의 의무일지도 모른다. 그러나 국가의 연주가 시민의 의무를 불러일으킨다면, 국가가 연주되는 상황은 다른 정치적 행위—특히 평화적이고, 파괴적이지 않으며, 합법적인 시위 행위를 포함해—도 허용될 수 있는 맥락으로 이해해야 한다. 앞서 언급한 직장 예시처럼, 풋볼 경기장은 선수들에게 직장이라고 할 수 있다. 만약 고용주가 [선수들에게] 시민성에 부합하는 행위를 요구하는 것이 적절하다고 판단한다면, 정치적 비판을 목적으로 하는 (평화적이고, 파괴적이지 않으며, 합법적인) 행위를 비롯해 시민의 역할에 부합하는 다른 행위도 허용해야 한다.

국가 연주 중 무릎 꿇는 행위가 풋볼 경기를 '정치화한다'라는 이유로 반대하는 사람들은 국가 연주로 경기가 시작되고, 그에 따라 참석한 모든 시민에게 기립해야 할 의무가 존재하므로 이미 그 자리가 정치화되었다는 점에 주목할 필요가 있다. 정치적 비판을 표현하는 평화적이고, 파괴적이지 않으며, 합법적인 행위를 수용할 수 없는 공간이라면 시민성을 요하는 다른 행위도 요구할 수 없다. 그래서 무릎 꿇기에 반대하는 사람들은 국가 연주에도 반대해야 한다.

직장과 학교의 예는 시민성 측면에서 허용되는 행위일지라도 잘못된 공간에서 수행될 경우 부적절한 행위가 될 수 있음을 보여준다. 또한, NFL 예는 (경찰의 공권력 사용 관행에 대한 비판을 표현하는 것처럼) 시민성 측면에서 허용되는 행위도 이를 표현하는 순간에는 스포츠 경기장에서 환영받지 못할 수 있다는 주장을 뒷받침해준다. 민주주의의 범위에서 벗어난 일상적 활동이 분명하게 민주적인 공간에서 행해졌을 때 문제가 되는 사례는 쉽게 찾아볼 수 있다. 배심원실에서 심리 중에 성경 공부를 하거나, 선거일에 투표소에서 선거 결과에 대해 베팅 방식의 도박을 하는 경우다. 또한, 일반적으로 비정치적인 공간으로 여겨지는 곳에서 정치적 행위를 하는 형태의 시위도 있고, 정치적 공간에서 비정치적 행위를 하는 방식의 시위도 있다. 우리가 이러한 행위를 **시위**로 이해하는 이유는 그러한 행위가 어울리지 않는 장소에서 일어나기 때문이다.

이 문제에 대해 더 논의할 필요는 없을 것이다. 민주주의 이론은 민주주의의 범위와 장소에 대한 설명을 포함해야 한다는 것이 요점이다. 즉, 민주주의에 대한 개념은 민주적 시민성의 특징적이고 고유한 **활동이 무엇인지**, 그리고 그러한 활동이 일반적으로 **어디서** 일어나거나 수행되는지 설명해야 한다. 이제 여기에 새로운 용어를 하나 더 추가할 수 있다. 어떠한 민주주의 개념이 가지고 있는 민주주의의 장소와 범위에 대한 시각을 결합하면, 이는 민주주의의 **영역**(reach)에 대한 시각이 된다. 대체로 어떤 민주주의 개념이든 그 개념에 수반된 범위와 장소에 대한 생각이 포괄적일수록, 민주주의의 영역에 대한 시각도 넓어진다.

크게 인상적이지는 않지만 이 개념은 이 책의 중심 논지를 다른 방식으로 제시한다. 현대 민주주의 사회는 민주주의의 영역에 대해 과도하게 확장된 개념을 수용하고 있다는 것이다. 사람들이 하는 일의 너무 많은 부분에 정치적 의미—그리고 시민으로서의 책임—를 부여하는 민주주의 범위에 대한 개념을 채택했으며, 이에 따라 너무 많은 공간을 민주적 시민성이 실천되어야 하는 장소로 인식하는 경향이 있다. 우리의 핵심 주제로 돌아가면, 모든 형태의 사회적 상호작용을 민주적 시민성을 실천하는 것으로 이해하게 될 때 민주주의의 과잉이 일어난다. 앞선 장에서 살펴본 것처럼, 서로를 **오직** 자신의 정치적 프로젝트를 방해하거나 도울 수 있는 정치적 행위자로만 바라보는 것이다. 우리가 동료 시민을 시민으로만 보게 되면, 민주주의가 번영하기 위해 필요한 다른 사회적 선/재화를 파괴하는 방식으로 그들과 상호작용하게 된다. 그래서 정치를 제자리에 두려면 민주주의 영역에 일정한 제한을 두어야 한다.

민주주의의 영역을 제한하는 것과 민주주의의 적절한 범위와 장소에 대해 매우 광범위한 개념을 갖는 것은 모순되지 않는다. 민주주의의 영역에 한계가 존재함을 인정할 수 있으면 된다. 다음 장에서 주장하겠지만, 현재 우리는 사실상 정치를 피할 수 없게 되었다는 점에서 민주주의를 과도하게 추구하고 있다. 민주 정치는 우리가 공유한 사회적 환경 전반에 침투해서 이제 포화 상태에 이르렀다. 정치를 제자리에 둔다는 것은 시민의 역할에 호소하지 않는 협력 프로젝트를 위한 사회 영역을 회복한다는 뜻이다.

우리가 처한 정치적 곤경은 민주주의가 실패하거나 비민주적 이상이 정치에 침투했기 때문이 아님을 인식하는 것이 중요하다. 과잉 민주주의의 문제는 민주주의 자체, 민주주의의 이론과 실천에서 비롯된다. 따라서 이 문제에 대한 해결책은 더 많은 혹은 더 나은 민주주의가 아니다. 이를 이해하기 위해서는 민주주의 이론의 동향을 약간 살펴볼 필요가 있다. 이 장의 나머지 부분에서는 민주적 사회의 근본적 이상을 정치 질서에 대한 그럴듯한 묘사로 담아내려면 민주주의에 광범위한 영역을 부여해야 한다는 주장을 펼친다. 민주주의 이론이 지니는 이러한 측면을 인정하는 것은 어떻게 민주적 실천이 과도한 영역 확장으로 이어지는 경향이 있는지를 보여주는 데 있어 중요하다.

2. 사회적 이상으로서의 민주주의

민주주의는 특정한 도덕적 문제에 대한 하나의 해답이다. 정치는 필연적으로 특정 인구 집단의 구성원이 따라야 하는 규칙(정책, 법률, 절차, 법령 등)을 수립하는 것을 수반한다. 그리고 인구 규모가 크지 않다고 하더라도, 정치적으로 수립된 일련의 규칙에 대해 이의 적용을 받는 사람 중에는 대안적인 방식이나 다른 규칙을 선호하는 사람들도 있을 것이다. 따라서 정치는 규칙의 **집행** 또한 필연적으로 수반하게 된다. 그리고 규칙을 집행하려면 규칙의 준수를 보장하고, 이를 준수하지 않을 시 처벌하기 위한 강제력의 행사가 필요하다. 통치 체제는 규칙을 집행하는 데 필요한 강제력을 행사할 **자격**이 있을 때 정당하다고 말할 수 있다. 플라톤과 아리스토텔레스를 비롯한 정치사상가들이 말한 것처럼 인간은 자연적으로 위계관계 속에 놓이게 되므로 평등하지 않다고 주장한다면, 정치는 특별한 **도덕적** 문제를 일으키지 않는다. 이러한 시각에 따르면, 정치의 주요 과제는 올바른 사람들을 책임질 자리에 배치하는 실제적인 문제일 뿐이다.

그러나 모든 사람이 평등하다는 생각을 받아들이고, 자연적인 위계질서를 거부하는 순간, 정치는 그 자체로 도덕적 문제를 야기하게 된다. 정당한 정치적 통치는 어떻게 가능한가? 모든 사람이 평등하다면, 어떻게 특정한 집단이나 이들이 고안한 제도가 모든 사람에게 강제력을 행사할 자격을 가질 수 있는가? 평등한 사람들로 구성된 집단에서 그들 중 일부가 결정을 거부할 때, 어떻게 정치체는 정당하게 그러한 결정을 집행할 수 있는가? 1장 초반에 잠깐 언급했던 철학적 무정부주의자를 떠올려보자. 이들은 정치가 있는 곳에는 자신이 거부하는 규칙을 따르도록 강요하는 권력 행사가 존재하므로, 정치는 필연적으로 누군가 다른 사람을 군림하는 상황을 수반하게 된다고 주장한다. 정치적 군림이 어떻게 모든 사람이 평등하다는 생각과 양립할 수 있는가? 철학적 아나키스트들은 어떠한 정치체제도 도덕적 평등과 양립할 수 없다고 답한다. 따라서 무정부주의는 정치적 통치가 정당화될 수 있음을 부정한다.

민주주의는 정치적 통치가 모든 사람의 근본적인 도덕적 평등과 양립하도록 구현될 수 있다는 명제다. 도덕적으로 평등한 사람들 사이에서 정당한 정부가 실제로 가능하다는 것이다. 장-자크 루소는 넓은 의미에서 이러한 시각을 시사하고 있는데, 그는 민주주의를 "각자가 모든 사람들과 연합하면서도 오직 자기 자신에게만 복종하고 이전과 같이 자유를 유지하는 결사의 형태"로 봤다.[3] 이를 더 평이하게 서술하면, 민주주의는 자신이 살아가게 될 정치적 규칙을 결정할 때 모든 시민에게 평등한 발언권을 부여하는 통치 체계를 통해 각 개인의 평등한 지위가 유지된다고 보는 명제다. 물론 각자가 평등한 발언권을 갖는다는 것이 무엇을 의미하는지, 어떤 종류의 규칙이 올바른 정치적 규칙인지에 대해서는 추가적인 논의가 필요하다. 그래서 이는 현대 민주주의 이론에서 중요한 논쟁의 대상이 되고 있다. 여기에서는 민주주의를 정치적으로 평등한 존재들의 자치 공동체에 대한 **사회적 이상**으로 규정해서 문제를 파악하고자 한다.

3. 민주적 이상의 구현: 고전적 접근

방금 언급한 민주주의에 대한 철학적 논쟁에는 민주적 이상을 구현하기 위해 사회 및 정치 질서가 갖춰야 할 조건은 무엇인지, 평등한 사람들이 집단적으로 스스로를 다스리는 사회 및 정치체제가 되기 위해서는 무엇이 필요한지 대한 서로 다른 설명이 포함되어 있다. 여기서 나의 목표는 민주적 이상을 실행 가능한 정치 이론으로 적절히 포착하려는 시도가 어떻게 정치의 영역에 대한 확장된 개념으로 자연스럽게 이어지는지를 보여주는 것이다. 정치를 제자리에 둔다는 것은 민주적 이상 내에 존재하는 이러한 경향성을 인식하는 것을 일부 포함한다.

우선, 우리는 민주적 이상이 실현되는 경우에 대한 한 가지 설명을 잘 알고 있다. 이 견해는 어떤 집단적 결정에 대해, 그 결정에 구속받게 될 각 개인이 정확히 한 표씩을 갖고, 각자 자신의 선호에 따라 투표한 후 이를 동등하게 집계해서, 다수가 통치하게 될 때 평등한 존재들 간의 자치가 달성된다고 주장한다. 이 익숙한 관점을 **평등 투표 다수결주의**라고 부른다. 물론 대규모 민주주의 국가들에서의 집단적 의사결정 과정은 이보다 훨씬 복잡하다. 현대 민주주의는 정치적 대표 체계를 도입하고 있는데, 이는 대부분의 법과 정책이 대중의 투표가 아니라 선출된 대표들이 관여하는 과정을 통해 결정된다는 것을 의미한다. 그리고 이 과정의 다수는 엄밀히 말해 다수결주의가 아니다. 또한, 일부 현대 민주주의 이론가들은 평등 투표 다수결주의에서 벗어난 의사결정 방식을 주장하기도 한다. 일부 시민에게 다른 시민보다 더 큰 투표권을 부여하는 가중 혹은 '복수'(plural) 투표제를 주장하는 경우도 있고,[4] 해당 선거에서 참정권이 있는 시민들을 대상으로 한 다양한

형태의 추첨제를 지지하기도 한다.[5]

    이는 흥미로운 제안이지만, 일단 제쳐두는 것이 좋다. 민주주의자가 평등 투표 다수결주의라는 단순한 체제에서 벗어난 방식을 옹호하려면 이를 정당화하기 위한 특별한 논거가 필요하다. 이러한 방식이 평등한 다수제 투표의 산물이라거나, 민주적 질서를 유지하고 민주 시민을 보호하는 데 필요하다는 점을 보여줄 수 있다면 민주주의와 부합한다고 볼 수도 있다. 즉, 평등한 투표와 다수결은 민주주의의 근본 **장치**다. 여기서 우리가 짚고 넘어가야 할 문제는 평등 투표 다수결주의가 과연 정치적으로 평등한 존재들 사이의 자치라는 기본 개념을 실현하는 데 있어 충분한가 하는 점이다.

    간단한 사례로 시작해보자. 친구인 앤, 베티, 카라는 오늘 밤 함께 영화를 보러 가려고 한다. 동네 영화관에는 두 편의 영화가 상영 중인데, 한 편은 달콤 쌉싸름한 로맨틱 코미디이고, 다른 한 편은 액션이 가득한 스릴러 영화다. 앤, 베티, 카라는 어떤 영화를 볼 것인지에 대해 무관심하지 않으며, 일치된 의견을 가지고 있지도 않다고 가정해보자. 이들은 어떻게 결정해야 할까? 각자 선호하는 영화를 말한 뒤, 다수가 보고 싶어 하는 영화를 보러 가야 한다는 생각에는 분명 매력적인 점이 있다. 물론 이 집단의 구성원 중 적어도 한 명은 자신의 선호와는 다른 영화를 봐야 하겠지만, 집단의 구성원 모두는 집합적 결정에 동일한 발언권을 가졌다. 이것이 민주주의 아닌가?

    이는 우리가 어렸을 때 배우는 민주주의에 대한 단순한 시각을 담고 있으므로 **운동장 관점**이라고 부르도록 하자. 우리는 거의 모든 종류의 의사결정 상황에서 직관적으로 이 관점에 호소하는 경향이 있는데, 집합적 선택의 영향을 받는 모든 당사자들에게 편리하고 공정하게 여겨지기 때문이다. 대부분의 고전적 민주주의 이론은 이 일반적인 그림을 적절하게 구체화하면 대규모 정치 거버넌스 체제의 경우에도 민주적 이상을 충분히 구현할 수 있다고 주장한다.

    문제는 의사결정 상황이 조금만 복잡해져도 운동장 관점은 직관적인 힘을 크게 상실하게 된다는 점이다. 다음과 같은 상황들을 가정해보자. 앤은 로맨틱 코미디를 **정말로** 보고 싶어 하고 스릴러를 진짜 싫어하며, 베티와 카라는 스릴러를 약간 선호하기는 하지만 로맨틱 코미디를 반대하지는 않는 경우다. 아니면 앤이 로맨틱 코미디를 선호하는 것은 신뢰할 수 있는 평론가들의 비평을 여러 개 읽은 결과인 반면, 베티와 카라의 스릴러에 대한 선호는 영화평이나 그 밖의 다른 정보를 참조하지 않은 경우일 수도 있다. 더 나아가 로맨틱 코미디에 대한 앤의 선호는 신뢰할 수 있는 비평에 기반하고 있고, 베티와 카라가 가장 즐길 수 있는 영화가 무엇인지 그동안 습득한 지식에 비춰 판단한 것인 반면, 베티와 카라는 과거에 정작 자신들이 즐기지 못하는 영화를 고르는 경우가 많았을 수도 있다. 다음으로, 앤은 로맨틱 코미디를 강하게 선호하고 베티는 스릴러를 강하게 선호하지만, 카라는 자신이 스릴러에 반대하면 앤과 달리 화가 많은 베티가 성질을 부릴 것임을 알기에 스릴러에 투표하기로 한 경우를 생각해볼 수 있다. 또는 앤이 스릴러 영화에 대해 베티와 카라가 상당히 **잘못된 정보를 가지고 있음**을 알게 된 경우도 가능하다. 베티와 카라는 이 영화에 자신들이 좋아하는 배우가 출연하며 희망적이고 애국적인 내용이 담겨 있다고 잘못 알고 있고, 앤은 이 영화에 무명 배우가 출연하며 실존적인 공포를 우울하게 받아들이면서 영화가 끝난다는 사실을 알고 있는 것이다. 마지막으로, 앤은 로맨틱 코미디를 보기 원하고 베티는 스릴러를 보고 싶어 하는데, 카라는 자신이 선호하는 배우가 나오는 영화를 선택할 것이라는 사실을 알고 있는 베티가 카라를 속여 스릴러 영화를 선택하도록 한 경우도 가정해볼 수 있다. 이러한 사례에서 운동장 관점은 평등한 존재들 사이의 자치를 구현할 수 있는가? 그럴 것 같지는 않다.

운동장 관점은 손쉽게 매력을 상실할 수 있다. 단순한 [집합적 의사결정] 사례들을 고려하는 것은 계속 반복해야 한다. 하지만 복잡성이 더해지면 어려움은 빠르게 배가된다. 영화를 보러 가는 집단의 크기가 조금 더 커지고, [영화] 선택지의 숫자가 조금 더 늘어난 경우를 상상해보면 다양한 새로운 어려움이 발생하게 된다. 이보다 중요한 점은, 민주 정치는 강압적인 권력의 행사를 수반한다는 점에서 영화를 보러 가는 집단의 결정과는 큰 차이가 있다는 사실이다. 영화를 보러 가는 집단과 달리, 민주주의하에서는 자신의 선호에 반하는 결정이 내려져도 집단에서 간단히 탈퇴할 수 없다. 민주적 결정이 내려지면 우리 모두는 그 결과에 구속되며,

이에 따르지 않을 경우 처벌을 포함한 [강제적] 집행을 받게 된다.

민주주의에 대한 고전적 이론들은 평등 투표 다수결주의에 다양한 제도적 장치를 추가해서 이러한 어려움을 해결하려고 시도한다. 처음에 이야기했던 [민주주의에 대한] 일상적 개념에 들어와 있는 헌법적 제한, 대표의 방식, 개인 권리 체계 등이 이에 포함된다. 이러한 제도적 장치는 민주주의 체제의 가장 심각한 결함에 대한 보호장치로 소개된다. 어느 정도는 맞는 이야기다. 운동장 관점에서는 개인이 동일한 투표권을 가지고 있고, 이를 통해 자신의 선호가 정책에 반영될 수 있는 동일한 기회가 있는 경우에 평등한 존재로 대우받는다고 여겨진다. 집합적 규칙을 결정하는 과정에 '평등한 발언권'이 주어진다는 것이다. 그러나 통치체제에서 개인을 동등하게 대우하는 데 있어 '1인 1표'만으로 충분하지 않다는 점은 분명하다. 운동장 관점은 평등을 단순히 **투입**의 평등으로 이해하지만, 이러한 종류의 평등은 다양한 형태의 정치적·사회적 불평등과 충분히 양립할 수 있기 때문이다.

평등 투표 다수결주의를 통해 민주주의하에서도 권력, 지위, 자원, 영향력 등의 광범위한 불평등이 만연한 문화적 배경이 존재할 수 있다는 점에 주목해보자. 이러한 문화적 조건에서는 평등한 투표만으로 의사결정 과정에서 평등한 발언권을 가질 수 없다고 생각하는 것이 타당해 보인다. 즉, 어떠한 공동체가 평등 투표 다수결주의를 통해 집단적 의사결정을 내리더라도, 민주적 이상을 구현하는 데는 충분히 실패할 수 있는 것이다. 이런 점에서 평등 투표 다수결주의는 민주적 이상을 담아내기에 충분하지 않다. 민주주의는 그 이상을 포함해야 하는 것이다.

이러한 결과에 비춰 볼 때, 민주주의에 대한 우리의 생각은 두 가지 매우 다른 이론적 경로 사이의 갈림길에 도달하게 된다. 하나의 경로는 1장에서 논의한 최소주의적 개념을 따르는 것이다. 이 관점은 평등한 사람들 사이의 자치 정부라는 생각을 포기하고, 안정적인 비권위주의 정부를 형성하기 위한 효과적인 메커니즘으로 민주주의를 개념화한다. 다른 하나의 경로는 평등한 사람들 사이의 자치 정부라는 이상을 유지하되, 민주주의의 영역을 보다 폭넓게 구상해서 평등 투표 다수결주의의 단점을 보완하고자 하는 것이다.

현대정치이론에서 최소주의는 여전히 실행 가능한 선택지로 남아 있지만, 여기서 다루지는 않는다. 보다 포괄적인 민주주의 개념이 일관성이 없거나 타당하지 않다고 생각하게 되면 [민주주의에 대한] 최소주의 개념을 지지하게 된다. 많은 최소주의 옹호자들은 최소주의의 가장 큰 미덕은 이것이 실제로 동네의 유일한 게임이라는 사실에 있다고 주장한다. 그러나 작동 가능한 비최소주의적 대안이 있는 경우에도 많은 최소주의자들이 그러한 시각을 선택할지는 의문이다. 어쨌든 평등 투표 다수결주의의 불충분성에 대한 두 번째 반응은 우리의 목적 측면에서 중요한 의미를 지닌다. 실제로 민주적 실천이 이루어져 왔던 경로를 반영하고 있기 때문이다.

4. 공적 참여의 필요성

두 번째 경로를 따르는 견해는 민주주의란 근본적으로 특정한 **사회**이며, 이곳에서는 평등 투표 다수결주의가 평등한 존재들로 구성된 공동체를 위한 집합적인 정치적 의사결정의 적절한 방법으로 기능할 수 있음을 강조한다. 이러한 사회에서는 모든 시민이 평등한 투표권 가질 뿐만 아니라 동료 시민들과 평등한 **목소리**를 낼 수 있어야 한다. 따라서 민주적 이상을 구현하려면 민주적 사회에 대한 **공적 참여** 개념을 채택해야 한다고 말할 수 있다. 그렇다면 어떤 종류의 참여가 요구되는지가 문제가 된다.

공적 참여 개념을 발전시키기 위한 한 가지 방법은 민주주의를 위해서는 집단적 자치와 관련된 일에 광범위하게 참여하는 것이 필요하다고 생각하는 것이다. 시민은 참여를 통해 스스로를 공동의 시민적 프로젝트의 일원으로 바라보게 된다. 이러한 활동에 참여함으로써 사적인 개인으로서의 이해관계를 뒤로하고, 다른 사람들과 함께 전체 정치공동체의 관점을 채택해서 공동선을 위해 행동하게 되는 것이다.[6] 그래서 민주주의는 서로 맞물려 있는 많은 시민적 결사체를 배경으로 수행되는 평등 투표 다수결주의로 그려진다. 결사체를 통해 개인들은 이익을 두고 경쟁하는 적대자가 아니라 전체의 고유한 선을 추구하는 동료 시민으로 모이게 된다. [이러한 시각에서는] 상충하는 선호 사이에서 집합적 결정을 만들어내야 하는 필요성보다 시민들 간의 연대, 공동체, 상호 이해, 소속감을 촉진하는 시민적 과정으로 초점이 옮겨진다.

사회적으로 [활발하게] 관여하는 협력자들의 공동체라는 참여주의적 이미지는 평등한 존재들 사이의 자치라는 이상을 잘 구현하는 것처럼 보인다. 이 모델은 적절하게 이루어진 민주적 결정은 다양한 정치적 연합과 집단들의 공적 정신이 담긴 참여의 산물임을 시사하기 때문이다. 참여주의 모델에서는 자신이 지지하는 쪽이 투표에 지더라도, 동료 시민들이 공공의 이익을 위한 활동을 했고 단지 공공선에 대한 자신의 견해와 달랐을 뿐이라는 사실에 위안을 얻을 수 있다. 게다가 이 관점에서는 개표가 끝난 뒤에도 공적인 참여를 지속하는 것이 민주주의의 핵심이라고 할 수 있다. 그래서 투표에서 패배한 쪽에 속한 사람들은 결정을 뒤집도록 동료 시민들을 설득하기 위한 사회적, 정치적 활동에 계속 참여할 수 있다. 사람을 조직해 다수의 결정을 비판하고, 이의를 제기하며 경우에 따라서는 저항하고 항의하는 활동을 지속하는 것이다. 이러한 점에서 참여주의 모델은 어떤 시민도 자신이 반대하는 결과에 단순히 **종속**되지 않는다고 주장한다. 비록 [다수의 결정에] 강제로 순응해야 할 수도 있지만, 패배한 입장을 대변해서 이를 정치적으로 계속 옹호할 수 있다는 점에서 평등한 시민으로서의 지위를 유지하게 된다.

참여주의 모델이 운동장 관점보다 민주적 이상을 보다 잘 담아낸다는 점은 분명하다. 그러나 참여주의 모델이 민주주의의 영역을 크게 확장한다는 점도 확실하다. 이 모델에 대한 표준적인 해석에 따르면, 민주주의의 장소는 공공 공간 전체를 포함하며, 민주주의의 범위는 선거 및 입법과 관련한 전형적인 정치 활동에서부터 공동체 조직, 동네 개발, 양심 함양, 소비자 옹호, 볼링 리그 참가에 이르기까지 시민들이 집단적으로 참여할 수 있는 다양한 종류의 광범위한 사회 활동을 포함한다.[7]

그러나 참여주의 모델은 여전히 운동장 관점에 대해 제기된 문제들을 충분히 해결하지 못할 수 있다. 조직을 구성하고 연합을 구축하는 활동은 분명 민주적 과정의 중요한 요소이며, 참여주의가 말하는 것과 같은 시민의식에 기초한 활동이 건강한 민주주의를 위해 필수적이라는 사실은 의심의 여지가 없다. 그러나 일부 시민들이 조직화해서 목소리를 내더라도, 그러한 시민들의 생각, 우려, 목소리를 무시하거나 경시하는 광범위한 문화가 존재하는 경우에는 여전히 어려움이 남아 있다. 특정 시민 집단이 체계적인 주변화와 모욕에 노출되어 있으면, 이들에게 공개적으로 조직화할 수 있는 기회가 주어진다고 하더라도 고전적 모델에 비해 상황이 약간 개선될 뿐이다. 배경 문화에 폭넓게 도사리고 있는 교묘하지만 고질적인 증오, 차별, 부당한 편견 때문에 생기는 사회적 지위의 불평등에 대해 참여주의 개념은 아무런 해법을 제시하지 못하는 것이다.

한 발 더 나아가면, 참여주의자들은 민주적 진보라는 힘든 과제를 가장 힘없고 취약할 가능성이 높은 인구 집단에게 전적으로 맡긴다고 주장할 수도 있다. 다시 말해, 참여주의 개념은 개인적으로나 집단적으로 시민이 목소리를 내도록 장려하지만, 실제로 그러한 목소리에 귀 기울이는 조건을 보장하지 않는다. 이러한 개념이 어떻게 평등한 존재들 사이의 자치라는 이상을 실현한다고 할 수 있는지 알기 어렵다.

따라서 민주적 이상을 구현하기 위해 운동장 관점에 참여 개념을 추가하는 것은 필요하지만, 이것으로 충분하지는 않으며 다른 조건이 추가되어야 한다. 공적 참여라는 개념을 보다 더 두텁게 할 필요가 있는 것이다. 즉, 시민들에게 평등한 투표권과 발언권뿐만 아니라 평등한 **청취**(hearing) 기회도 보장해야만 평등한 존재들 사이의 자치라는 이상을 실현할 수 있다고 생각할 수 있다.[8] 이는 민주적 이상을 실현하려면 다른 공적 참여 방식 중에서도 시민들이 특정 방식으로 서로 소통하는 것을 기대하는 사회질서가 필요함을 시사한다. 이 방식은 말하기뿐만 아니라 듣기, 더 나아가 다른 사람이 발언할 수 있게 초대하고 이를 환영하는 것까지 포함된다.[9]

숙의 민주주의 개념은 민주적 결과가 어떤 의미에서 **공적 숙의**의 산물일 때 평등한 존재들 사이의 자치라는 이상이 실현된다고 본다. 숙의주의자들은 참여주의자들과 마찬가지로 민주주의가 선거운동, 투표 및 선거에 국한되지 않는다고 보며, 선거 전후로 이어지는 사회적·시민적 과정이 민주주의 영역에서 중요한 요소라고 주장한다. 또한, 숙의 민주주의자들은 모든 종류의 사회·정치 조직, 결사체, 프로젝트가 활발하게 움직이는 활기차고 역동적인 시민사회에 대한 참여주의적 비전을 수용한다. 하지만 이에 더해 숙의주의자들은 시민들이 정치적 견해를 형성하는 방식과 시민들의 투표 및 기타 활동에 영향을 미치는 근거에 특별한 관심을 가진다.

숙의주의의 핵심 사상은 민주주의에서 집합적 결정은 투표에 앞서 각 시민이 다른 사람이 자신의 견해를 채택하도록 이성적으로 설득하는 과정—근거를 가지고 자신이 선호하는 견해를 옹호하고, 경쟁하는 다른 견해에 반대하는—에 참여할 수 있다는 있다는 사실에서 권위가 도출된다는 것이다. 그래서 숙의주의자에 따르면 민주적 이상의 핵심에는 **집단 추론**이라는 사고가 자리 잡고 있다.[10] 시민들이 평등한 존재로서 스스로를 통치하기 위해서는 평등한 존재로서 함께 추론해야 한다는 것이다.

이러한 주장은 고상하게 들릴 수도 있다. 그럼에도 불구하고 숙의주의 모델은 민주주의가 다루고자 하는 도덕적 문제에 대한 설득력 있는 이론적 해결책을 제시한다. 이를 이해하기 위해 프랜시스라는 시민이 자신에게 중요한 사안에 대한 민주적 투표에서 패배한 쪽에 있다고 가정해보자. 이러한 결과에 따라 그녀는 최적이 아닌, 어쩌면 어리석거나 잘못된, 심지어 나쁘다고 여겨지는 정책에 따라야 한다. 그렇지 않을 경우 아마 처벌의 형태로 통치 기구의 강제력 하에 놓이게 된다는 것을 알고 있다. 여기서 당신은 민주주의 이론이 답하고자 하는 근본적인 질문을 떠올리게 될 것이다. 어떻게 이런 종류의 강제력이 프랜시스의 평등한 지위와 양립할 수 있는가? 다수를 구성한 동료 시민이 프랜시스를 군림하고 있는 것 아닌가?

숙의 민주주의자들은 투표에 앞서 모든 시민이 자신의 의견과 선호뿐만 아니라 견해를 뒷받침하는 근거를 교환할 수 있는 기회를 가졌기 때문에 프랜시스가 반대하는 결과에 따라야 한다고 주장한다. 결과적으로 프랜시스와 그녀의 동지들은 자신이 선호하는 결과를 뒷받침하는 근거를 다른 사람들에게 설득력 있게 납득시키지 못했다. 하지만 숙의 민주적 과정을 통해 그녀가 지지하는 근거—자신의 견해에 찬성하고 다른 견해에 반대하는 근거—가 청취될 수 있는 기회가 제공되었으므로 프랜시스의 평등한 지위는 존중되었다고 할 수 있다. 이보다 중요한 점은 프랜시스가 숙의 과정을 통해 동료 시민이 그러한 생각을 갖게 된 근거, 즉 그들이 자신과 다른 견해를 지지하게 된 고려사항에 접근할 수 있다는 사실이다. 그래서 비록 자신이 반대하는 결과에 따라야 하더라도 그러한 결과를 지지하게 된 근거를 알 수 있고, 어떤 의미에서는 이해할 수 있다고 생각하게 된다. 또한, 그녀는 동료 시민들이 어떻게 그러한 견해를 취하게 되었는지도 알 수 있다. 그래서 그녀는 그러한 결과를 비판하고 개혁을 촉구하기 위해 어떻게 나아가야 하는지 알 수 있으며, 결과에 반대하는 것 외에도 그 결과를 지지한다고 주장되는 추론과 근거에 이의를 제기할 수 있다.[11] 요컨대, 숙의 민주주의자들은 시민들이 함께 추론하는 과정을 통해 집단적 의사결정이 이루어질 때 평등한 존재들 사이의 자치가 실현된다고 보는 것이다.

숙의주의는 사회적 지위의 불평등에 대해 앞서 제기된 어려움에 잘 대응할 수 있다. 실제로 숙의주의는 공적 숙의라는 사회적 과정에서 모든 시민이 지닌 [자신의 입장에 대한] 근거가 공정하게 청취될 수 있는 기회가 부여되지 않는다면, 민주적 이상이 실현될 수 없다고 주장한다. 이러한 공적 숙의 과정에서 개인들은 다른 사람의 견해에 기꺼이 의문을 제기할 수 있어야 하며, 자신의 견해가 비판받을 수 있다는 (그리고 자신의 생각이 바뀔 수 있다는) 점에도 열려 있어야 한다. 이는 돈과 다른 형태의 사회적 특권이 정치 권력으로 전환될 수 있는 방식을 제한하기 위한 제도와 정책이 민주주의에 필요하다는 것을 보여주는 주장과 일정하게 결을 같이 한다.

또한, 숙의주의는 민주적 숙의가 공공적이어야 함을 요구함으로써 민주주의 사회의 배경 문화에 만연한 증오와 부당한 차별이 평등을 훼손할 것이라는 우려에 대처한다. 우선, 숙의주의자들은 공적 숙의가 포용적이어야 한다고 주장한다. 따라서 민주적 추론 과정에 시민들이 접근하지 못하도록 가로막는 비공식적 장벽을 제거해야 한다. 숙의의 공공성은 인종주의, 성차별 및 다른 형태의 부당한 차별에서 비롯된 정치적 견해를 근절하고 무력화시키는 데 도움이 된다. 서로 주장의 **근거**를 논의하고 평가함에 있어 특정 유형의 고려사항은 부적절한 것으로 여겨지며, 경우에 따라서는 허용되지 않는다. 증오에 가득한 표현은 아무리 대중적이더라도 이성적인 근거로 볼 수 없으므로 민주적 결과를 도출하는 기반이 될 수 없다. 이를 종합해보면, 숙의적 관점에서 볼 때 정치적 추론은 적어도 두 가지 의미에서 공공적이어야 한다고 말할 수 있다. 첫째, 시민에게 참여 기회를 보장하는 공간에서 이루어져야 한다. 둘째, 그 자체로 배타적이지 않고, 일반적으로 시민이 접근할 수 있는 근거에 의해 이루어져야 한다.

지금까지 설명한 넓은 의미의 숙의 민주주의는 현대 민주주의 이론가들 사이에서 지배적인 틀이라고 할 수 있다. 그렇다 보니 현재 논의되고 있는 숙의 민주주의 이론도 매우 다양하며, 특정한 이론적 시각을 구체화하려면 더 많은 설명이 필요하다. 게다가 숙의주의는 몇 가지 내적인 어려움에 직면해 있는데, 그래서 다양한 형태의 숙의 민주주의자들은 '일반적으로 접근할 수 있는 근거'의 본질 등에 대해 내부적으로 논쟁을 벌이고 있다. 그렇지만 우리는 이러한 문제를 다룰 필요가 없다. 우리의 목적은 다른 곳에 있기 때문이다. 앞서 사용한 민주주의의 **범위, 장소, 영역**이라는 용어를 상기해보자. 지금까지의 논의는 민주적 이상을 구현하려는 이론적 시도가 민주주의의 영역에 대한 개념 확장으로 이어진다는 것을 보여주는 데 목적이 있었다.

이를 이해하기 위해 먼저 숙의 민주주의가 초래하는 민주주의의 범위 확장에 대해 생각해보자. 숙의 민주주의자들에 따르면, 민주 시민은 자신의 정치적 입장에 대한 근거를 일반적으로 접근 가능하고, 공개적으로 진술된 형태로 제시해서 서로에게 정당화해야 할 의무가 있다. 공개적으로 자신의 정치적 근거를 교환할 준비가 되어 있고, 그러한 능력을 갖추고 있는 것은 시민들이 서로에게 보여줘야 하는 **존중**의 표식으로 여겨진다.[12] 따라서 대부분의 숙의주의 견해에 따르면, 민주주의의 범위에는 시민들이 함께 토론하고 숙의하며, 서로의 근거, 우려, 비판, 관점을 공유하고, 정보를 수집하며, 정치적 현안에 관심을 기울이는 것과 같은 일반적인 일들이 포함된다. 단순히 자신의 선호에 따라 투표하거나 정치적 입장을 옹호하는 것은 무책임하고, 비난받을 수도 있는 시민권 행사로 간주된다. 또한, 숙의주의 모델은 선출된 공직자와 정책 입안자가 공공정책을 추진하는 이유를 대중에게 알리고, 자신의 이름으로 행해지는 모든 일에 대한 근거를 제시하며, 공식적으로 제시된 근거에 대한 비판과 질문에 응답할 준비가 되어 있어야 한다고 본다.

민주주의의 범위가 확장되면 당연히 그에 상응해 장소도 확대된다. 숙의주의 모델은 모든 사회적 공간을 민주적 시민성을 행사할 수 있는 곳으로 간주한다. 숙의주의자에 따르면, 시민들이 정치에 대해 논의할 수 있는 모든 곳은 기본적으로 민주주의의 장소. 시민들이 정치에 대해 논의할 수 있는 일부 공간은 올바른 숙의를 진행하기에 구조적으로 적합하지 않음을 인식한 많은 숙의 민주주의자들은 숙의 활동을 위해 명시적으로 지정된 새로운 곳을 만들어야 한다고 주장한다. 민주주의를 위해서는 시민들 간의 정치적 숙의라는 형태로 광범위한 대중 참여가 이루어지는 것이 필요하므로, 많은 사람이 잘 구조화된 민주적 활동에 노출되고 접근할 수 있도록 민주주의의 장소를 확장해야 한다는 것이 이들의 생각이다. 따라서 숙의주의자들은 공원, 보도, 길모퉁이, 공공건물, 커피숍, 캠퍼스와 같은 물리적 공간뿐만 아니라 미디어 환경이나 인터넷과 같은 비물리적 공간도 민주주의의 장소에 포함시킨다.

숙의주의 관점에서 정치는 어디에나 존재하는 것으로 여겨진다. 그렇지만 숙의 민주주의 이론가들도 특정한 사회적 자리—가족 간의 명절 저녁 식사나 이와 비슷한 친밀한 사람들의 모임—는 민주 정치의 장소에 포함되지 않는다고 볼 것이다. 앞서 살펴봤듯이, 일부 사회적 맥락은 정치적 토론에 **어울리지 않는 장소**인데, 그러한 맥락에서는 개인 간의 상호 유대관계가 지배적이어서 시민으로서 서로에게 책임을 묻지 못하기 때문이다. 그러나 방대하고 여전히 늘어나고 있는 숙의 민주주의 문헌들은 사회적 공간을 숙의하기에 적합한 곳으로 바꾸는 것의 어려움에는 많은 관심을 기울였지만, 정치적 숙의가 부적절한 장소와 때에 대해서는 거의 관심을 기울이지 않았다는 점은 시사하는 바가 크다.

요약하면, 대부분의 숙의주의 관점에서는 전체 사회 영역이 기본적으로 민주 정치의 영역 안에 위치한다. 즉, 숙의주의자들은 사회 공간 전체를 잠재적인 정치의 장으로 보는 경향이 있으며, 우리가 행하는 거의 모든 일을 민주적 시민성을 행사하는 것의 연장선에서 바라본다. 따라서 숙의주의는 민주주의의 영역에 대한

최대주의적 해석을 포함한다고 말할 수 있다. 이 이론은 민주주의의 범위와 장소를 가능한 광범위하게 해석할 것을 권장한다. 또한, 민주주의의 영역을 시민들이 정치에 대한 생각을 교환할 수 있는 모든 곳으로 확장하고, 시민들이 끊임없이 정치에 대해 이야기하는 민주주의에 대한 시각을 제시한다. 즉, 민주적 시민성은 거의 모든 곳에서 행사될 수 있으며, 아마도 그렇게 되어야 한다고 말한다.

5. 확장된 민주주의의 실천

민주주의가 다루는 도덕적 문제의 어려움을 아는 사람들에게 숙의 민주주의는 기대할 수 있는 대안이다. 숙의주의에 대한 어떤 해석은 타당하다고 여겨지며, 실제로 강제력을 사용할 국가의 권한과 민주 시민의 근본적인 도덕적 평등을 조화시키는 데 성공하고 있다고 생각한다. 그러나 앞선 논의의 요점은 숙의 민주주의 이론을 평가하거나 권장하는 데 있지 않다. 오히려, 민주주의에 대한 직관적 사고방식이 민주주의를 사회적 이상으로 바라보게 하고, 이는 다시 민주주의 영역 개념을 보다 확장하는 방향으로 이끈다는 점을 보여주고자 했다. 숙의 민주주의는 민주 정치의 영역에 대해 최대주의적 개념을 가지고 있으므로, 이러한 경향의 정점에 있다고 할 수 있다. 다시 한번 강조하고 싶은 점은 정치의 영역이 확장되는 이러한 경향은 민주주의 개념 자체에서 비롯된다는 사실이다.

지금까지의 논의는 현대 민주주의 이론의 발전 궤적을 중점적으로 다루었지만, 우리가 추적해온 현상은 단지 이론적인 것에 그치지 않는다. 이 장의 첫 부분에서 제시한 민주주의에 대한 일상적 개념의 밑그림으로 돌아가보자. 숙의주의자가 제시하는 민주주의에 대한 설명은 우리가 정치 활동에 참여할 때 우리가 일반적으로 **행하고 있다고 여기는** 것과 일치한다. 정치적 자기인식이라는 관점에서 보면, 우리는 모두 숙의 민주주의자다.

하지만 이 주장은 명확한 설명이 필요하다. 현재의 민주주의 실천이 숙의주의자가 생각하는 이상적인 모습에 아직 많이 미치지 못한다는 점은 분명해 보인다.

우선, 현재의 민주적 실천 방식은 시민들의 공적 이성을 따르지 않고 있으며, 시민들 사이의 숙의도 충분한 포용성과 상호존중을 보여주지 못하고 있다. 어떤 숙의 민주주의자도 현대 민주주의 국가들의 정치적 현 상태를 [바람직한 모습으로] 받아들이지 않을 것이다.

그럼에도 불구하고 정치적 실천이 숙의 민주주의를 **지향**한다는 점에서 우리는 모두 숙의 민주주의자다. 현실이 그에 많이 미치지 못한다고 하더라도, 숙의 민주주의는 우리가 실천하려고 노력하는 것이다. 현재의 목적 측면에서 더 중요한 점은 우리가 정치에 참여할 때, 스스로 그렇게 하고 있다고 여기는 경우가 많다는 사실이다. 이 장의 서두에 말했듯이 시민들은 말하고, 논쟁하며, 의견을 표명하고, 비판에 답하는 것이 민주주의의 핵심이라는 개념을 가지고 있다. 이에 따라 이성적 근거가 민주 정치의 중요한 수단이라고 여긴다. 또한, 이들은 민주 시민이라면 충분한 정보를 습득하고, 토론하고 논쟁하며, 정치적 반대편의 근거를 듣고, 자신의 견해에 대한 도전과 이견에 응답해야 할 의무가 있다는 생각을 지지하는 경향이 있다. 시민이라면 현재의 주요 정책적 논쟁에 담긴 근거와 주장을 파악하기 위해 노력해야 하며, 논리와 근거를 바탕으로 자신의 정치적 견해를 가지려고 애써야 한다. 그래서 자신이 반대쪽보다 관련 사실과 근거를 더 잘 파악하고 있다고 여긴다. 이들은 공무원과 공직자가 명료하게 근거를 제시하길 기대하며, 반대의견에 반박하지 못하거나 질문에 답변하지 못하고 대안적 견해에 반론을 제시하지 못하는 것처럼 보이면 가혹하게 비판한다. 또한, 많은 시민이 정치 논쟁을 다루는 책, 칼럼, 팟캐스트, 텔레비전 프로그램을 열심히 소비한다. 그리고 습관, 전통, 본능, 숙고하지 않은 선호에 기반해 정치에 참여하는 사람들은 비판받아야 한다고 생각한다.

그뿐만 아니라, 기존의 민주 정치에 대한 대중의 비판은 숙의주의 이상에 호소하는 경향이 있다. 다양한 스펙트럼의 정치인, 전문가, 시민은 현대 정치에 만연한 일반적인 비타협성뿐만 아니라 상대를 존중하면서 반대를 표명하지 못하는 것에 대해 개탄하는 경우가 많다. 시민들은 반대편이 이성적으로 숙의를 하지 않은 탓에 정치적 불일치가 지속되고 있다고 손쉽게 진단하면서, 정치적으로 반대편

에 있는 사람들에게 정도는 다르지만 무지, 아집, 비합리성, 몽매함이라는 딱지를
붙인다. 나중에 조금 다른 맥락에서 언급할 기회가 있겠지만, '스핀(spin)[역자주: 현
안이나 상황을 자기 후보에게 유리하게 해석하는 것을 말함]', '바보짓(derp)', '편견', '말 바꾸기
(flip-flopping)', '가짜 뉴스', '대안적 사실(alternative facts)[역자주: 어떤 주장에 대한 근거로
가상의 데이터를 제시하는 것을 가리키는 신조에', '탈진실' 등과 같은 용어는 근거를 적절
하게 제시하지 못하는 상대방을 비판할 때 사용된다. 요컨대, 현대 시민들은 숙의
민주주의 이상에 부합하게 정치적 실천을 하려고 한다. 이들은 시민, 정치인, 전문
가 및 기타 당국자들이 공적 숙의에 참여하길 기대하며, 정치적 결정과 공공정책
이 힘, 숙고되지 않은 선호, 내부자의 영향력, 돈이 아니라 이성적 근거에 따라 이
루어져야 한다고 주장한다.

　민주 정치가 어떻게 이루어져야 하는지에 대한 숙의주의 처방을 수용하는 것과
그러한 방식으로 정치를 하지 못하는 상황은 물론 양립할 수 있다. 조금 전 언급했
듯이, 현대 민주주의 국가들에서는 실제로 정치가 잘못되고 있다는 공감대가 정
치적 스펙트럼을 넘어 이례적으로 광범위하게 형성되어 있다. 민주 시민들은 어
느 때보다 정치적 토론, 논쟁 등에 적극적으로 참여하고 있지만, 현재의 민주 정치
는 점점 더 심해지는 무례함, 교착상태, 불신, 적대감, 반목, 냉소주의에 시달리고
있는 것처럼 보인다. 정치 활동에서의 참여 증가와 정치적 역기능 사이에 양의 상
관관계가 나타나는 것은 흥미로운데, 이어지는 3장과 4장에서 이에 대해 설명해
볼 것이다. 그러나 대중의 참여가 늘어난 상황에서 정치를 회복하기 위해 무엇을
해야 하는지에 관한 질문은 남아 있다.

　일부 숙의주의자들은 시민들이 숙의 민주주의 활동을 수행하는 방식에 문제가
있다고 생각한다. 시민들은 자신들이 진지하게 추론하고 논쟁하고 있다고 여기지
만, 실제로는 종종 부지불식간에, 자신들이 지닌 편견을 강화하고, 비판자를 주변
화시키며, 비슷한 생각을 가진 동료 시민들끼리만 뭉치고 있다는 증거가 많다. 이
런 종류의 민주적 자기기만이 발생하는 메커니즘은 쉽게 파악할 수 있다. 활발한
정치 참여를 지원하는 커뮤니케이션 기술을 통해 시민들은 자신만의 정치 미디어
환경을 구축할 수 있다. 이러한 환경은 시민들이 자신의 생각과 비슷한 의견에만

노출되는 반향실처럼 기능해서, 결국 정치적 불일치를 다룰 수 있는 능력을 약화한다. 이 현상에 대해서는 다음 장에서 자세히 살펴볼 것이다.

이를 고려해서, 일부 숙의 민주주의 이론가들은 다양한 시민들의 정치 참여를 장려하고, 동질적인 시민 집단으로만 정치적 숙의가 이루어지는 것을 막기 위해 일정한 개입이 필요하다고 주장했다.[13] 시민들이 적절하게 구성된 숙의 행사에 참여할 수 있도록 독려하는 인센티브를 제안하기도 한다.[14] 공적 숙의를 촉진하고 강화하기 위해 고안된 새로운 정치 제도의 설립을 요청하는 경우도 있다.[15]

이런 종류의 제안에 대해서는 5장에서 살펴볼 것이다. 이러한 조치가 민주적 실천을 회복하는 데 실제로 필요하다는 점은 인정할 수 있다. 하지만 지금부터는 이러한 개입이 다른 종류의 노력과 함께 이루어지지 않으면 역효과를 낼 가능성이 크다는 주장을 펴려고 한다. 더 정확히 말하면, 민주적 실천을 강화하기 위한 수단을 도입할 때 비정치적인 협력이 이루어지는 장, 즉 정치적 프로젝트와 윤곽을 중심으로 구조화되지 않은 활동을 장려하려는 시도가 수반되어야 한다는 것이다. 다시 중심 논지로 돌아오면, 민주주의 회복을 위한 숙의 민주주의자들의 제안은 정치가 제자리에 놓였을 때에만 완전히 성공할 수 있다.

6. 민주주의의 내적 문제로서 과잉 민주주의

이것으로 이 책의 1부가 여기서 마무리된다. 앞선 두 장에서 나는 민주주의의 영역을 제한할 것을 요구하고 있지만, 여기에 반민주주의적 요소는 없다고 주장했다. 정치를 제자리에 두어야 한다는 주장은 민주주의, 민주적 시민성, 정치 참여에 대한 포괄적 개념을 수용하는 것과 양립할 수 있다. 그런 다음 과잉 민주주의의 문제는 민주적 이상 자체에서 비롯된 것으로, 어떤 의미에서 현대 민주주의가 직면해야 하는 **고질적** 혹은 **태생적** 문제라는 점을 입증하고자 했다.

문제의 본질이 내부적인 요인에서 비롯된다는 점을 인식하는 것이 중요하다. 왜냐하면 민주주의의 현재 병폐에 대한 많은 주요 진단—진단의 과잉이라고 할 만큼 많은—은 정치 영역에 침투해서 민주주의를 왜곡시키는 외부적 요인에서 원인을 찾기 때문이다. 시장적 사고와 이와 연관된 '개인주의' 규범이 [민주주의에] 침투한 요인으로 그려지는 경우가 많은데, 이 경우 민주주의의 역기능에 대한 처방은 항상 애덤스와 듀이가 말한 것과 비슷한 **더 많은 민주주의**다. 그러나 나는 앞서 살펴본 바와 같이 민주적 병폐—비즈니스 세계의 비민주적 규범이 정치의 영역으로 침투하는 것을 포함해—가 오히려 민주적 이상 자체의 내부적 요인 때문일 수 있다고 주장했다. 다음 장에서는 이러한 견해를 보다 충실하게 입증하려고 노력할 것이다. 그러나 다시 한번 강조하고 싶은 점은, 우리의 정치적 문제가 민주주의를 과도하게 추구한 결과라는 내 주장이 옳다면, 다른 분석들이 제시한 처방은 잘못되었을 뿐만 아니라 성공할 가능성이 적으며 오히려 역효과를 낼 수 있다는 사실이다. 다시 말해, 과잉 민주주의가 문제이고 정치를 제자리에 두는 것이 해법이라면, 더 많은 민주주의를 추구해서 대응하는 것은 문제를 악화시킬 뿐이다. 근본적으로 다른 종류의 노력이 없는 상태에서 올바른 민주주의를 실행하기 위해 더욱 노력을 기울이는 것은 역효과를 낳을 수밖에 없는 것이다. 나는 현재의 민주주의 문제가 더 악화될 여지가 없을 정도로 심각한 상황에 이르렀다는 점을 우려하고 있다.

논지를 명확히 하고 근거를 밝혔으니, 이제 이를 입증하는 일이 남아 있다.

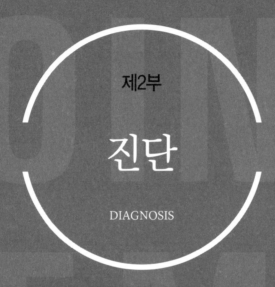

제2부

진단

DIAGNOSIS

—

3장

사회적 공간의 정치적 포화

이 책의 핵심 논지에 대한 옹호는 진단과 처방이라는 두 가지 논증을 통해 전개된다. 진단적 논증은 미국을 비롯한 국가들에서 민주주의가 번영하려면 민주주의를 제자리에 두어야 한다는 것을 입증하려는 목표를 가지고 있으며, 3장과 4장에서 제시된다. 이 두 장은 모두 과잉 민주주의의 메커니즘을 밝히고 있다. 처방적 논증은 5장에서 전개되고 6장에서 보강된다. 여기서는 정치를 제자리로 돌려놓기 위한 전략을 제안한다.

진단적 논증은 주로 미국과 영국의 데이터에 의존하고 있다. 앞선 장들에서는 '미국을 비롯한 국가들'이라는 표현을 통해 민주주의가 과잉되고 있다는 경험적 주장이 제한된 범위를 가지고 있음을 명시적으로 드러내고자 했다. 남은 장들에서는 표현을 단순화하기 위해 이러한 표현을 생략하지만, 모든 민주주의 국가들에서 정치가 과잉되고 있다고 주장하는 것은 아니다.

왜 미국에서 과잉 민주주의의 문제가 만연해 있는지는 분명 살펴볼 가치가 있는 질문이다. 이에 대해 미국 민주주의의 구조적 특징, 특히 양당제와 승자독식 선거가 문제의 핵심 원인이라고 주장하기도 한다. 이러한 요인들이 영향을 주고 있음은 분명한 사실이며, 이런 점에서 제도적·헌법적 설계가 민주주의의 과잉을 억제하는 데 도움이 될 수 있다. 그렇지만 이 장에서 논의되는 것과 유사한 경향이 영국에서도 발견되고 있으며, 브렉시트 및 관련 사안을 둘러싼 국론 분열은 미국에서 나타나는 모습을 답습하고 있다.[1] 또한, 유럽의 많은 민주주의 국가들을 뒤흔들고 있는 포퓰리즘과 민족주의 흐름은 여기서 논의되는 것과 매우 유사한 정치적 경향을 드러내고 있다.[2]

그러나 진단적 논증을 구성하는 경험적 요소들은 **추세**를 반영하므로 경험적 자료의 지속성과 견고함을 둘러싸고 중요한 학문적 논쟁이 존재할 수밖에 없다. 여기서 제시된 설명이 현재 데이터에 대한 비관적 혹은 경고적 해석을 담고 있다고 여기는 사람도 분명 있을 것이다. 시간이 흐르고 추가적인 연구가 진행되면, 이러한 추세를 어떻게 이해해야 하는지에 대해 더 많은 점을 알게 될 것이다. 그럼에도 불구하고 2장의 주장이 옳다면, 과잉 민주주의의 문제가 민주적 이상 자체에서 비롯된다는 점을 상기하길 바란다. 이는 곧 어떤 민주주의 사회도 정치 과잉 문제에서 완전히 자유로울 수 없다는 뜻이다. 데이터를 다르게 해석하는 입장을 따르거나, 다행히 앞으로 제시할 현상으로 현재 어려움을 겪고 있지 않은 민주주의 사회에서 살아가는 독자들은 이 이야기를 민주주의에 대한 경고로 간주할 수 있을 것이다. 민주주의 국가들의 현재 상황이 내가 제시하는 설명에 부합하는지의 문제와 민주주의가 내가 기술하는 면에서 취약성을 가지고 있는지의 문제는 차이가 있다.

1. 진단적 논증 미리보기

앞서 말한 대로 진단적 논증은 두 장에 걸쳐 제시된다. 진단적 논증은 경험적인 요소와 개념적인 요소가 결합되어 있으므로 전반적인 윤곽을 간략하게 소개하는 것이 도움이 될 것이다. 숲의 전체적인 형태를 파악하고 나면, 나무 사이로 난 길을 더 잘 이해할 수 있다.

미국을 비롯한 민주주의 국가들은 지난 수십 년 동안 시민, 정치인, 정당, 정치

단체 사이의 정치적 분열이 증가하는 경향을 보였다. 이러한 현상은 민주주의 사회를 구성하는 인구 집단 내의 사회적 **정렬**(sorting)이 정치적 분열을 따라 이루어지는 광범위한 추세와 함께 발생했다. 이는 사회적 공간이 점점 더 정치적으로 동질화되고 있다는 것을 의미한다. 이러한 추세는 쇼핑몰, 카페, 식당, 식료품점, 영화관에서부터 가정, 동네, 직장, 공원, 예배당에 이르기까지 사회적 공간 전반에 걸쳐 강하게 나타나고 있다. 이와 함께 뉴스, 정보 및 오락거리 자료도 마찬가지로 정치적 분열을 따라 나눠지는 추세가 지속되고 있다. 그 결과, 시민들 간의 평상시 일상적인 상호작용이 대체로 비슷한 정치적 성향을 가진 사람들 사이에서만 이루어지는 경향이 점점 더 강해지고 있다. 또한, 시민들—커피숍에 줄을 서 있는 낯선 사람, 리틀 리그 경기를 관전하는 이웃, 구내식당에서 점심을 먹는 동료, 가족 모임에 참석한 형제자매 등— 간의 일상적인 정치적 대화가 비슷한 생각을 가진 사람들끼리 이루어지면서 정치적으로 더욱 단일화되는 경향이 두드러진다. 이들은 같은 공간에 머물 뿐만 아니라 비슷한 경험을 하고, 유사한 소비재를 구매하며, 같은 뉴스 프로그램을 시청하고, 생활양식과 세계관을 광범위하게 공유한다.

　정렬은 이전 장에서 설명한 민주주의의 영역 확장과 함께 진행되어왔다. 그래서 사회적 공간이 정치적으로 보다 동질화되었을 뿐만 아니라 보다 많은 사람들이 그러한 공간을 민주적 시민성을 행사하는 장소로 인식하게 되었다. 또한, 이제는 점점 더 많은 행동이 자신의 정치적 충성심을 나타내고 표현하는 수단으로 여겨지고 있다. 오늘날에는 식료품을 구입하고 스포츠 팀을 응원하는 것부터 어떤 동네에 거주하고, 특정 음악 스타일을 즐기며, 심야 텔레비전 프로그램을 시청하는 것까지 모든 종류의 행위에 정치적 의미가 부여되는 것이 일반적이다. 즉, 정치의 범주, 충성심, 분열이 우리의 사회적 공간을 정렬하는 지배적인 기준이 된 것이다. 그 결과는 분명하다. 민주 시민들은 거의 항상 서로에게 자신의 정치에 대한 생각을 **전달하고** 있지만, 정치적 입장이 섞여 있는 공간에 있는 경우는 매우 드물어졌다. 따라서 우리는 민주 사회의 대중 참여 모델에 부합하는 것처럼 보이는 방식으로 시민권을 행사하고 있지만, 정렬로 인해 사회적으로나 정치적으로 동질화되어 구조적으로 민주적이지 않은 조건에서 이를 수행하고 있다. 이처럼 정치의 범주와 충성심이 사회적 삶의 모든 측면에 침투해 광범위하게 사회적 정렬이 이루어지는 현상을 **사회의 정치적 포화** 혹은 줄여서 **정치적 포화**라고 부르고자 한다.

처음에는 정치적 포화 상태가 특별히 문제가 되는 것으로 보이지 않을 수 있다. 이는 단지 사람들이 마음이 맞는 사람들과 함께 있는 것을 즐기고, 민주 시민으로서의 의무를 진지하게 받아들이기 때문에 생긴 결과로 볼 수 있는 것이다. 또는 [사회적 공간을] 정렬하는 것은 시민의 자유를 행사하는 것이고, 정치적 범주를 사회적 삶의 모든 영역으로 확장하는 것은 시민적 책임을 표현하는 것일 수도 있다. 그렇다면 무엇이 문제일까?

정치적 포화가 개인의 선택에 따른 자연스런 결과라는 점은 의심의 여지가 없다. 그렇지만 자신과 다른 시각을 가진 사람들과의 상호작용을 피하기 위해 시민들이 삶의 모든 영역에서 정치적으로 마음이 맞은 사람들과 의도적으로 집단을 이루려 한다는 주장을 전개하는 것은 아니다. 철학자들이 말했듯이, 사람들은 **이러한 설명대로** 행동하지 않는다. 정치적 포화 상태를 초래한 선택은 세상 속에서 내 집처럼 편안함을 느끼고 싶은 선의의 욕구에서 비롯된다. 현재의 상황을 인과적으로 설명할 때 해로운 점은 없다고 말할 수 있겠지만, 우리가 정치적으로 포화된 사회적 공간에서 살고 있다는 사실은 민주주의에 좋지 않다.

사회의 정치적 포화가 민주주의에 어떻게 부정적으로 작용하는지에 대해서는 4장에서 자세히 설명할 것이다. 4장에서는 폭넓게 연구된 **신념 양극화** 현상을 살펴봄으로써 진단적 논증을 완성한다. 이 현상은 정치적 포화 상태에서 정치적 활동이 확대되면 민주적 시민성을 적절하게 발휘하기 위해 필요한 역량이 저하된다는 주장을 뒷받침하는 충분한 근거를 제공해준다. 이러한 역량이 줄어들면, 민주 시민은 민주주의가 확보해야 하는 **핵심**이라고 할 수 있는 특정한 사회적 선을 키울 수 있는 능력을 상실하게 된다. 더 중요한 점은, 그러한 사회적 선을 배양하는 것이 건강한 민주 정치를 위한 **전제조건**이라는 사실이다. 1장에서의 논의를 상기해보면, 정치적 포화는 민주주의를 짓누르는 사회적 환경을 만들어낸다. 민주 정치에 광범위하고 활발하게 참여하는 것이 다른 사회적 선을 밀어내고, 결국에는 이를 파괴하는 것이다. 그래서 민주주의는 질식되고, 그 자리에는 작동하지 않는 정치만 남게 된다. 양심적인 시민들이라면 적대감, 분노, 불신의 광경이 정치를 추동하는 것을 외면하기 어렵다. 그렇지만 시민들이 이에 집착할수록 정치의 악화는 더욱 가속화된다. 과잉 민주주의 속에서 민주주의의 종말을 재촉하는 것이다.

이것이 진단적 논증의 전반적인 틀이다. 이러한 진단이 맞다면, 5장에서 전개할 처방적 논증의 대략적인 성격도 쉽게 파악할 수 있다. 우리가 민주주의를 회복하려면, 다른 사회적 선을 배양할 수 있도록 민주주의의 영역을 제한해야 한다는 것이다. 다시 익숙한 논지로 돌아가면, 우리는 때때로 정치로 포화되지 않은 곳에서 함께 일할 수 있는 장을 고안해서 정치를 제자리에 두어야 한다. 물론 이러한 처방을 제안하기에 앞서 정렬, 정치적 포화, 양극화에 대한 진단적 논증이 입증되어야 한다. 정렬과 포화는 이 장에서 다루고, 양극화는 다음 장에서 다루어질 것이다.

시작하기 전에 사회적 정렬에 대한 약간의 배경지식이 필요하다. 사회적 정렬에 관한 문헌은 방대하다. 2008년 저널리스트 빌 비숍이 정치학자 로버트 쿠싱과 공동으로 저술한 인기 있고 영향력 있는 책인 『거대한 정렬』(The Big Sort)은 정렬 현상에 대한 관심을 불러일으키며 대중의 마음을 사로잡았다. 이 책의 부제에 따르면 이 현상은 "우리를 갈라놓고 있다." 2014년 퓨 리서치센터는 비숍의 주장의 많은 부분을 입증해주는 밀도 높은 보고서를 발표했다. "미국 대중의 정치적 양극화"라는 제목의 이 보고서는 "공화당원과 민주당원은 지난 20년간 어느 때보다 이념적으로 분열되어 있으며, 당파적 반감은 더 깊어지고 광범위해졌다"라는 주장으로 시작된다.[3] 이 보고서는 시민들이 지리와 정치로 나뉘어 있을 뿐만 아니라 소비 습관과 오락거리에 대한 선호, 종교 소속, 출산율에 이르기까지 생각할 수 있는 거의 모든 면에서 분열되어 있음을 보여주는 일련의 심상치 않은 흐름을 담고 있다. 2016년 후속 보고서에서도 "미국인들은 정치뿐만 아니라 자신들의 인구통계학적 특성을 반영하는 비슷한 생각을 가진 공동체로 점점 더 정렬되고 있다"라고 밝혀 암울한 발견을 재확인했다.[4]

비숍의 책이 출간된 이후 많은 연구자가 미국인의 공간적, 이념적 분열이 동시적으로 상호 강화하면서 일어나고 있다는 주제를 선택함에 따라, 정렬 현상의 본질, 범위, 원인에 대한 논쟁에 초점을 맞춘 연구가 대규모로 활발하게 진행되었다. 예상대로 일부 연구자들은 비숍과 퓨 리서치센터가 제시한 견해가 최신 데이터를 통해 확인된다고 주장하는 반면, 다른 연구자들은 회의적인 입장을 유지하고 있다.[5] 이러한 논쟁은 탐구하는 현상에 대한 상이한 개념과 이에 따른 측정 방법에 대한 시각 차이에서 비롯된다는 점에서 상당 부분 의미론적이다.[6] 이 점이 나를 비롯한 여타 사람들에게 놀랍게 다가오기는 하지만, 여기서 이러한 논쟁을 자세히 다루지는 않을 것이다. 공간적, 사회적 측면에서 시민들을 대립하는 정치적 당파 집단으로 모이게 하는 정렬이 미국에서 일어나고 있다는 사실에 대해서는 학문적 이견이 거의 없다. 여기서 제시하는 정렬 데이터에 관한 설명은 학계의 주류적 해석에서 크게 벗어나지 않는다. 예비적 논의는 여기까지다. 다시 한번 원점에서 시작한다.

2. 로컬의 확장

주제와는 거리가 멀어 보일 수 있는 몇 가지 관찰로 시작해보자. **기술**이라는 용어를 사용할 때, 우리는 일반적으로 **새로운** 기술을 가리킨다. 요즘에는 유선 전화나 자동차를 **기술**이라고 부르는 것이 이상하게 들릴 수 있다. 하지만 때로는 용어에 함축된 뜻과 [실제] 의미를 구분하는 것이 도움이 되기도 한다. 기술이라는 용어가 꼭 **최신의** 혁신이나 진보를 의미할 필요는 없다. 기술은 인간이 어떤 목적을 달성하기 위해 개발한 기법이나 조치를 의미한다.

이를 염두에 두고, 기술 대부분은 세계를 확장하는 동시에 축소한다는 점에 주목해보자. 처음에는 이 말이 역설적으로 들릴 수도 있지만 실제로는 그렇지 않다. 간단한 예로 항공 여행이라는 일상화된 기술을 생각해보자. 이 기술에는 비행기, 공항, 항공 교통 관제, 기상 모니터링, 통신 플랫폼, 조종사, 승무원, 수하물 취급자 등으로 구성된 방대하고 조율된 네트워크가 포함된다. 지금은 이 모든 것이 별것 아닌 것처럼 보이기에 항공 여행을 기술의 예로 생각하지 않는 경우가 많다. 하지만 미국에서만 매일 9만 개에 가까운 국내선 항공편이 운항되고 있는 시스템은 그야말로 경이로운 기술이라고 할 수 있다. 그리고 기술 대부분이 그렇듯 항공 여행은 우리의 삶을 변화시켰다. 저렴하고 안전한 항공편에 광범위하게 접근할 수 있게 되면서 비즈니스, 상업, 무역에서부터 연구, 교육, 여가에 이르기까지 모든 것이 달라졌다. 좀 더 구체적으로 말하면, 이러한 모든 분야에서 항공 여행은 사람과 장소 사이의 거리를 축소했다. 그로 인해 개개인의 관계, 활동, 책임, 경험의 네트워크가 확장되었다.

예를 들어, 나는 직업 때문에 테네시주 내슈빌에 있는 집에서 멀리 떨어진 곳으로 정기적으로 비행기를 타고 다니면서 그렇지 않았다면 결코 만나지 못했을 동료들과 연구를 수행하고 공유한다. 그리고 비행 중에 승객들 사이에 자연스럽게 오가는 대화를 보면, 다른 직종에 종사하는 사람들도 직무와 관련된 활동을 위해 비행기로 출퇴근하는 경우가 흔하다. 이러한 통근자 중 상당수는 직장이 지리적으로 떨어진 여러 도시에 걸쳐 있고, 동료들은 전 세계에 흩어져 살고 있다고 해도 과언이 아니다.

일반적으로 기술 혁신도 마찬가지다. 기술 혁신은 개인들이 세상의 더 넓은 부분에 보다 쉽게 접근할 수 있도록 함으로써 세계를 축소한다. 이러한 의미에서 세계는 확장되는 동시에 축소된다. 비유적으로 말하면, 기술은 **로컬을 확장**한다.

이뿐만이 아니다. 로컬이 확장됨에 따라 개인이 선택 가능한 힘도 그에 상응해 증가한다. 우리를 둘러싼 세계의 더 넓은 부분에 접근할 수 있게 되면서 거의 모든 종류의 선택을 할 때 직면하는 선택지의 범위도 넓어졌다. 비행기에 탑승한 비즈니스 승객 중 일부는 자신이 일하는 물리적 공간으로 비행기를 타고 출퇴근한다. 항공 여행이 없었다면, 그들은 직장에 훨씬 더 가까이 살거나 다른 직업을 가져야 했을 것이다. 그래서 이들의 주거, 학교 교육 및 기타 여러 가지 생활방식에 대한 선택지는 실제보다 훨씬 더 제한되었을 것이다. 나의 학자 친구에 대해서도 비슷한 이야기를 할 수 있다. 그녀는 특정 역사적 장소로 저렴한 항공 여행이 가능해진 덕분에 자신이 가장 흥미롭게 여기는 분야에서 연구 주제를 선택할 수 있었는데, 그러한 장소에 접근할 수 없었다면 다른 전공을 선택해야 했을 것이다. 이 문장을 입력하는 동안에도 세계 여러 곳에서 온 예비 대학생들과 학부모들이 내가 속한 대학 캠퍼스를 둘러보고 있는 모습이 보인다. 저렴한 항공 여행이 가능하지 않았다면, 이 젊은이들 중 상당수는 밴더빌트 대학 진학을 고려하지 못했을 것이다. 집에서 더 가까운 예를 들면, 익일 항공 배송 덕분에 네바다 사막 한가운데 있는 식당에서 [북동부 연안에 위치한] 메인 주의 신선한 랍스터를 즐길 수 있다.

이는 작은 세계다. 세상이 작아지면서, 세상이 **주문 제작**되고 있다. 기술 발전이 종종 우리에게 힘을 부여해주는 것으로, 때로는 해방감을 안겨주는 것으로 경험되는 이유다. 기술은 세상의 더 넓은 부분에 대한 접근을 확장해 우리가 선택할 수 있는 선택지의 폭을 넓혀준다. 기술은 새로운 가능성을 열어줌과 동시에 우리가 만든 환경에 보다 확고하게 책임을 지게 한다. 그래서 우리는 있는 그대로의 세상에 얽매이지 않게 되었으며, 우리가 거주하는 공간은 이제 철저하게 맞춤화되고 **개인화**되었다.

물론 이것이 기술에 관한 이야기의 전부는 아니다. 가장 최근의 기술적 발전으로 시선을 돌리면, 앞선 설명이 가지는 한계가 분명해진다. 일부 기술은 선택지를 없애거나 숨겨서 선택의 폭을 제한한다는 점에서 가치가 있다. 알고리즘 기반의 인터넷 검색 엔진과 이와 유사한 온라인 기능은 특정 선택지를 걸러내기 때문에 우리에게 도움이 된다. 이러한 기술은 개인이 **선택하지 않는 것을 선택**할 수 있게 함으로써 우리에게 권능을 부여한다고 주장하는 사람도 있다.[7] 그러나 동시에 이러한 기술은 우리의 선택을 유도하기 위해 선택지의 순서와 표시를 선별함으로써 특정 선택으로 '이끌고(nudging)', 다른 선택에서 멀어지게 한다.[8] 따라서 해방감을 안겨주는 현대 기술의 능력은 상당 부분 착시일 수 있다.[9] 이 외에도 개인에게 권능을 부여하는 기술의 대부분은 감시, 조작, 침입, 도난 등을 용이하게 하는 기능이 거의 항상 수반된다는 사실을 간과해서는 안 된다. 이런 점에서 현재의 기술이 우리에게 권능을 부여하는지에 대해 의문을 제기할 수 있다. 여기서 가장 확실하게 말할 수 있는 것은 기술의 성격과 영향력은 누가 그것을 통제하느냐에 달려 있다는 점이다.

우리가 현재 다루는 주제는 비교적 평범하기 때문에 이러한 큰 문제들을 여기서 다룰 필요는 없을 것이다. 지난 수십 년 동안 여행, 상거래, 통신, 컴퓨팅 등 다양한 분야의 기술 발전으로 인해 많은 사람이 삶의 방식과 관련해 새로운 형태의 자유를 누릴 수 있게 되었다. 우리의 **삶의 양식**은 이전 어느 때보다 우리에게 달려 있다. 현대 기술의 영향으로 로컬이 확장되면서 우리는 당면한 환경에 내재된 한계로 인한 제약을 덜 받게 되었다. [네바다주] 리노에 거주한다고 해서 신선한 해산물을 포기할 필요가 없으며, [캔자스주] 위치토에 살며 아랍어를 배우는 사람은 [리비아의 수도] 트리폴리에 있는 원어민과 실시간으로 얼굴을 보며 대화할 수 있다. 또한, [펜실베이니아주] 스크랜턴에 사는 일본 애니메이션 영화 팬은 이 장르의 최신 영화를 쉽게 접할 수 있을 뿐만 아니라 전 세계적인 동호인 공동체에 가입할 수 있다. 그리고 성공한 할리우드 시나리오 작가는 뉴저지에 살 수 있게 되었다. 무제한 인터넷 접속을 즐기는 우리 같은 사람에게는 전 세계가 손끝에 있다고 할 수 있다. 게다가 우리가 사는 세계의 일부분은 개인의 의지에 따라 바뀔 수 있다. 다시 말해, 우리는 주문 제작 세상에 사는 것이다.

3. 정렬: 물리적, 사회적, 정치적

이 모든 것은 대체로 좋은 일이다. 그러나 상당히 많은 연구에 따르면, 이 새로운 자유를 행사하는 개인들에게 분리 현상이 지속적으로 나타났다. 인구통계학적으로 유사한 사람들이 같은 물리적·사회적 공간을 차지하고, 자신들과 다른 사람을 배제하는 **정렬**이 일어난 것이다. 지난 수십 년 동안 미국에서는 인종, 민족, 종교, 연령, 문화적응(acculturation) 및 기타 관련 인구통계학적 범주에서 전반적인 다양성이 늘어났음에도 불구하고, 지리적으로 나눠진 지역 내에서는 동일한 범주의 동질성이 **증가**했다.[10] 소위 용광로(melting pot)[역자주: 다양한 문화를 가진 사람들이 섞여 하나의 문화를 만들어가는 것을 의미함]로 남아 있는 일부 대도시를 제외하면, 이제 미국의 지리는 사회경제적, 인종적, 민족적, 세대 및 종교적 윤곽이 뚜렷이 구분되는 인구통계학적 집단으로 정렬되고 있다.[11] 그리고 이러한 동질화 추세는 가정, 이웃, 지

자체, 직장, 학교, 공원, 쇼핑센터, 예배 장소, 사회적 네트워크 전반에서도 뚜렷하게 나타나고 있다.[12] 간단히 말해, 현대 기술은 주문 제작 세상을 제공했으며, 사람들은 대부분 자신이 살아가는 세상을 자신의 이미지에 따라 만들어온 것이다.

이러한 '같은 깃의 새' 경향 ~~동종애~~(Homophily)은 그리 놀랍지 않다. 고대 그리스인들은 '비슷한 부류를 선호하는' 것이 인간 사회학의 기본적인 사실이라고 여겼다.[13] 또한, 무작위로 모인 개인들을 여러 집단으로 나눌 때 실제로는 정확하지 않더라도 인지된 유사성과 차이에 기초해 자발적으로 모인다는 점은 여러 연구를 통해 밝혀졌으며, 이러한 능력은 놀라울 정도로 지속되고 있다.[14] 어떠한 메커니즘이 동종애를 유발하는지에 대해 여기서 탐구할 필요는 없다. 다만 이러한 경향이 널리 퍼져 있다는 사실에 관심을 가지면 된다.

비슷한 부류의 사람을 선호하는 정렬 경향은 보다 넓은 사회적 맥락을 떼어 놓고 보면 평범해 보인다. 그래서 그 맥락을 살펴보도록 하자. 먼저, 물리적 공간과 사회적 공간이 인구통계학적으로 동질화됨에 따라 그 공간에 거주하는 사람들의 행동 패턴이 비슷해진다는 점에 주목할 필요가 있다. 미국 내 지역 간 결혼율과 출산율 격차는 점점 더 커지고 있으며, 공동체, 가족, 심지어 육아에 대한 개념도 지역적 차이가 두드러지고 있다.[15] 게다가 일상적인 소비 습관, 여가 활동, 취미는 물론, 보다 사적인 문제까지도 이제는 지역과 밀접한 관련성을 지닌다. 실제로, 소프트웨어 회사인 에스리(Esri)는 미국 우편번호를 입력하면 그 지역에 거주하는 사람들의 평균 연령, 소비 습관, 가족 규모, 주거 형태, 가치관, 심지어 취미에 대한 간결하면서도 상세한—종종 놀라울 정도로 정확한— 분석을 제공하는 웹사이트인 Tapestry를 구축했다.[16] 또 다른 인터넷 서비스 Teleport는 이러한 경향을 반대로 활용하는데, 사용자가 제공한 경제적 상황과 생활양식에 관한 정보를 바탕으로 이사를 고려할 만한 도시를 추천해준다. Teleport 웹 페이지에서는 이 프로그램을 전적으로 "당신의 개인적 선호도에 따라", "가장 살기 좋고 일하기 좋은 곳으로 이주"시켜 줄 것이라고 설명하고 있으며, 이사 서비스도 제공하고 있다.[17] 어느 기자는 이렇게 적고 있다. "우편번호는 당신이 무엇을 살 수 있는지를 보여주는 창이지만, 당신이 시간을 어떻게 보내는지, 그리고 본질적으로 **당신이 누구인지**도 보여준다."[18]

다시 말하지만, 개인이 현재 누리고 있는 전례 없는 자유를 고려할 때 이는 놀라운 일이 아니다. 하지만 그 배경에 숨겨진 또 다른 사실, 즉 **정치적** 성향에 따라 정렬이 이루어지고 있다는 점에 대해 생각해보자. 동질적인 물리적, 사회적 공간에 모여 있는 개인들이 정치적 분열을 반영하고 있는 것이다.[19] 그 결과 인구통계학적·지리적으로 정렬된 사회적 공간은 정치적 성향이 비슷한 사람들이 모이는 장소가 되었다.

이러한 현상은 아마 미국 교회에서 가장 두드러지게 나타난다. 과거에는 신도들이 의도적으로 비정치적 입장을 취하는 것이 일반적이었지만, 이제는 '진보'와 '보수'라는 정치적 스펙트럼상의 어느 쪽에도 명시적으로 속하지 않는 종교 공동체를 찾기가 어려워졌다. 목사나 설교자가 정치 후보자, 정당 및 정책을 공공연하게 지지하는 것도 흔하게 볼 수 있다. 다양한 교단의 지도부가 정치화되어 예배와 [교인으로서의] 정체성에 정치를 주입하기 시작했다는 것이 이러한 변화에 대한 일반적인 설명이다. 그러나 미국 교회의 정치화는 시민들이 자신의 정치적 소속에서 정체성을 찾는 더 광범위한 추세의 **산물**이라는 점에서 이러한 설명은 [인과관계가] 뒤바뀐 것이라고 생각할 수 있다.[20] 신도들이 정치적 생활양식과 자신을 동일시하게 되면서 목회자들이 예배에 정치적 메시지를 주입하게 되었다는 것이다.

이러한 모습은 빠르게 확대되고 있다. 지난 30년 동안 가족, 시민단체, 사교 클럽은 정치적 측면에서 놀라울 정도로 단일화되었다. 재향군인회, 형제회, 공익 클럽 등과 같이 다양한 정치적 입장을 가진 사람들로 구성된 전통적인 자발적 시민 결사체는 쇠퇴하고, 전문적으로 관리되고 당파적 성향이 강한 정치 옹호 단체가 이를 대체했다.[21] 얼마 전까지만 해도 정치적 성향이 서로 다른 시민들 간의 협력적 활동이 두드러지는 장소였던 직장은 이제 대부분 정치적으로 분할되어 있다.[22] 또한, 회사의 지배적인 정치 성향에 부합한다고 여겨지는 구직자가 채용 결정에서 우대받기도 한다.[23] 그리고 은행, 기술, 교육, 법률, 의료 등과 같은 특정 직업군은 이제 정치적 입장이 분명하게 기울어져 있다.[24]

이뿐만 아니라 정치적 성향은 개인의 광범위한 생활양식 기호를 나타내는 신뢰할 수 있는 지표가 되었다. 한 가지 놀라운 예를 들면, 진보주의자와 보수주의자는 집과 업무 공간을 꾸미는 방식에 있어 체계적인 차이를 보인다. 보수주의자의 공간에는 진보주의자의 공간보다 시계가 더 많고, 예술품이 더 적다.[25] 더 중요한 예는 거의 모든 종류의 대인관계에서 정치적 성향이 '리트머스 시험지'가 되었다는 사실이다.[26] 이는 친구와 이웃뿐만 아니라 연예, 심지어 결혼 대상과 같은 보다 친밀한 관계에도 적용된다. 데이터에 따르면, 지난 20년 동안 정치적으로 입장이 다른 사람과의 결혼을 기피하는 경향이 증가했으며, 일부 인구집단에서는 더욱 심화하고 있다.[27] "당파성에 따른 배우자 선택이 신체적(예: 체형) 및 성격적 속성에 기초한 선택보다 많다"라는 연구 결과도 있다.[28] 온라인 데이트 커뮤니티 내에서 짝이 이루어지는 패턴도 비슷한 경향을 보인다. 짝이 되는 추세에 대한 연구는 동일한 당파성이 개인 간의 친밀성을 만들어내는 메커니즘임을 보여준다. 이러한 실험들은 상대에게 매력을 느끼는 요소로 우연히 당파적 소속과 상관관계가 있는 개인의 비정치적 특징에만 주목하는 것을 바로잡아 준다.[29] 불륜을 조장하는 웹사이트의 회원 가입과 당파적 정체성 사이에 상관관계가 있음을 발견한 연구도 있다.[30]

연예 관계가 되는 것과 별개로, 상대의 얼굴을 보고 매력을 느낄 때도 당파성을 암시하는 신호가 영향을 준다. 정체성을 드러내는 신호가 미묘한 경우에도, 우리는 자신과 다른 정치적 신념을 가진 사람보다 같은 당파성을 가진 사람을 더 매력적으로 여기는 경향이 있다.[31] 그 결과 온라인 데이트 커뮤니티에서는 공개 프로필에 자신의 정치적 신념에 대한 언급을 자제하는 것이 선택의 폭을 넓힌다는 통념이 지배적이다. 어쨌든, 최근 데이터에 따르면 "정치 이념은 온라인 만남의 성공을 예측할 수 있는 가장 강력한 요인이다."[32]

요컨대, 정치적 성향을 보다 광범위한 사회적 정체성 및 생활양식과 일치시키는 추세는 놀라울 정도로 강력하다. 비숍의 말처럼 "공화당원이나 민주당원 중 하나를 선택하는 것은 삶의 방식을" 반영한다.[33] 릴리아나 메이슨과 줄리 론스키는 비슷한 결론을 더 우아하게 표현해, "모든 정치는 정체성 정치다"라고 말한다.[34] 오늘날 정치는 우리의 생활양식 **그 자체**라고 해도 과언이 아니다.[35]

현대 민주주의 사회에서 생활양식은 소비 성향과 밀접하게 연관되어 있다.[36] 다음과 같은 실험을 해보자. 반대 진영끼리 서로를 비난하는 온라인 댓글 창에 들어가서, 정치적 주장이 상대방의 구매 행동이라고 여겨지는 것에 대한 비판과 함께 얼마나 자주 제시되는지 살펴보자. "라떼를 마시는 예민 보스", "픽업 운전하는 촌뜨기", "월마트 쇼핑객" 등과 같은 표현이 욕설로 정말 흔하게 사용되고 있다.

이러한 점을 고려할 때, **상업** 공간도 사회적으로 보다 정렬되어 정치적으로 더 동질화되었다는 사실은 놀라운 일이 아니다. 대중 매체에서 흔히 볼 수 있듯, [미국의 종합 유통업체인] 월마트와 타깃은 정치적으로 특정한 고객층을 대상으로 한다. 던킨도너츠와 스타벅스, 칙필레와 치폴레도 마찬가지다.[37] 상업 마케팅은 이제 고객의 정치적 정체성을 기반으로 대상을 설정하도록 명시적으로 설계되고 있다. 예를 들어, 스타벅스는 외국어로 음료 이름을 바꾸고, 멀리 떨어진 장소의 지도와 사진으로 매장을 꾸밈으로써 세계시민적 자아상을 지닌 넓은 의미의 진보적 인구집단에 서비스를 제공하는 것을 공공연한 목적으로 삼고 있다. 반면, 던킨도너츠는 "미국은 던킨도너츠가 움직인다"(America Runs on Dunkin)라는 현재 슬로건에 드러나듯, 커피와 도넛을 근면함이라는 애국적 가치와 결부시킨다. 잠깐 동안 외국에 있는 듯한 느낌을 주기보다는 저렴한 카페인과 탄수화물을 원하는 보수적인 고객을 사로잡고자 하는 것이다. 거의 모든 제품의 마케팅에 대해서도 비슷한 설명이 가능하다. 자동차와 트럭, 맥주, 의류, 체인 음식점, 식료품점 광고도 모두 이와 같은 경향을 드러낸다. 판매 대상이 되는 특정 소비자 집단이 선호하는 일반적인 생활양식에 호소하는 방식으로 제품을 마케팅하는 것이다. 이런 면에서 생활양식은 이제 정치적 정체성과 긴밀하게 결합되어 있다.

이러한 고객 유치 전략은 효과적이다. 소비자의 행동은 실제로 정치적 성향과 분명한 상관관계가 있다.[38] 예를 들어 2008년 미국 대선 이후 진행된 한 연구에 따르면, [슈퍼마켓 체인점] 홀 푸드 매장의 거의 90%가 버락 오바마가 낙승한 카운티에 위치한 반면, [체인 음식점] 크래커 배럴 매장의 60% 이상이 존 매케인이 승리를 거둔 지역에 위치한 것으로 나타났다. 정치적 정체성과 소비자 정체성의 결합은 제품 생산자와 정치 활동을 하는 사람들 모두에게 이익이 되는데, 둘 모두 이제 주로 브랜딩과 마케팅에 관여하는 모습을 보이기 때문이다.[39] 그 결과, 자주

가는 식료품점에서 뒤에 줄 서 있거나 동네 술집에서 옆에 앉아 있는 사람이 당신과 정치적으로 비슷한 사람일 가능성이 점점 높아지고 있다.

지금까지는 물리적 공간의 정렬에 초점을 맞추었다. 하지만 우리가 머무는 **가상** 공간에서도 동일한 모습이 발견된다는 사실은 말할 필요도 없다. 대규모 뉴스 및 연예 기업이 만든 미디어 환경도 물론 이에 포함된다. 24시간 케이블 뉴스 채널과 온라인 신문의 정치적 영향에 대해서는 다른 곳에서 이미 많이 다루어졌기 때문에 여기서 다시 언급할 필요는 없을 것이다.[40] 개인의 선택권을 강화하는 기술의 능력에 대한 지금까지의 설명과 같이, 시민들은 이제 개인화된 뉴스 및 정보 환경에 직면해 있다. 또한, 자신과 비슷하다고 인식한 사람들을 선호하는 경향처럼, 시민들은 자신의 기존 정치적 성향과 일치하도록 뉴스 및 기타 정치 정보의 출처를 맞춤 설정하는 모습을 보인다.[41]

폭스 뉴스 채널과 MSNBC가 각각 '보수주의자'와 '진보주의자'로 정렬되는 두 개의 구분된 미국 시민 집단을 대상으로 서비스를 제공하고 있다는 사실은 많은 비판을 받고 있다. 실제로 대조적인 정치적 성향은 두 채널의 정체성에 분명하게 내재되어 있다. 두 채널은 모두 황금 시간대에 보수적(폭스) 또는 진보적(MSNBC) 관점이 드러나는 정치 논평을 하는 방송 프로그램을 내보낸다.[42] 이러한 프로그램의 이념적 성향이 보도되는 **내용**에 영향을 미치고, 그 결과 실제 사실과 관련해서도 양쪽 시청자의 믿음과 인식에 상당한 차이가 발생한다는 연구 결과가 있다.[43] 당파적 성향의 미디어 소비에 관한 퓨 리서치센터의 최근 연구는 "정치와 정부에 대한 뉴스를 접할 때, 진보주의자와 보수주의자는 서로 다른 세계에 살고 있다"라는 눈길을 끄는 주장으로 시작한다.[44]

정치 정보와 관련된 이러한 추세는 광범위한 소셜 미디어 환경에서 더욱 강화되고 있다. 이러한 환경에서 개인의 선택은 '팔로우', '좋아요', '리트윗', '차단'이라는 형태로, 그리고 '친구 끊기'와 같은 대상화된 행위로 훨씬 더 직접적인 통제력을 발휘한다. 캐스 선스타인이 대중화시킨 연상 이미지를 사용해보면, 소셜 미디어 플랫폼을 통해 우리는 자신의 관점과 상반되는, 혹은 심지어 그냥 다른 생각이나 정보로부터 자신을 격리할 수 있는 '반향실'과 '정보 고치(information cocoons)'를 구축할 수 있게 되었다.[45] 그가 언급한 바와 같이, 소셜 미디어 플랫폼은 바로 그러한 방식, 즉 정보 정렬 장치로 사용되는 것이 일반적이다.[46]

이러한 정보 격리(silos)의 정치적 영향은 다음 장에서 다루게 될 것이다. 그 결과는 간단하다. 우리가 거주하는 물리적, 사회적 공간과 마찬가지로, 정보 및 의사소통 환경도 점점 더 우리의 선택에 따라 구성되는 것이다. 그리고 전반적으로 우리는 '비슷한 부류를 선호하는' 원칙에 따라 구성된 우리 자신의 이미지에 맞게 이러한 환경을 구성하는 경향이 있다. 다시 말하지만, 이는 우리가 머무는 물리적, 사회적, 가상의 환경이 점점 더 정치적으로 동질화되고 있다는 것을 뜻한다.

다음으로 넘어가기 전에, 정렬의 한 가지 추가적인 차원을 강조할 필요가 있다. 논리적인 면에서 '비슷한 부류를 선호'하는 것이 나와 다른 사람에 대한 특정한 태도를 함축하지는 않는다. 자신과 비슷한 사람에게 호의적으로 대하면서, 자신과 다른 사람에게는 양가적인 태도를 보이거나 완전히 무관심할 수도 있기 때문이다. 그러나 정렬 측면에서 보면, '비슷한 부류를 선호하는' 것은 '다른 부류를 싫어하는' 별개의 원칙과 실제로 결합되어 있다. 우리는 광범위한 생활양식과 정치적 견해를 공유하는 사람들과 교류하고자 하는 데 그치지 않고, 자신과 다른 사람들과 거리를 두고자 한다. 다시 말해, 우리는 자신과 비슷한 사람들과 함께하고 싶어 할 뿐만 아니라 자신과 다른 사람들과 함께하지 않기를 원한다.

또한, 정렬은 자신의 정치적 반대파에 대한 **적대감**의 심화와 함께 진행되었다. 보수적인 시민들은 전통적으로 민주당과 그 지도자들에 대해 반대를 표현하는 경향이 있었지만(진보적인 시민들도 공화당과 그 지도자들에게 비슷한 태도를 보였다), 이제는 반대 정당 때문에 불안과 분노를 느낀다고 주장하기에 이르렀다.[47] 이보다 더 문제는 정치적 반대파에 대한 적대감이 반대 정당에 소속된 평범한 '일반' 시민을 향하고 있다는 점이다.[48] 우리는 자신과 정치 성향이 다른 사람과 단순히 거리를 두는 것이 아니라 점점 더 적극적으로 이들을 혐오하고 있다.

따라서 당파성을 지닌 시민들은 반대편 진영의 시민들에게 부정직함, 애국심 결여, 무례함, 게으름, 신뢰할 수 없음과 같은 부정적 특성을 결부시키는 경향이 있다(반면, 자기 진영의 시민들에게는 반대로 긍정적 특성을 결부시킨다).[49] 또한, 당파성을 지닌 시민들은 선거운동 표지판을 훔치는 것과 같은 정치적 범죄를 같은 진영의 사람이 저지르면 관대한 태도를 보이는 반면, 반대 진영 사람이 저지르면 용납할 수 없다고 여긴다.[50] 한 영향력 있는 연구에 따르면, 반대 정당에 소속된 사람들에 대한 편견이 인종이나 종교적 차이에 따른 편견보다도 심각한 것으로 나타났다.[51] 그리고 앞서 언급한 2014년 퓨 리서치센터의 보고서에 따르면, 많은 수의 시민들이 반대 정당의 사상을 단순히 잘못되었거나 최선이 아니라고 여기기보다는 "국가의 안녕에 대한 위협"이 된다고 생각하는 것으로 나타났다.[52]

결론은 분명하다. 많은 곳에서 정렬이 이루어지고 있다는 사실은 빨간색과 파란색, 보수와 진보, 좌파와 우파 사이의 익숙한 정치적 분열과 적대감이 사회 환경의 기본 구조의 일부가 되어, 항상 쉽게 인식되는 것은 아니지만 그럼에도 실제로 효과적인 방식으로 평상시 우리의 일상적인 상호작용을 분리시키고 있다는 것을 의미한다. 커피숍과 식료품점에서부터 사무실, 교회, 동네, 거실, 댓글 창, 소셜 미디어 피드에서 이루어지는 대인 관계에서 넓은 의미의 정치적 견해를 공유하는 사람과 상호작용할 가능성이 점점 더 커지고 있다. 또한, 이러한 사회 공간에서 자신의 [정치적] 성향을 밝히지 않는 사람과 직접 대면할 가능성이 점점 더 낮아지고 있다. 시민들의 정치적 분리가 일어나는 과정에서 다른 진영에 있는 사람들에 대한 반감, 심지어 적대감이 증가해왔다. 정치가 자신의 정체성이 되고, 정체성이 곧 생활양식으로 드러나는 현재와 같은 상황에서 정렬은 민주 시민을 철저하게 다른 정치 집단으로 분리시킨다. 이 과정에서 시민들은 크게 다른 삶을 살면서, 다른 진영에 속한 사람들의 삶에서 장점을 보지 못하게 된다.

4. 정치의 침투

정렬이 민주주의에 심각한 도전을 제기한다는 것은 분명한 사실일 것이다. 하지만 너무 성급하게 결론을 내려서는 안 된다. 그래서 잠시 멈춰서 지금까지 제시된 자료에 대해 대안적인 시각을 고려해보도록 하자.

앞 절에서 제시된 모습이 유감스럽기는 하지만, 민주주의 관점에서 볼 때 **반대할 만한** 것은 없다고 주장할 수도 있다. 이러한 입장은 다음과 같은 방식으로 논지가 전개될 수 있다. 비슷한 부류를 선호하는 것과 마찬가지로, 개인이 자유를 행사하게 되면 사회적으로 정렬되고, 정치적으로 분리된 환경이 만들어질 것임은 충분히 예상할 수 있다. [이 과정에] 수반되는 정치적 적대감은 정치가 승자독식 형태의 치열한 경쟁이 되면서 생기는 안타까운 부산물일 뿐이다. 정치 진영 간 분열과 불신은 민주주의의 불가피한 결과라는 것이다. 실제로 당파적 적대감이 특히 심하고 점점 강화되고 있다는 점을 고려하면, 광범위한 정렬은 일종의 축복으로 간주되어야 한다. 전체 인구가 각각의 고유한 공간과 생활양식을 지닌 [일정 수의] 구별된 집단으로 정렬되면, 견고한 정치적 균형을 이룰 수 있게 되며, 이는 가장 가능성이 높아 보이는 대안인 내전보다 확실히 바람직하다는 것이다.[53]

이러한 입장이 이론적인 장점을 지닐 수 있을지는 모르겠지만, 구상한 것과 같은 권력균형—이것이 존재한다고 할 때—이 견고하지는 않을 것이다. 내가 지금까지 살펴본 추세에는 정치 진영 간의 안정적인 휴전을 허용하지 않는, **퇴행적** 요소가 포함되어 있기 때문이다. 이 주장에 대해 제시한 논거는 다음 장에서 다루겠지만, 주장이 어떻게 전개될지 가늠해보려면 이전 장의 논의를 떠올려 보길 바란다. 평등한 존재들 간의 자치라는 이상은 광범위한 공간과 활동에 참여하는 민주적 시민성에 대한 시각을 선호한다. 이론과 실천을 융합하면서 우리의 민주적 활동은 실제로 이러한 방향을 따라 진행되어왔다. 민주주의의 영역에 대한 최대주의 개념을 수용하고 실행해온 것이다. 우리는 정렬된, 그래서 정치적으로 동질적인 환경에서 살아가고 있으며, 우리의 [거의 모든] 활동은 점차 시민성이 발현된 것으로 여겨지고 있다. 다시 말해, 우리의 사회적 환경은 단순히 정렬되어 있는 것이 아니다. 그 속에 정치가 침투해 있는 것이다. 정렬을 통해 정치와 우리의 광범위한 정체성이 융합되었으며, 그렇지 않았으면 비정치적인 것으로 여겨질 일상생활의 여러 측면에 우리의 당파적 정체성이 가득하게 되었다.[54] 이로 인해 일상적인 행동과 정치 활동, 즉 시민으로서의 행위 사이의 경계가 허물어졌다. 한 연구진은 다음과 같이 기술하고 있다.

정치적 성향은 우리의 공적·사적 삶의 모든 측면에 스며들어 있는 것으로 보인다. (……) 정치적 성향은 우리가 정부와 전체 사회에 대해 어떻게 생각하고, 무엇을 중요하게 여기는지 말해줄 뿐만 아니라, 우리가 어떻게 타인을 대하고, 여행하며, 벽을 꾸미고, 몸을 씻고 집을 청소하는지, 그리고 여가 시간을 어떻게 보내는지에 대해서도 흔적을 남긴다.[55]

다른 연구진의 평가에 따르면, 우리는 "여가 경험, 연예 선택, 패션 결정 및 기타 개인적인 일에서 정치적 의미를 찾는 경향"을 특징으로 하는 '생활양식 정치'의 시대에 접어들었다.[56] 요컨대, 우리의 정치적 정체성이 **우리가 누구인지**를 드러내게 되면서, 정치가 **우리가 하는 모든 것**이 되었다.

앞서 말했지만, 소비, 쇼핑, 여가 및 기타 활동의 특성은 우리의 정치적 성향을 보여주는 신뢰할 수 있는 지표가 되었다. 정렬을 통해 보수주의자와 진보주의자는 체계적으로 다른 삶을 살아가고 있다. 이들은 서로 다른 공간에서 살아가고 다른 신념을 가지고 있을 뿐만 아니라, 다른 맥주를 마시고, 다른 자동차를 운전하며, 다른 스포츠팀을 응원하고, 다른 신문을 읽으며, 다른 종류의 음식을 먹는다.[57] 정치의 침투는 정치와 생활양식의 융합에 또 다른 차원을 더해준다. 이제 우리가 하는 거의 모든 것이 정치적 행위로 간주되기 때문에, 대부분의 활동은 우리의 정치적 성향을 **표현**하고, 다른 사람에게 우리의 정치적 입장을 알리는 역할을 한다.[58]

정치와 상업의 융합—학계에서 '정치적 소비주의'로 불리기도 한다—은 정치적 포화의 표출적 측면을 보여주는 유용한 예다.[59] 물론 보이콧과 '불매운동'은 구매(또는 구입) 거부를 정치적 행위, 즉 자신의 정치적 충성심의 표현으로 간주하는 익숙한 사례다. 이러한 집단적 노력이 민주적 활동의 중요한 방식이라는 점은 의심의 여지가 없다.[60] 하지만 정치적 의미가 더 미묘하고, 불분명하게 스며들어 있는 보다 최근의 현상을 살펴보도록 하자.

내가 사는 도시에서는 토트백이 두루 사용되고 있으며, 이는 분명 좋은 일이다. 하지만 토트백이 일회용 봉투를 대신하는 역할만 하는 것은 아니다. 광고나 사회적 양심에 호소하는 메시지(종종 둘 다)가 적혀 있어서, 이제는 이런 표시가 없는 토트백을 찾기가 어렵다. 토트백을 사용하는 것은 이를 구입한 시장에서 쇼핑을 하는 것과 마찬가지로, 자신의 정치적 가치에 따라 행동하는 방식인 동시에 다른 사람에게 자신의 정치적 정체성을 **알리는** 방법이다. 토트백을 들고 다니면서 자신의 정치적 충성심을 사회적으로 표명하는 것이다.[61] 오늘 오후 점심시간에는 "나에게 정치를 말해주세요"라는 메시지와 함께 MSNBC 로고가 선명하게 들어간 토트백을 든 사람을 만났다. 이 메시지는 어디에서든 민주적 시민성을 발휘하는 것은 바람직하다는 견해를 표현하는 것이지만, 이를 들고 다니는 사람이 어떤 정치적 관점을 지지하는지를 분명하게 드러내기도 한다. 그래서 정치적 토론을 긍정하는 사람들은 환영하겠지만, 그렇지 않은 사람은 기피할 가능성이 크다. 우파 성향의 웹사이트인 Breitbart News와 Infowars가 운영하는 온라인 상점은 티셔츠, 벨트 버클, 머그잔, 보온병 등 자신들의 로고가 새겨진 다양한 상품들을 판매하고 있지만, 토트백은 판매하지 않는다는 사실은 이와 관련해 주목할 가치가 있다.[62]

내가 사는 곳에서는 [군복과 같은] 위장(camouflage) 의복도 흔하게 볼 수 있는데, 토드백을 찾을 수 있는 곳과 같은 장소는 아니다. 정글이나 사막에서의 전술 작전용으로 이러한 종류의 옷을 디자인한 게 **아니**라는 점이 중요하다. 위장 패턴이 들어간 일반 티셔츠에 커다란 성조기와 노골적인 정치적 메시지가 들어간 경우가 많다. 대부분의 경우, 메시지는 뚜렷하게 보수적이다. MSNBC 토트백과 마찬가지로, 사람들은 정치적 입장을 지지하기 위한 방법으로 이러한 티셔츠를 구매하며, 공개적으로 착용해서 다른 사람에게 정치적 충성심을 표현한다. 이를 통해 일정한 상호작용을 유도하고, 다른 상호작용을 가로막는 것이다. 두 경우 모두, 제품의 표출적 기능은 사회적 공간의 정렬을 강화하는 데 부분적으로 기여한다.

소비자가 자신의 행위와 정치적 성향을 일치시키는 추세에 발맞춰 자연스럽게 기술이 발전했다. BuyPartisan, BuyEthical!, DoneGood과 같은 이름의 스마트폰 앱들은 구매자가 제품의 바코드를 스캔하면 생산자의 정치적 성향, 정치 활동 기부금, 무역 관행, 글로벌 투자 및 노동 정책에 대한 기록을 거의 즉각적으로 제공한다. 이러한 앱들의 소개글은 쇼핑의 정치적 **소통** 기능을 공공연하게 이야기하면서, 잠재적인 사용자들에게 '[자신의] 가치관을 쇼핑'하고, 자신의 정치적 성향에 부합하는 소비 행동을 하도록 권유한다.

비록 나는 정치적 정체성을 표출하는 것과 소비자의 행동이 혼합되는 것에 초점을 맞춰 이야기했지만, 다른 것에서도 정치적 포화 상태의 이러한 측면을 찾아볼 수 있다. 어떤 텔레비전 프로그램을 시청할 것인지, 어떤 라디오 방송을 들을 것인지, 어떤 스포츠팀을 응원할 것인지, 어떤 식당을 자주 가는지, 어떻게 출근하는지, 어디로 휴가를 갈 것인지, 일요일 아침을 어떻게 보낼 것인지, 어떤 웹사이트를 자주 방문하는지, 어떤 링크를 클릭할 것인지 등과 같은 가장 일상적이고 비정치적으로 보이는 문제에 대한 당신의 평범한 선택은 모두 앞서 설명한 것처럼 당신의 정치적 정체성과 깊숙이 융합되어 있다고 해도 과언이 아니다. 그리고 이러한 선택은 당신의 정치적 성향과 밀접하게 관련되어 있을 뿐만 아니라 자주 당신의 정치적 신념을 공개적으로 표현하는 방법이 되기도 한다.

이렇게 정치적 충성심을 표현하는 것은 결국 당신이 살아가는 환경의 정치적 동질성을 더욱 공고히 하는 역할을 한다. 이는 다른 사람들과의 일상적인 상호작용이 그 상점에서 쇼핑하거나, 그 프로그램을 시청하거나, 그 팀을 응원하거나, 그 버스를 타거나, 그 공원을 산책하거나, 그 토론 글에 댓글을 단 사람들로 점점 더 제한된다는 것을 의미한다. 그리고 이들은 점차 당신과 정치적 성향을 공유할 가능성이 크다. 요컨대, 우리의 사회적 경험은 현대 정치의 범주, 충성심, 투쟁, 적대감을 중심으로 조직되고 있으며, 이는 공간적 측면뿐만 아니라 이념적이고 정서적 측면에서도 우리를 다른 사람과 갈라놓는 역할을 한다. 또한, 정치적 경쟁자들이 우리에게서 점점 더 멀어져 **이질적인** 존재가 될수록, 그들을 동등한 정치적 존재로 간주하기 어려워진다. 그 이유는 다음 장에서 살펴볼 것이다.

5. 정치적 포화

지금까지 정렬과 사회적 삶 전반으로의 정치의 침투라는 두 가지 광범위한 사회적 상호작용에 대해 살펴봤다. 이 두 가지 추세가 혼합되면서 우리의 사회적 공간은 정치에 의해 **포화** 상태에 이르렀다. 다음 장에서 논의하겠지만, 정치적 포화 상태는 민주주의의 과잉과 불안정을 초래할 수 있는 조건을 형성한다.

분명히 말하지만, 여기서 소비 및 생활양식 선택과 관련한 광범위한 행동 양식을 담고 있는 철두철미한 정치 활동에 반대하는 주장을 펼치려는 것은 아니다. 크고 작은 사회·정치운동을 하려면 결집하고, 촉구하며, 조직하고, 행동하기 위한 이념적으로 동질적인 공간이 필요하다. 정치 활동이 사회적으로 분산되거나, 축소되어야 한다고 주장하기 위한 서론 격으로 이 장의 논의를 펼친 것도 아니다. 1장에서 말했지만, 과잉 민주주의에 대한 올바른 대처는 정치와 무관한 일을 함께 더 많이 하는 것이다. 이는 정치 활동에 대한 참여를 줄여야 한다는 주장―내가 거부하는―과 중요한 차이가 있다. 어쨌든, 이 장의 서두에서 밝힌 바와 같이, 현재 우리의 목표는 과잉 민주주의 문제를 진단하는 것이다. 결론적으로, 앞서 논의한 두 가지 주제를 더욱 긴밀하게 연결할 필요가 있다.

과잉 민주주의 문제는 광범위한 정렬이 일어나는 현상과 사회적 삶 전반으로 정치가 침투하는 현상이 **중첩**되어 생기는 정치적 포화 현상과 함께 표면화된다. 단적으로 말하면, 정치의 범주와 충성심이 우리의 사회적 환경을 지배하게 되면서, 우리는 이전보다 훨씬 자주 시민으로서의 역할을 수행하고 있다. 그러나 정렬로 인해, 정치적 다양성이 존재하는 공간―적절하게 작동하는 민주 정체의 특징이라고 할 수 있는―에서 그러한 참여 활동이 거의 이루어지지 않고 있다. 다음 장에서 논의하겠지만 정치가 이렇게 사회를 포화시키면, 우리의 민주적 노력은 민주주의가 번영하기 위해 필요한 조건을 해체하는 역할을 하게 된다. 그래서 과잉 민주주의 속에서 우리는 민주주의를 훼손시키는 것이다.

2장의 주장을 다시 한번 상기해보자. 민주주의가 평등한 존재들 사이의 자치라는 이상을 추구하기 위해서는 시민들이 서로의 관심사에 귀를 기울이고, 서로의 생각을 검토하며, 포용적이고 접근 가능한 집단적 추론에 함께 참여하는 사회가 되도록 노력해야 한다. 즉, 우리는 동료 시민의 주장, 생각, 경험에 **취약해**져야 한다. 이에 근접한 조건에서만 우리는 민주적 통치가 각 시민의 평등한 지위와 양립한다고, 그래서 단순히 다수의 폭정이 아닌 그 이상의 것이라고 볼 수 있다. 이러한 민주 사회에 대한 시각은 암묵적으로 시민들 간의 상호작용이 정치적으로 다원화된 사회 환경에서 이루어질 것임을 전제한다는 점에 유념할 필요가 있다. 사회적 공간의 정치적 포화는 이러한 종류의 장소가 급격히 감소하고 있음을 의미한다.

그러한 공간이 점점 더 드물어지고 있다는 사실은 현재 우리가 민주적 이상에 미치지 못하고 있다는 것을 뜻한다. 우리가 그러한 원대한 이상에 미치지 못하고 있다는 사실은 예상할 수 있는 일이다. 이상은 본래 열망을 담고 있다. 민주주의 이론가들이 공통적으로 주장하는 것처럼, 민주주의는 어느 정도 근접할 수는 있지만 결코 달성될 수 없는 열망이다. 문제는 정치적 포화로 인해 점점 더 **기능하지 않는** 민주주의—이상에서 점점 더 멀어질 수밖에 없는—가 되면서 정치의 결손을 초래한다는 점이다. 이 암울한 함의를 이해하려면, 설명을 위해 추가적인 진단 도구가 필요하다. 신념 양극화로 불리는 현상으로, 이것이 다음 장의 주제다.

제4장

양극화 문제

미국 민주주의 현 상황에 대한 익숙한 평가는 정치가 그 어느 때보다 분열되어 있고, 심각한 정치적 분열이 민주주의를 약화하고 있다는 것이다. 아이러니하게도 이 사실은 모든 사람이 동의하는 것 같다. 이처럼 정치적 분열에 대한 우려를 드러낼 때는 정치적 '버블', '격리', '반향실'에 대한 경고가 수반되는 경우가 많다. 이는 '지적 폐쇄성', '집단사고', '스핀', '바보짓', '탈진실', '교란'의 형태를 낳는다고 알려져 있다. 결국 이러한 현상은 정치인을 비롯한 사람들이 너무 깊이 분열되어 타협, 조정, 심지어 생산적인 의사소통의 기반이 없는 상태인 **양극화**를 초래한다. 민주주의가 번영하기 위해서는 일을 처리할 수 있어야 하는데, 양극화는 민주주의를 마비시킨다.

양극화는 정당과 공직자라는 공식적인 기구를 넘어 확대되고 있다. 요즘은 시민들도 양극화되어 있다. 퓨 리서치센터의 최근 연구에 따르면, 미국 시민들은 정치적으로 반대편에 속한 사람의 생각이 잘못되었을 뿐만 아니라 국가의 안녕에 심각한 위험이 된다고 여기는 경향이 어느 때보다 높다. 또한, 반대 당과 연계된 시민을 비지성적이고, 부정직하며, 부도덕하다고 여기는 경향도 높아졌다.[1] 시민들은 여야 정당 간의 정치적 타협도 강하게 바라는 것으로 나타났다는 점이 흥미롭다. 하지만 안타깝게도 이것이 희망을 조짐을 보여주는 것은 아니다. 퓨 리서치 센터의 연구는 미국 시민들이 '타협'을 **항복**과 같은 의미로 이해하고 있음을 보여준다. 즉, 미국 시민들은 '자기 방식의' 타협을 원하며, 타협을 바라지만 실제로는 정치적 반대편이 그냥 양보하기를 원한다.[2] 이런 의미에서 타협은 중간에서 만나는 것이 아니라 장애물을 극복하는 것이다. 이것은 결코 타협이라고 할 수 없다. 따라서 시민들이 타협과 당파적 분열 완화를 바라는 것 자체가 양극화의 다른 표현이라고 하겠다.

상황은 심각해 보인다. 대중적인 정치 논평 장르는 양극화와 그 위험성에 대한 경고로 가득하다.[3] 그러나 대중적인 담론에서는 정치인들의 비타협적 태도라는 일반적인 조건을 넘어 양극화가 무엇을 의미하는지 명확하지 않다. 물론, 정치인들의 아집과 그로 인한 정부 내 기능 정체는 실망스럽고 때로는 당황스러운 일이다. 그렇지만 새로운 일도 아니다. 현재 우리가 처한 정치적 곤경의 특징을 제대로 파악하려면 양극화가 무엇인지에 대한 보다 정확한 설명이 필요하다. 그래야만 양극화가 왜 문제가 되는지, 어떻게 대처해야 하는지 파악할 수 있을 것이다.

따라서 양극화 개념을 명확히 하는 것이 첫 번째 과제다. 나는 **정치적 양극화**와 **신념 양극화**를 구분하는 것에서 시작할 것이다. 그리고 나서 민주주의의 문제는 궁극적으로 신념 양극화에서 비롯되며, 부분적으로 신념 양극화가 정치적 양극화를 해롭게 만들기 때문이라는 주장을 펼치고자 한다. 이러한 설명은 신념 양극화와 정치적 포화 상태가 결합되어 과잉 민주주의 문제를 악화시키고, 그 결과 민주주의를 위한 우리의 정치적 노력이 어떻게 민주주의의 침식을 더 심화시키는 상황을 초래하게 되는지를 명확하게 드러내줄 것이다. 이와 같은 논의를 통해 이 책의 진단적 논증을 완성하게 된다.

1. 양극화의 두 개념: 대략적인 구분

정치적 양극화와 신념 양극화는 정치가 양극화되는 두 가지 다른 방식이다. 정치적 양극화부터 살펴보자. 정치적 양극화는 정치적으로 반대 입장에 있는 사람들 간의 **정치적 거리**를 측정한 것이다. 예상할 수 있듯이, 이 거리는 다양한 방식으로 이해될 수 있다. 직관적인 한 가지 측정 방법은 경쟁하는 정당들의 공식적인 공약을 살펴보는 것이다. 이들 공약에 공통 분모가 없을수록 정치적 양극화가 심하다고 할 수 있다. 또는 대립하는 정당의 저명한 정치인들을 대상으로 유사한 비교를 진행할 수도 있다. 이러한 관점에 따르면, 대립하는 정당의 주요 정치인들이 내세우는 정책 목표나 계획, 우선순위의 공통점이 적을수록 민주주의가 정치적으로 양극화되어 있다.

정치적 양극화의 지표인 '거리'를 해석하는 다양한 방식에 대해서는 이 장의 뒷부분에서 보다 자세히 논의될 것이다. 지금 중요한 점은 정치적 양극화가 정치적으로 반대 입장에 있는 행위자들—정당들 또는 개인들— 간의 관계라는 점이다. 그러므로 정치적 양극화는 서로 반대하는 정치 세력이 있을 때만 발생하는 현상이라고 하겠다.

반면, 신념 양극화는 비슷한 생각을 지닌 집단 **내에서** 발생한다.[4] 신념 양극화는 자신의 근본적인 헌신을 공유하는 사람하고만 혹은 주로 이런 사람들과 대화하는 개인들에게서 나타난다. 좀 더 구체적으로 말하면, 서로 동의하는 사안에 대해서만 다른 사람들과 대화하게 되면 점차 처음에 가진 견해보다 더 극단적인 생각을 수용하는 경향이 있다. 이는 자연스럽게 **극단적**이라는 의미가 무엇인지에 대한 질문을 유발한다. 뒤에서 신념 양극화가 만들어내는 극단성을 이해하는 다양한 방법을 살펴볼 것이다. 여기서는 비슷한 생각을 지닌 사람하고만 대화하게 되면, 반대편과 점점 더 멀어진다는 점이 아니라(물론 이런 현상도 발생하지만) 처음에 가졌던 의견을 더 극단적인 것으로 바꾸게 된다는 점에서 양극화된다는 사실에만 주목하면 된다. 요컨대, 신념 양극화는 우리의 신념에 변화를 초래하며, 특히 우리 자신을 더 극단적으로 만드는 변화를 수반한다.

정치적 양극화와 신념 양극화는 대략적인 측면에서 구분된다. 이 모든 것이 아직은 모호하지만, 자세한 내용이 곧 다루어질 것이다. 그러나 계속 진행하기 전에, 정치적 양극화의 근저에는 신념 양극화가 있기 때문에 현재 우리의 정치 상황이 위태롭다는 주장을 펼치려 한다는 것을 기억하길 바란다. 신념 양극화 때문에 우리의 정치적 분열이 특히 해악성을 갖게 되고, 점차 민주주의가 약화된다는 것이다. 그럼 먼저 정치적 양극화에 대해 자세히 살펴보도록 하자.

2. 정치적 양극화

정치적 양극화는 정치적 분열의 척도다. 앞서 말했듯이, 분열을 측정하는 방법은 여러 가지가 있다. 여기서는 **공약의** 정치적 양극화, **당파적인** 정치적 양극화, **정서적인** 정치적 양극화라는 세 가지 서로 연관된 이해 방식을 살펴본다.

공약의 정치적 양극화는 앞서 언급한 바 있다. 정치적 양극화는 경쟁하는 정당들의 공약에 담긴 **이념적** 거리로 이해할 수 있다. 이렇게 이해하면, 정치적 양극화는 어느 정도 통일된 공약을 공식적으로 표명하는 정당들이 있는 정치체제에서만 발생할 수 있다. **공약의** 양극화가 심각한 곳에서는 경쟁하는 정당들이 거의 모든 이슈에 대해 극명하게 대립한다. 그래서 이들 사이의 정치적 중간지대가 사라지고, 협력하거나 타협할 여지도 없어진다.

반면, **당파적인** 정치적 양극화는 당파적인 이념적 동질성으로 개념화되며, 이는 당원들 사이의 이념적 **순수성**으로 쉽게 특징지을 수 있다. 특히 **당파적인** 정치적 양극화의 수준이 높아지면 당내 온건파가 없어진다. '보수적인 민주당원'과 '진보적 공화당원'이 점차 배제되는 것이다. 공화당 내의 당파적인 정치적 양극화 수준을 보여주는 한 가지 예는 'RINO'(이름만 공화당원)가 조롱하는 말로 널리 사용되고 있다는 사실이다. 공약의 양극화와 마찬가지로 당파적 양극화는 대립하는 정당 사이의 중간지대를 사라지게 만들어, 교착상태를 유발한다.

세 번째는 정치적 양극화를 정치적으로 반대 입장에 있는 사람들 사이의 **정서적** 거리로 이해하는 것이다. **정서적인** 정치적 양극화는 당파적 집단 내에서 상대 진영 구성원에 대한 불신과 적대감이 높은 수준으로 나타나는 특징을 보인다. 특정한 정책 이슈에 대해 특별히 반목하지 않더라도 사람들 사이에 정서적인 정치적 양극화가 나타날 수 있음에 유의해야 한다. 또한, 정서적 양극화는 기본적으로 정치적으로 반대 입장에 있는 사람들에 대한 체계적인 혐오와 불신을 뜻하기 때문에 공약 상의 차이가 크거나 당파적 분열이 심하지 않은 상황에서도 나타날 수 있다. 그럼에도 불구하고 정서적 양극화는 당파적 진영 간의 소통과 타협의 단절을 초래하므로, 다른 형태의 정치적 양극화와 마찬가지로 정치적 교착상태를 야기한다.

모두 정치적 교착상태를 초래하지만, 정치적 양극화에 대한 이러한 이해 방식에는 중요한 차이가 존재한다. 예를 들어, 정당의 공약 수준에서 정치적 양극화가 일어날 때, 자신과 정치적으로 반대 입장에 있는 사람들에 대한 호전적 감정이 수반되지 않을 수도 있다. 또한, 당파적인 정치적 양극화는 일련의 이슈에 대해 체계적인 정치적 견해를 지니려는 사람들에게만 영향을 미칠 수 있으므로, 정치적 문제에 대해 체계적인 견해를 가지고 있지 않은 일반 시민보다는 정치인이나 정당 엘리트 사이에서 발견될 가능성이 크다. 그렇지만 일반 시민들은 정서적인 정치적 양극화에 특히 취약한 모습을 보인다. 왜냐하면 이는 이념적 일관성이나 신념이 크게 필요하지 않고, 특정한 정치 집단과 자신을 강하게 **동일시**하기만 하면 되기 때문이다. 정서적 양극화는 단순히 자신과 다른 사람을 싫어하는 것이 아니라, 대립하는 정당에 속해 있다고 여기는 사람을 싫어하는 것이다.

그렇다면 미국은 정치적으로 양극화되어 있다고 할 수 있을까? 정치적 양극화를 어떻게 바라보느냐에 따라 다르다. 많은 설명에 따르면, 정당 엘리트와 의회 의원들은 당파적인 차원에서나 공약의 차원에서 일반 시민들보다 훨씬 분열되어 있다. 하지만, 미국 시민 전반에 걸쳐 정서적 양극화가 심각하고, 점점 더 심해지고 있다는 데에는 대체로 동의하고 있다. 사실, 정서적인 정치적 양극화는 3장에서 살펴본 정렬 현상의 직접적인 결과로 이해되기도 한다.[5] 이러한 정렬 현상이 사회적 공간의 일반적인 정치적 포화 상태와 결합하면서 정서적인 정치적 양극화가 만연해지고, 심해지고 있다는 사실은 어쩌면 당연한 결과일지도 모른다. 이러한 요인들 사이의 관계는 나중에 다시 설명하도록 하겠다. 지금 시점에서 주목할 점은, 설명은 다르지만 모두 양극화를 대립하는 정치 세력 사이에 존재하며, 일반적으로 정치적 교착 혹은 답보 상태를 초래하는 조건으로 개념화하고 있다는 사실이다.

3. 신념 양극화

신념 양극화 현상에 대한 분석은 스포츠 경기장과 콘서트장이라는 어쩌면 예상치 못한 장소에서 시작된다. 좋아하는 프로 스포츠 팀이 중요한 경기에서 승리하는 모습을 마지막으로 본 순간을 잠시 떠올려보자. 스포츠에 관심이 없다면, 좋아하는 밴드의 신나는 콘서트를 마지막으로 본 순간을 잠시 떠올려보자. 경기나 콘서트에 참여하면서 당신은 열광적인 동료 팬들로 이루어진 거대한 집단 속으로 빠져들어 몰입했을 것이다. 단순히 다른 열성 팬들과 같은 행사에 참석했기 때문에 몰입한 것이 아니라는 점이 중요하다. 행사에 참석함으로써 당신은 그러한 집단의 **참여자**가 된 것이다. 예를 들어, 팀 유니폼이나 콘서트 티셔츠를 구입해 다른 사람들과 같은 옷을 입으려 노력하는 등, 당신이 열성 지지자 집단에 속해 있음을 알리고 표현하려고 노력한다. 그리고 다른 사람들과 함께 아낌없이 성원을 보내고, 박수를 치며, 노래를 부른다. 이런 일들을 하면서 흥분과 환희, 기쁨을 느낀다. 환호 속에서 새로운 친구를 사귈 수도 있었을 것이다. 이 모든 과정에서 응원하는 팀이나 밴드와 당신을 점점 강하게 동일시하게 된다. 게다가 팀이 승리하거나 밴드가 뛰어난 공연을 펼치는 모습을 보게 되면, 당신의 기분은 더욱 고조된다. 그 결과, 팀 선수들이나 연주자의 재능에 대한 평가는 더욱 높아졌을 것이다. 경기나 콘서트 과정에서 당신은 그 팀이나 밴드가 정말로 탁월하며, 당신이 몰두하는 것은 당연하다는 생각이 더욱 확고해진다. 이와 같이 팀의 승리와 밴드의 황홀한 공연은 열성 팬으로서의 정체성을 확인하는 경험을 안겨준다.

이러한 설명은 익숙한 현상인 **팬**이 되는 경험을 포착하고 있다. 응원하는 팀의 승리나 좋아하는 밴드의 뛰어난 공연을 보기 위해 다른 사람들과 하나의 큰 집단으로 모일 때, 사람들은 자신의 정체성을 확인하는 동시에 다양한 형태로 만족스런 기분과 정서가 강화되는 경험을 하게 된다. 이는 팬덤이 널리 퍼져 있는 이유, 즉 팬이 되면 일반적으로 기분이 좋아지는 이유를 부분적으로 설명해준다. 이는 또한, 경기장이나 음악 공연장이 항상 붐비는 이유도 설명해준다. 팬이 되어 얻고자 하는 혜택은 대부분 개인적인 것이지만, 팬이 되어 생기는 흥분은 다른 팬과 함께할 때 고양되는 집단적 현상이기도 하다. 그래서 경기장이나 공연장에 가지 못할 때에도 우리는 다른 팬들과 함께 즐길 수 있는 방법을 찾는다. 홈 팀이 중요한 경기에서 졌을 때, 실망감과 좌절감을 공유한 현지 팬들이 폭력을 저지르는 이유도 이러한 집단적 차원에 기인할 수 있다. 팬덤은 다른 팬들을 통해 자신의 정체성을 집단적으로 확인하는 현상이기 때문에 팀의 패배가 개인적인 모욕으로 느껴질 수 있는 것이다. '팀'에 '나(I)'는 없지만, [팀과 자신을 동일시하는] '나(Me)'라는 존재는 분명히 존재한다.

여러 측면에서 신념 양극화는 자신이 좋아하는 팀이 중요한 경기에서 이기고 있을 때 동료 팬들로 가득한 경기장에 있는 것과 유사한 경험을 반영한다. 앞서 말했듯이, 신념 양극화는 비슷한 생각을 지닌 사람들하고만 토론이 이루어질 때 참여자들의 신념이 토론 전보다 더 극단화되는 경향을 의미한다. 나는 팬덤과 마찬가지로 신념 양극화에 집단 정체성을 확인하는 정서적 강화 측면이 포함되어 있다고 주장할 것이다. 이에 대한 설명은 신중하게 제시되어야 하므로, 아쉽지만 전반적으로 보다 **학문적인** 논의가 될 것이다. 그러나 신념 양극화 현상을 명확히 설명하는 것은 노력할 가치가 있다. 이 현상은 펼치려고 하는 주장의 핵심일 뿐만 아니라 놀랍도록 광범위하게 퍼져 있기 때문이다.[6]

먼저 이러한 현상이 얼마나 광범위하게 퍼져 있는지 살펴보는 것으로 시작해보자. 배심원단, 재판부, 이사회, 투자 그룹 등 공식적으로 규정된 집단부터 서로 공유하는 견해를 이야기하는 일반인들의 비공식적 집단에 이르기까지 엄청나게 다양한 종류의 집단에서 신념 양극화가 발견되고 있다. 또한, 신념 양극화는 집단 구성원들이 공유하는 신념이라면 **종류**를 가리지 않고 발생한다. 비슷한 생각을 지닌 집단은 평범한 사실(예: 특정 도시의 고도)이든, 개인적인 취향에 관한 주제(예: 얼굴의 매력이나 의자의 편안함)든, 가치에 대한 문제(예: 특정한 법률 위반에 대해 정의가 요구하는 것)든 논의 주제와 상관없이 양극화되는 모습을 보인다.[7] 나아가 이 현상은 집단 토론의 명시적인 목적과 관계없이 활발하게 일어나는 것으로 밝혀졌다. 비슷한 생각을 지닌 집단은 자신들이 취할 행동(예: 정치 시위에 참여하기, 평결 내리기, 투표하기, 내기 걸기)을 결정하기 위해 대화할 때 양극화되지만, 내려야 할 구체적인 결정이 없거나 취해야 할 집합적 행동이 없는 경우에도 양극화된다. 마지막으로, 이 현상은 전 세계적으로 연구되어왔으며, 구성원의 인구통계학적 특성에 관계없이 비슷한 생각을 지닌 집단에 널리 퍼져 있는 것으로 나타났다. 즉, 우리는 국적, 인종, 젠더, 종교, 경제적 지위, 교육 수준에 상관없이 신념 양극화에 취약한 모습을 보인다.

다음으로 이 현상 자체에 대해 알아보자. 집단 극화에 관한 최초의 실험 중 하나는 1960년대 후반 프랑스에서 10대 남성 집단을 대상으로 진행되었다. 이 청소년들에게 드골에 대한 (다양한 긍정적) 견해와 미국의 외교정책에 대한 (다양한 부정적) 견해에 대해 토론하도록 했다. 그 결과, 참가자들은 대화 전보다 드골에 대해 더욱 긍정적인 견해를, 미국의 외교정책에 대해서는 더욱 부정적인 견해를 갖게 되었다.[8]

또 다른 초기 연구에서는 미시간주의 고등학생들을 이전에 표현한 인종적 편견의 수준에 따라 분류했다. 그런 다음 비슷한 생각을 가진 집단에게 인종주의가 아프리카계 미국인이 직면한 사회경제적 불이익의 원인인지 묻는 질문을 비롯해 미국 내 인종과 관련한 몇 가지 문제에 대해 토론하도록 했다. 각각 비슷한 생각을 지닌 집단과 대화한 결과, 이전에 높은 수준의 인종적 편견을 보였던 사람들은 인종주의가 아프리카계 미국인이 직면한 불이익의 원인이 **아니**라는 견해를 더 열렬하게 수용하게 되었다. 반면, 이전에 인종적 편견 수준이 낮았던 사람들은 인종주의가 실제로 그러한 불이익의 원인이라는 견해를 보다 많이 수용하게 되었다. 비슷한 사람들 간의 토론이 구성원들이 토론 이전에 가지고 있던 성향을 증폭시킨 것이다. 이와 함께 두 집단 사이의 이념적 거리도 확대되었다.[9]

비슷한 실험이 성별이 섞인 성인 집단을 대상으로 진행되었는데, 여성의 사회적 역할에 대해 기존에 어떤 시각을 가지고 있는지를 기준으로 '페미니스트' 집단과 '우월주의자' 집단으로 분류했다. 각각의 집단은 "여성도 남성처럼 자유롭게 청혼할 수 있어야 한다", "자녀가 있는 여성은 경제적으로 필요한 경우가 아니라면 집 밖에서 일해서는 안 된다" 등과 같이 사회 내 여성의 역할에 대한 다양한 진술의 가치에 대해 토론했다. 그 결과 페미니스트 토론 집단의 성원들은 훨씬 더 페미니스트적 견해를 갖게 되었으며, 우월주의자 집단은 보다 더 우월주의적 견해를 갖게 되었다(흥미롭게도, 큰 정도는 아니었지만).[10]

2005년에 진행된 실험에서는 콜로라도 주민으로 구성된 모집단을 초기 선별 과정을 거쳐 '진보주의자'와 '보수주의자' 집단으로 분류했다. 그런 다음 각 집단에게 다음 세 가지 정책 질문에 대해 토론하도록 했다.

1. 주정부가 동성 커플의 시민결합을 허용해야 하는가?
2. 고용주는 전통적으로 불이익을 겪는 집단의 구성원을 우대하는 '적극적 차별 시정조치'를 취해야 하는가?
3. 미국은 지구온난화를 방지하기 위한 국제 협정에 가입해야 하는가?

비슷한 생각을 지닌 집단 내에서 토론한 결과, 이전에 지구온난화 방지 협정을 지지하는 경향이 있었던 자유주의자 집단은 미국이 이 협정에 가입해야 한다는 주장을 더 적극적으로 지지하게 되었다. 반면, 처음에 이 협정에 대해 중립적인 태도를 지니고 있었던 보수주의자들은 집단 성원들과의 논의 이후에 적극적으로 반대 입장을 취하게 되었다. 동성 시민결합과 적극적 차별시정조치에 대한 태도도 예상대로 집단 토론 이후에 양극화되었는데, 자유주의자들의 지지는 강화된 반면 보수주의자들의 반대는 더 확고해졌다. 중요한 점은 집단 구성원의 태도 변화가 집단 내부의 동질성 강화로 이어졌다는 사실이다. 즉, 토론 후 각 집단의 성원들은 토론 전보다 더 극단적인 견해를 취하는 경향이 있었으며, 집단 내 태도도 보다 획일화되었다. 각 개인은 이전의 자신보다 더 극단적인 사람으로 바뀌었**고, 또한** 집단 내의 다른 사람들과 더 비슷해졌다. 그래서 신념 약극화는 당파적인 정치적 양극화를 초래할 수 있다.[11]

지금까지 비슷한 생각을 지닌 집단 내에서 토론을 하면 각 개인의 토론 전 성향에서 더 극단적인 쪽으로 견해가 이동한다는 것을 보여주는 실험 결과를 소개했다. 이러한 변화는 주로 태도나 견해의 강화(개인의 초기 성향에서 더 극단적인 쪽으로)로 설명되었다. 이제 이러한 변화가 행동에 어떤 영향을 미치는지 살펴보자.

여러 실험 결과에 따르면, 신념 양극화로 인한 변화는 개인과 집단의 실제 숙고와 행동에 영향을 미치는 것으로 나타났다.[12] 신념 양극화의 실제적인 파급 효과가 분명하게 드러나는 두 가지 사례를 생각해보자. 징벌적 손해배상과 관련한 모의 배심원 실험이다. 처음에 배심원들이 피해가 심각하고 손해배상이 이루어져야 한다는 사실에 동의한 경우, 숙의를 진행한 결과 개별 배심원의 숙의 전 평가보다 훨씬 큰 보상에 대한 평결이 도출되었다. 처음에 배심원들이 해당 사안의 피해가 특별히 심각하지 않고, 낮은 수준의 처벌만 내려도 된다고 생각하는 경향이 있는 경우에도 마찬가지다. 배심원들의 숙의 후 평결은 개별 배심원들이 숙의 전에 가졌던 생각보다 관대해진다.[13] 두 경우 모두 신념 양극화 현상으로 인해 개별적으로 행동했을 때보다 극단적인 행동을 하게 된다.

또 다른 연구에 따르면, 선출된 공직자가 저지른 성차별과 같이 정의를 심각하게 해치는 사안이라고 참가자들이 동의하는 사건에 대해 집단 토론을 하게 되면, 조직적인 시위에 참여하려는 경향이 증가했다. 그러나 여기에 그치지 않는다. 침해의 정도가 특히 심각하다고 여기는 토론자들은 시위에 참여하려는 경향이 증가함과 동시에 토론 전보다 과격한(따라서 더 위험한) 방식으로 시위하려는 모습을 보였다.[14]

요약하면, 비슷한 생각을 지닌 집단 내에서의 토론은 신념 양극화를 초래한다. 신념 양극화는 이러한 현상에 노출된 사람들의 신념이 더 극단적인 쪽으로 이동하게 만든다. 예상할 수 있듯이, 이러한 이동은 개인적으로 행동했을 때보다 더 극단적인 행동을 초래하는 경향이 있다. 이것이 바로 신념 양극화가 우리를 더 극단적으로 사람으로 만든다는 말의 넓은 의미다.

신념 양극화로 인한 변화는 일반적으로 무의식적으로 일어난다. 적어도 의도하거나 숙고해서 발생하지는 않는다. 즉, 신념 양극화는 개인이 명시적으로 자신을 더 극단적인 쪽으로 이끌어내는 과정이 아니다. 대부분의 경우, 신념 양극화는 대체로 무의식 중에 개인**에게 일어난다.**

이것이 기본적인 현상이다. 신념 양극화 경향을 보여주는 실험 결과를 계속해서 열거하는 것은 쉽다. 그러나 신념 양극화가 널리 퍼져 있다는 사실이 밝혀지고, 이에 대한 자료가 늘어날수록 이러한 현상을 만들어내는 메커니즘에 대한 설명의 필요성도 커진다는 점도 놓쳐서는 안 된다. 물론 이 현상이 왜 이렇게 널리 퍼져 있는지에 대한 질문은 현재도 논쟁 중인 문제다. 이 문제를 다루기 위해서는 이미 우리 눈에 들어온 몇 가지 철학적 문제에 주목해야 한다.

4. 정도, 내용, 그리고 헌신

지금까지의 논의에서는 신념 양극화의 핵심에 있는 개념을 어느 정도 느슨하게 다루었다. 간단히 말해, 어떤 개인이 **처음에 가지고 있던 것보다 더 극단적인 신념으로 바뀌었다**는 주장은 여러 측면에서 모호함을 가지고 있다.

우선, 이 맥락에서 **극단적**이라는 말이 무엇을 의미하는지 궁금할 수 있다. 여기서 극단성은 견해의 스펙트럼과 무관하게 이해되고 있다는 점에 유의해야 한다. 비슷한 생각을 가진 사람들과 토론을 하는 과정에서 토론 전에 가지고 있던 성향을 따르는 쪽으로 더 움직이게 되면 더 극단적이 되었다고 말할 수 있다. 따라서 특정한 얼굴을 '다소 매력적'이라고 여기다가 '매우 매력적'으로 생각하게 되었다면, 여기서 말하는 극단적인 방향으로 전환된 것이다. 따라서 신념 양극화가 정치적 의미에서 **극단주의자**나 **광신도**를 가리키는 것은 아니다(물론 그럴 수도 있지만).

또한, 여기서 사용되는 극단성 개념은 진리와도 관련이 없다. 보다 극단적인 신념은 거짓일 가능성이 더 크다고 가정하지 않는다. 그러나 신념의 양극화는 일반적으로 증거와 관계없이 신념의 변화를 일으킨다. 이 현상 때문에 우리는 종종 증거로 충분히 뒷받침되지 않는 신념을 갖게 된다. 따라서 증거에 입각해서 이에 비례해 믿음을 가져야 한다고 본다면, 신념의 양극화는 실제로 우리의 상태를 악화시킨다고 볼 수 있다. 그러나 신념 양극화로 인해 우리가 항상 잘못된 믿음을 갖게 된다고 생각할 이유는 없다.

이러한 점들은 신념 양극화를 명확히 하는 데 어느 정도 도움이 된다. 그럼에도 최초의 질문은 여전히 남아 있다. 어떤 의미에서 신념 양극화는 우리를 더 극단적으로 만드는가? 무엇이 처음에 지녔던 성향 쪽으로 '더 이동'하도록 만드는가?

이 문제는 생각보다 복잡하며, 경험적 연구 문헌은 이와 관련된 철학적 문제를 다룰 수 있을 만큼 충분히 세심하지 않은 경우가 많다. 신념 양극화 실험에 관한 기술은 **신념의 정도** 변화와 **신념의 내용** 변화 사이의 차이를 간과한다. 이 차이는 다음과 같은 방식으로 설명할 수 있다. 신념을 가질 때, 우리는 **무언가를** 믿는다. 신념은 우리가 어떤 명제에 대해 취하는 일종의 긍정적 입장이다. 따라서 내슈빌이 테네시주의 주도라는 믿음은 "내슈빌은 테네시주의 주도다"라는 **내용**을 가지고 있다. 하지만 우리가 어떤 신념을 가질 때에는, 일정 정도의 확신을 가지고 있다는 점에 주목해야 한다. 때로 우리는 "**나는** 내슈빌이 테네시주의 주도라고 **생각한다**"와 "**나는** 내슈빌이 테네시주의 주도라고 **확신한다**"와 같은 말을 한다. 둘 다 같은 내용을 표현하지만, 후자는 높은 수준의 신념을 전달하고 전자는 상대적으로 낮은 수준의 신념을 나타낸다.[15] 신념의 내용은 **믿는** 것이고, 신념의 정도는 믿는 것에 대한 **확신의 수준**이라고 생각할 수 있다.

이러한 구분을 염두에 두고, 앞서 살펴본 몇 가지 실험으로 돌아가보자. 어떤 경우에는, 신념의 극단적 변화가 믿는 사람의 믿음에 대한 확신의 증가로 나타난다. 페미니스트와 우월주의자에 대한 실험에서, 참가자들은 집단 토론 후에도 토론 전에 가졌던 것과 동일한 신념을 가지고 있는 것으로 보인다. 단지, 그러한 신념에 **대한 확신이 더 커졌다**는 의미에서 극단적인 방향으로 이동한 것이다. 그래서 이 사례에서는 믿음의 **정도**가 증가했다고 할 수 있다. 신념의 내용 면에서는 변화가 없더라도 신념의 정도가 크게 증가한다면, 분명 극단적으로 바뀌었다고 말할 수 있을 것이다.

그러나 다른 실험에서는 신념 내용의 변화가 수반되었다. 모의 배심원 실험을 생각해보자. 비슷한 생각을 지닌 사람들과 토론하는 과정에서 배심원들은 각자 토론 전에 지지했던 것과는 다른 징벌적 배상안을 지지하게 되었다. 콜로라도 주민을 대상으로 한 실험에서도 마찬가지로 내용의 변화가 있었다. 보수주의자들은 제시된 지구온난화 방지 협정에 대해 중립적인 견해로 시작했지만, 반대하는 입장으로 바뀌었다. 이는 **믿는 것**의 변화, 믿음의 **내용**의 변화다. 원고가 **500달러를 배상받을 자격이 있다**는 신념에서 **1000달러를 배상받을 자격이 있다**는 신념으로 달라진다면, 분명 극단적으로 바뀐 것으로 볼 수 있다.

신념 양극화를 통해 두 종류의 극단적 변화가 발생할 수 있다는 결론을 내리는 것은 솔깃한 일이다. 한편으로, 이 현상은 극단적인 **정도**의 변화를 일으킨다고 말할 수 있다. 비슷한 생각을 가진 사람들이 토론하는 과정에서 참가자들은 자신이 처음에 가졌던 신념에 대한 확신을 강화하는 것이다. 다른 한편으로, 신념 양극화는 **내용**의 극단적 전환을 유발할 수 있다. 피실험자들은 처음에 가졌던 신념을 더 극단적인 명제를 내용으로 하는 신념으로 대체하는 것이다. 이렇게 보면, 신념 양극화는 양면성을 띤 현상으로 볼 수 있다. 토론 전에 가지고 있던 신념에 더 확신을 심어주거나, 토론 전에 가지고 있던 신념을 더 극단적인 것으로 바꾸도록 유도함으로써 우리를 더 극단적인 존재로 변모시키는 것이다.

그러나 이러한 결론은 실험 결과를 담아내기에는 너무 깔끔하다. 신념 양극화에는 집단 구성원의 **동질성** 증가가 수반된다는 점을 기억하길 바란다. 집단 구성원이 더 극단적인 신념을 가질수록, 서로를 닮아가게 된다. 이는 신념 양극화에는 신념 내용의 변화가 수반되어야 함을 뜻한다. 하지만 이러한 실험 결과는 신념 양극화에는 특정한 종류의 **강화**가 수반된다는 점을 보여주는 것이기도 하다. 이는 복잡하고 중요한 문제를 제기한다. 강화는 신념의 정도가 증가했음을 의미하는데, 신념의 정도가 증가하려면 토론 전과 토론 후의 신념의 내용이 동일해야 한다. 즉 신념의 정도가 증가하려면, 피실험자가 같은 신념 내용을 갖고 있으면서 이에 대해 더 큰 확신을 가져야 한다. 그러나 우리는 이미 신념 양극화가 신념 내용의 변화를 수반한다는 것을 살펴봤다. 따라서 **동시에** 신념의 정도가 증가할 수는 없다. 그러나 모의 배심원과 정치적 시위 사례는 분명 신념 내용의 변화**와** 전반적인 확신의 증가를 **모두** 수반하고 있다.

따라서 보다 극단적인 내용으로의 변화와 강화의 형태가 모두 발생하는 경우를 수용하려면, 신념이 보다 극단적으로 변화하는 세 번째 특징을 도입해야 한다. 신념의 내용과 신념의 정도에 더해, 믿는 사람이 **자신의 관점에 대해 지니는 헌신**의 수준에 대해서도 말할 수 있다. 즉, 신념 양극화는 이전보다 내용 면에서 극단적인 신념을 갖는 경우와, 믿는 사람의 자신의 관점에 대한 헌신이 강화되는 경우를 포함한다고 말할 수 있다.

자신의 관점에 대한 일정 수준의 헌신이라는 생각을 도입하게 됨에 따라, 여기서 다루기 어려운 많은 철학적 문제가 발생한다는 점은 인정한다. 그럼에도 이를 추가하게 된 동기가 충분히 명확하게 전달되길 바란다. 신념 양극화는 신념의 정도가 아닌 다른 무언가를 강화시킨다는 사실에 주목할 필요가 있다는 것이다. 신념이 양극화되면, 우리는 자신의 관점을 더욱 열렬히 신봉하게 된다. 그래서 앞선 실험에서 친페미니스트들은 보다 극단적인 페미니즘 내용을 담고 있는 신념을 갖게 되었을 뿐만 아니라 더 **열렬한 페미니스트**가 되었다. 마찬가지로 편견에 대한 실험에서도 인종주의적 편견을 가지기 쉬운 사람들은 더 확고한 편견을 담은 신념을 갖게 되었을 뿐만 아니라 자신의 편견에 대한 **헌신도 보다** 높아졌다. 이처럼 헌신이 강화되는 것은 충분히 예상할 수 있는 일이다. 특정에 이슈에 대해 더 극단적인 내용의 신념을 가진 사람은 그러한 신념이 어울리는 전반적인 관점에 대해서도 더 열렬히 신봉하는 것이 자연스럽기 때문이다. 결국, 극단적인 내용의 신념을 가지고 있으면서, 이러한 신념이 자리 잡고 있는 전반적인 관점에 대해서는 무관심하거나 중립적이라는 것은 모순된 면이 있다. 자신의 신념에 대해 온건한 수준의 확신을 가지고 있으면서, 자신의 전반적인 관점에 강하게 헌신하는 것도 마찬가지다. 자신의 관점에 대한 피실험자들의 전반적인 헌신이 강화되는 것은 신념 내용이 극단적으로 변화하는 것을 설명하는 데 있어 중요한 부분일 가능성이 크다.

이제 우리는 신념 양극화가 세 가지 측면으로 작용한다는 것을 알게 되었다. 신념 양극화는 기존에 지닌 성향 쪽으로 더 극단적인 내용을 믿게 함으로써 우리 자신을 더 극단적인 존재로 변화시킨다. 이와 동시에 우리의 관점에 대한 헌신 수준을 강화한다. 그리고 이러한 헌신의 강화는 새롭고 더 극단적인 내용의 신념을 이전에 가졌던 것보다 더 큰 신념의 정도로 받아들이는 것과 관련이 있다.

5. 신념 양극화의 메커니즘

다음으로 신념 양극화를 일으키는 메커니즘을 살펴봐야 한다. 실험 사례들의 공통점을 상기해보자. 비슷한 생각을 지닌 사람들 간의 토론은 참여자들이 토론 전에 가지고 있던 성향을 따라 극단적인 쪽으로 이동하도록 유도한다. 따라서 비슷한 생각을 가진 사람들과 대화를 나눌 때, 진보주의자는 더 철저한 진보주의자가 되고, 보수주의자는 더 강경한 보수주의자가 되며, 페미니스트는 더 열렬한 페미니스트 입장을 갖게 되고, 인종주의자는 인종적 편견이 강화되며, 정치적 시위를 옹호하는 사람은 더 극단적인 형태의 정치 행위로 기울게 될 것으로 예상할 수 있다. 다시 말하지만, 이 현상은 놀라울 정도로 강력하다. 이를 설명하는 것은 무엇일까?

신념 양극화의 메커니즘을 설명하는 두 개의 주요 이론이 있다. 그중 첫 번째 이론을 **정보 관점**(Information View) 이론으로 부르도록 하자. 이 이론은 비슷한 생각을 가진 사람들과의 토론에 참여하는 사람들은 확증을 안겨주는 근거와 사고 및 '설득력 있는 주장'에 매우 집중적으로 노출된다는 관찰에서 시작한다.[16] 그런 다음 이러한 토론에서 참가자들은 지배적인 의견을 지지하는 새롭고 혁신적인 근거, 이전에는 접하지 못했던 고려사항을 듣게 된다는 점에 주목한다. 이러한 상황은 반대하거나 반증하는 내용의 고려사항이 집단 내에서 거의 표명되지 않는 모습과 함께 나타난다. 결과적으로 집단 구성원들은 새로운 정보를 흡수하고, 그에 비춰 자신의 신념을 수정한다. 근거로 삼고 있는 '논거들'이 자신들의 입장에 편향되어 있다는 사실을 간과하는 일반적 경향 속에서 이러한 수정이 이루어지게 되면, 극단적인 방향으로의 변화를 예상할 수 있다.[17] 실제로 이러한 조건에서는 극단적 방향으로의 변화가 합리성과 완전히 일치할 수 있으며, 경우에 따라서는 변화해야 할 충분한 이유가 있을 수도 있다.

정보 관점 이론이 신념 양극화가 어떻게 이루어지는지에 대한 설명으로 직관력을 지니는 것은 사실이지만, 이것만으로 충분하지는 않다. 일단 집단 토론 과정에서 새롭고 참신한 정보가 제시되지 않을 때도 신념 양극화가 발생하는 것으로 밝혀졌다. 집단 상호작용 과정에서 정보 교환이 전혀 이루어지지 않은 상황에서도 신념 양극화가 나타나는 것으로 밝혀졌으며, 나중에 강조하겠지만 어떤 상황에서는 집단이 일반적인 신념 성향을 공유하고 있다는 사실에 '단순히 노출'되는 것만으로도 양극화가 발생할 수 있다.[18] 또한, 비슷한 생각을 지닌 집단 내에서 토론 중인 사안에 대해 이미 극단적인 견해를 가진 구성원이 보다 온건한 입장에서 시작하는 구성원보다 훨씬 더 급격하고 빠르게 극단적인 입장으로 이동한다는 점을 고려해야 한다.[19] 마지막으로 비슷한 생각을 가진 집단 내에서 가장 극단적인 구성원이 가장 많은 말을 가장 길게 함에도 불구하고, 이러한 성원의 존재가 집단의 양극화를 크게 증폭시키지는 않는다.[20]

이러한 결과는 정보 관점 이론으로 설명하기 어렵다. 이 이론이 맞다면, 집단 내에서 정보가 교환될 경우에만 양극화가 발견되어야 한다. 또한, 목소리가 매우 큰 극단주의자들로 이루어진 집단이 온건주의자 집단보다 더 급격하게 양극화되는 모습이 나타나야 하고, **이미** 극단적 입장을 지닌 집단의 성원들은 더 이상 양극화되는 모습이 나타나지 않아야 한다. 비슷한 생각을 가진 사람들이 토론을 통해 새로운 정보와 주장을 수용하는 경우에 양극화가 심화된다는 것은 놀라운 일이 아니다. 잘 알려진 바와 같이, 특정한 신념을 지닌 사람들은 일반적으로 자신의 견해를 지지하는 새롭거나 예상치 못한 고려사항의 증거력을 **과대평가**하는 경향이 있다.[21] 그러나 특정 조건에서 신념 양극화가 특히 두드러지는 이유를 잘 설명한다고 해서, 이러한 현상이 엄밀하게 그러한 과정을 통해 촉진된다는 사실을 입증해 주는 것은 아니다.

신념 양극화의 작동 방식에 대한 두 번째 주요 이론은 **사회적 비교 관점**(Social Comparison View) 이론이다. 이 이론은 비슷한 생각을 가진 집단의 구성원들이 다른 구성원들이 자신을 어떻게 인식하는지에 관심을 갖는 경향이 있다는 관찰에서 시작한다. 토론 과정에서 이들은 집단 내의 일반적 경향을 감지하고, 다른 사람에게 미온적이거나 광신적인 사람으로 보이지 않기 위해 지배적인 경향으로 파악한 것과 일치하도록 자신의 의견을 수정한다. 좀 더 정확히 말하면, 집단 구성원은 자신의 견해가 다른 사람에게 집단의 나머지 구성원과 '기본적으로 유사'하면서도 '바람직하게 구별'되어 보이도록 수정한다.[22] 여러 집단 구성원들이 동시에 이러한 재조정 과정에 참여하고, 가장 열성적인 집단 구성원이 토론에서 더 많은 발언을 할 가능성이 높다는 점을 고려하면, 극단적인 의견이 확대되는 것은 자연스러운 결과다. 집단 내에서 광신적이지 않은 강경한 입장으로 여겨지는 견해를 지지하는 것은 집단 구성원으로서 자신의 진정성을 알릴 수 있는 신뢰할 수 있는 방법이다.

집단 정체성의 특성이 토론자들에게 두드러지는 상황에서 신념 양극화가 강화된다는 사실은 사회적 비교 관점 이론을 뒷받침한다.[23] 즉, 집단 구성원들이 논의 중인 사안에 대해 단순히 동의하는 것이 아니라 보다 깊은 정체성을 공유하고 있다는 사실을 토론 과정에서 명시적으로 인식하게 될 때 집단 구성원들은 극단적인 방향으로 더 빠르게 이동한다. 또한, 비슷한 생각을 지닌 토론자들이라고 하더라도 어떤 중요한 측면에서는 다른 점이 있음을 인정한 후에 토론이 진행되면, 집단은 덜 빠르게 더 적은 정도로 변화한다.[24] 그리고 혼합 구성의 경우에는 하위 집단의 구성원이 자신을 더 큰 집단 내의 별개의 부분으로 보기 시작하면, 같은 집단에 속하지 않은 사람들의 발언에 주의를 덜 기울이게 된다.[25] 이런 점들을 고려하면 사회적 비교 관점 이론은 정보 관점 이론에 비해 뚜렷한 장점이 있다. 하지만 이 이론 역시 한계가 있다.

사회적 비교 관점 이론은 집단 구성원들 사이의 **상호작용**으로 간주할 만한 것이 없는 경우에도 신념 양극화가 나타날 수 있다는 사실을 설명하기 어렵다. 신념 양극화를 유발하는 것은 대면 **비교**를 통한 신념 재조정이 아니라 자신이 속한 정체성 집단의 지배적 경향에 대한 주체의 내적 인식이라는 것이 밝혀졌다. 즉, 생각이 비슷한 사람들 간의 집단 토론이나 다른 형태의 대면 상호작용이 있을 때 신념 양극화가 발생하는 것은 분명하지만, 정보 교환이나 집단 내 비교가 반드시 필요한 것은 아니다. 신념 양극화는 일체감을 갖는 집단이 자신이 지지하는 견해를 널리 공유한다고 느끼는 것만으로도 일어날 수 있다. 그 견해를 찬성하는 이유를 들을 필요도 없고, 자신을 비교할 수 있는 집단의 다른 구성원이 함께 있을 필요도 없다. 관련된 사람들이 자신이 긍정하는 것을 대략적으로 긍정한다는 단순한 인상만으로도 신념의 내용이 극단적으로 바뀔 수 있다.[26] 다시 말해, 자신의 신념이 자신이 속한 집단 내에서 인기가 있다는 것을 깨닫는 것만으로도 충분하다. 신념 양극화는 **단순한 확인**(corroboration)만으로도 시작될 수 있는 것이다.

이를 더 명확히 이해하려면, 확인과 **확증**(confirmation)을 구분할 필요가 있다. 여기서 사용되는 것처럼, 확증은 **증거적** 가치를 수반하지만 확인은 자신의 증거를 뒷받침할 필요가 없다. 그래서 어떤 신념이 확증되면, 이를 지지하는 새로운 이유를 갖게 된다. 하지만 어떤 신념이 확인되면, 추가적으로 그러한 신념을 긍정할 뿐이다. 그러나 새로운 긍정은 이전과 똑같은 증거를 기반으로 하기 때문에 해당 신념에 대한 추가적인 증거를 제공하지 않을 수 있다. 약간 단순화하면 확증은 증거를 추가하는 반면, 확인은 '그렇다'라고 말하는 다수의 목소리, 즉 단순히 인기의 문제라고 할 수 있다.[27]

따라서 신념 양극화를 유발하는 메커니즘에 대한 세 번째 설명인 **확인 관점** 이론이 등장한다. 이 이론은 단순한 확인으로 인해 극단적인 변화가 발생할 수 있다는 관찰에서 시작한다. 중요한 점은 확인이 매우 간접적인 경로를 통해 이루어질 수 있다는 사실이다. 예를 들어, 진보주의자들이 유전자변형식품을 광범위하게 반대한다는 자료를 제시하면, 이미 그러한 견해 쪽으로 기울어져 있는 진보주의자들 사이에서 신념 양극화가 일어날 수 있다. 또한, 보수주의자들이 특정한 군사 행동을 압도적으로 지지한다는 것을 보여주는 여론조사 결과에 노출되면, 이미 그러한 행동을 지지하는 성향의 보수주의자들은 극단적으로 변할 수 있다.

신념 양극화로 인한 극단적 변화는 확인을 통해 자신의 관점에 대한 전반적 헌신이 증가하는 **심리적** 경향에 의해 발생하는 것으로 보인다.[28] 간단한 설명으로 무슨 일이 일어나는지 충분히 이해하려면 앞서 이야기한 스포츠 경기장 사례로 돌아가보면 된다. 열광적이고 우세한 집단의 일원이 되는 것은 기분 좋은 일이기 때문에 팬덤은 광범위하게 나타나는 현상이다. 동료 팬들 앞에서 우리 팀의 승리를 목격하면서, 우리는 서로의 정체성과 팀에 대한 헌신을 확인한다. 또한, 우리 각자는 팀의 탁월성에 대해 더 높은 평가를 내리게 된다. 팀이 더 훌륭하고 승리할 자격이 있다고 여기게 되면, 팀에 대한 헌신도 강해져서 더욱 열렬한 팬이 된다.

비슷한 맥락에서, 우리가 동일시하는 다른 사람들을 통해 확인하게 되면 우리가 믿는 것에 대해 좋은 느낌을 갖게 된다.[29] 우리가 믿는 것에 대해 좋은 느낌을 갖게 되면, 우리의 전반적인 관점에 대한 **헌신**도 크게 향상된다. 페미니스트, 보수주의자, 환경주의자, 평등주의자 등 자신이 지닌 관점에 대한 더 열렬한 신봉자가 되는 것이다. 이처럼 신념이 강화되면 우리는 다양한 방식으로 대담해지는데, 증폭된 확신을 가지고 더 극단적인 신념 내용으로 이동하게 된다. 신념 양극화는 우리를 짜릿한 승리(혹은 참담한 패배)를 경험하고, 흥분한 팬과 유사한 존재로 변화시킬 수 있다.

6. 흄의 얼굴을 한 신념 양극화

지금까지의 논의를 잠시 정리해보자. 단순한 확인만으로도 신념 양극화가 생길 수 있다.[30] 생각이 비슷한 사람들과의 토론과 같은 상호작용이 있을 때 신념 양극화가 일어날 것으로 예상할 수 있지만, 신념 양극화가 발생하는 데 있어 이러한 조건이 꼭 필요한 것은 아니다. 그렇다면 왜 확인만으로 충분한 것일까? 제시된 견해에 따르면 자신이 동일시하는 집단으로부터 자신의 신념에 대한 확인을 받으면 자신의 관점에 대한 헌신이 강화되고, 헌신이 강화되면 다시 극단적인 방향으로 신념 내용이 이동하는 신빙성 있는 심리적 경향이 존재한다.

이러한 설명은 흥미로운 함의가 뒤따르게 된다. 확인은 간접적일 수 있기 때문에 동일시하는 집단이 자신이 지지하는 관점을 수용하는 경향이 있다는 사실이 두드러지는 사회적 환경에 놓이는 것만으로도 극단적인 쪽으로 이동할 수 있다. 이러한 신호가 언어적, 명시적, 문자적일 필요는 없다. 집단 구성원들 사이에 어떠한 신념이 널리 퍼져 있다는 암묵적이거나 미묘한 신호여도 된다. 따라서 "특정 행사에 단순히 참석하는 것, 농담에 웃고 박수를 보내는 것, 정치적 의미의 배지를 달거나 다른 상징적인 복장이나 표식을 하는 것으로도 충분히 확인할 수 있"고, 신념 양극화를 유발할 수 있다.[31] 또한, 확인은 인기의 문제이므로, 어떤 집단에서 특정한 견해가 널리 수용되고 있는 것처럼 **보이게** 할 수 있는 권력을 지닌 사람들은 그 집단과 자신을 동일시하는 사람들이 극단적인 쪽으로 이동하도록 유도할 수 있다는 점에 주목할 필요가 있다. 이러한 점에서 신념 양극화는 팬덤이 급격히 일어나는 것과 매우 유사하다.

이 점에 비춰 3장 초반의 논의로 잠시 돌아가보자. 우리는 개인화된 사회적 환경에 살고 있다. 특히 소셜 미디어는 정보와 대화 상대에 대한 노출을 사전에 선택할 수 있는 거의 절대적인 권한을 부여한다. 이러한 플랫폼, 나아가 인터넷 전반은 일종의 양극화 장치로 기능한다.[32] 그리고 우리의 뉴스와 미디어 환경 전체가 이같은 기술과 융합되어 있다. 따라서 우리는 '팔로우', '좋아요' 및 (봇과 가짜 아이디 같은) 기타 온라인 메커니즘이 온라인 여론 형성에서 어떠한 역할을 하는지 더 명확하게 알 수 있다. 이들은 정체성을 두드러지게 확인시켜 주는 인상을 만들어내는 것이다.

이는 온라인에서의 의견 불일치가 왜 그렇게 빠르게 악화하는지에 대한 설명을 제공한다. 거의 모든 댓글란을 조사해보면 알 수 있듯이, 혼란스러운 일반적 토론 글에서 댓글 작성자는 같은 생각의 게시글에서 많은 확인을 경험하게 되고, 그 결과 더 극단적이고 확신에 찬 후속 게시글을 올리게 된다. 이와 동시에 부정적이거나 비판적인 의견은 점점 더 모순되고, 논점을 벗어났으며, 충분한 지식이 없는 것으로 간주된다. 따라서 게시글에서 서로를 '트롤'이나 '봇'으로 규정하면서 불꽃 튀는 전쟁이 벌어지고, 토론은 사라진다. 여기서 얻을 수 있는 교훈은 자신의 입장에 동의하지 않는 사람과의 소통을 피하라는 것이다. 소셜 미디어 플랫폼에서 신념 양극화가 만연하는 것은 당연한 일이다.[33] 또한, 소셜 미디어가 국내외적으로 극단주의 운동의 유용한 도구가 되고 있다는 사실도 마찬가지다.

내 생각에 이 책의 독자들은 인터넷과 소셜 미디어에 대한 일반적인 주의사항을 이미 잘 알고 있을 것이므로, 굳이 여기서 다시 언급할 필요는 없을 것이다. 우리가 지금 살펴보고 있는 결과는 인터넷이 그러한 역기능이 가장 확실하게 발생하는 중심 장소지만, 전반적인 사회적 환경이라는 보다 넓은 구조 차원에 근본 원인이 있는 보다 깊은 문제다. 온라인이든 그렇지 않든 우리의 환경은 우리의 생활 양식과 헌신하는 정체성을 중심으로 구성되고 있으며, 이는 이제 우리의 정치적 성향의 큰 부분을 차지하고 있다. 우리가 원하는 모습으로 세상을 만들면서, 우리 스스로 신념 양극화를 초래한 것이다. 세상이 정치적 포화 상태에 이름에 따라, 사회적 환경은 우리의 **정치적** 견해가 극단적인 쪽으로 이동하도록 자극하고 있다. 현재의 기술이 제공하는 사회적 재량 덕분에 우리의 일상적 환경은 중요한 측면에서 자신이 좋아하는 정치 팀을 응원하는 요란한 팬들로 가득한 경기장과 유사해진 것이다.

이로 인한 결과는 다음 절에서 자세히 살펴볼 것이다. 현재의 논의를 마치면서 주목해야 할 점은 우리가 처음에 시작할 때와는 다른 신념 양극화 개념에 도달했다는 사실이다. 즉, 신념 양극화는 생각이 비슷한 사람들 간의 토론이나 상호작용의 산물이 아니라, 우리의 두드러진 **사회적 정체성**을 바탕으로 갖게 된 신념이 관련된 다른 사람들에 의해 확인될 때 활성화되는 현상이라는 것이다. 더 정확히 말하면 우리가 동일시하는 사회적 집단의 성원들에게서 내가 가진 신념이 크게 확인된다는 인상을 받을 때, 우리는 보다 극단적인 모습으로 변하게 된다. 우리의 신념이 관련된 사회 집단 내에서 확인될 때 용기를 얻으며, 이는 우리의 전반적인 관점에 대한 헌신을 강화한다. 그리고 헌신이 강화되면 우리가 가진 입장에서 더 극단적인 신념 내용을 가진 쪽으로 이동하게 된다. 이와 같은 설명에서 더 극단적인 내용으로 바꾸게 만드는 메커니즘은 **정서**(affect)의 강화라고 할 수 있다. 스코틀랜드 철학자 데이비드 흄(David Hume)은 이성은 "정념(passion)의 노예"라는 유명한 말을 남겼다. 이를 염두에 둔다면, 신념 양극화는 **흄의** 얼굴을 가지고 있다고 말할 수 있을 것이다.[34]

7. 신념 양극화의 사회적 영향

지금까지는 신념 양극화를 엄밀히 말해 내집단 현상, 즉 우리가 어떤 집단과 동일시하기 때문에 일어나는 현상으로 논의해왔다. 그러나 신념 양극화로 인한 극단적 방향으로의 이동은 자연스럽게 집단 정체성을 공유하지 않는 사람들과의 상호작용에도 영향을 미친다. 간단히 말해 신념 양극화로 인해 생각이 바뀌면, 다른 사람에 대한 생각도 바뀐다. 좀 더 구체적으로 말하면, 신념 양극화는 반대 집단과 그 구성원, 그리고 그들이 지닌 신념에 대한 **부정적** 평가를 강화시킬 것으로 예상할 수 있다.

이렇게 생각해보자. 신념 양극화는 더 광범위한 사회적·정치적 역학관계의 시작이라고 할 수 있다. 관련된 정체성 집단을 통한 확인은 우리의 관점에 대한 전반적인 헌신 수준을 높이고, 이전에 지닌 정체성에 대한 헌신을 따라 더 극단적인 신념을 갖도록 유도한다. 이처럼 강화된 견해의 관점에서 보면, 자신의 견해와 반대되는 견해나 상반된 고려사항은 왜곡되고, 빈약하며, 근거가 부족하고, 관련 없는 것으로 보일 수밖에 없다. 너무 억지스럽지 않길 바라며 이미지를 사용하면, 신념 양극화 현상은 마치 자동차의 사이드미러처럼 작동해 우리의 일인칭 관점을 강화하고, 다른 모든 것을 멀리 떨어진 왜곡된 것으로 보이게 만든다. 신념 양극화 현상이 일어나면, 증거와 동떨어진 것을 확고하게 믿게 될 뿐만 아니라, 반대편과 비판자들이 그러한 견해를 갖게 된 이유에 대한 민감성도 상실하게 된다.

따라서 우리의 신념이 충분히 양극화되면, 자신과 다른 견해를 지지하는 사람들은 점점 더 이질적이고, 무지몽매하며, 비논리적이고, 심지어 이해할 수 없는 사람처럼 느껴질 것이다. 그래서 우리를 다른 사람들과 분리하는 지적인 거리는 중대하게 확장되는 것처럼 보이게 된다. 실제로 우리와 직접적으로 반대되는 견해를 가진 사람들은 우리를 비이성적인 극단주의자로, 말이 되지 않으며 아무런 지지도 받지 못하는 견해를 신봉하는 사람으로 공격할 것이다.[35] 또한, 반대파가 우리에게 점점 더 이해할 수 없는 존재가 되어감에 따라 그들의 견해도 점점 더 단순하고 획일적인 것으로 여겨지게 된다. 그 결과 우리는 그들의 생각이나 주장, 비판을 아무런 가치가 없어서 관심 가질 필요가 없다고 결론 내리기 쉬우며, 심지어 그들과 접촉하는 것을 적극적으로 피하려 할 수도 있다. 다른 견해를 가진 사람을 이성적인 논쟁의 대상이 아니라 **진단**과 **치료**가 필요한 사람으로 보는 경향이 더 강해지는 것이다. 이 모든 것은 우리를 생각이 비슷한 집단에 더 단단히 고착시켜, 우리의 집단 정체성을 더욱 확고하게 만들고 신념 양극화를 강화해서 우리를 더욱 극단으로 치닫게 한다.

이러한 역학 관계는 익숙한 현상이다. 우리 모두는 다른 사람에게 이런 일이 일어나는 것을 **본 적이** 있다. 3장에서 언급한 몇 가지 자료를 상기해보면, 당파적인 정치적 정체성에 따라 사회적 공간이 점점 더 정렬되고 있을 뿐만 아니라 이러한 분할 과정에서 당파적 분열의 깊이를 [실제보다] 과장되게 인식하고 있으며, 당파적 진영 간의 적대감이 증가하고 있다는 사실이 확인되었다.[36] 이러한 적대감은 이제 특정 정당을 지지하는 시민들이 상대편 정당이 분노와 불안을 유발한다고 답할 정도로 심화된 것으로 나타났다. 또한, 시민들은 이제 정치적 반대편의 생각이 단순히 잘못된 것이 아니라 국가에 실제적인 **위협**이 된다고 여기는 경우가 더 많다.[37] 이 장의 앞부분에서 살펴본 것처럼, 정렬은 정서적인 정치적 양극화의 심화를 동반한다고 말할 수 있다.

다음으로 우리의 사회적 공간이 정렬되고 있을 뿐만 아니라 정치적 포화 상태에 이르렀다는 3장의 보다 일반적인 결론에 대해 생각해보자. 이는 우리의 일상적 경험 속에 정치적 정체성에 대한 호소—때로는 명백하고 노골적이며, 때로는 거의 지각되지 않는—가 넘쳐나고 있음을 뜻한다. 어떤 경우든 일상적인 사회적 경험은 우리의 정치적 정체성을 점점 더 강화함과 동시에, 우리와 다른 사회적 정체성을 가진 사람들과의 거리를 강조하고 있다. 앞서 살펴본 바와 같이 이러한 호소는 먼저 특정한 정치적 정체성을 두드러지게 한 다음, 그러한 정체성을 받아들였을 때 기대되는 태도나 행위를 지시하는 방식으로 작동한다. 확인 관점 이론에 따르면, 이는 신념 양극화를 유도하기에 충분하다.

그래서 정치적으로 포화 상태에 이른 사회 환경은 우리의 정치적 견해를 극단적인 방향으로 변화하게 만드는 온상이 되고 있다. 이러한 변화는 정치적 관점에 대한 전반적인 확신의 증폭을 수반하기 때문에 정치적 정체성도 강화하는 결과를 낳는다. 그리고 우리의 정치적 정체성이 넓은 의미의 사회적 정체성과 융합됨에 따라, 우리의 사회적 공간은 모든 종류의 헌신에 대한 신념 양극화를 낳고 있다.

결과적으로 우리는 분명 정치적이지 않은 일상적인 사회적 행위에서 정치적 의미를 발견하는 경향이 늘어나고 있다. 그리고 다른 사람의 행위를 보다 많이 정치적 충성심에 호소하면서 설명하고 있다. 이에 따라 우리는 정치적 입장을 공유하지 않는 일반적인 능력에 대해 불신을 드러내는 경향이 있으며, 심지어 정치적 판단을 수반하지 않는 업무의 전문가에 대해서도 그렇다.[38] 그러나 더 중요한 점은 우리가 정치적 견해와 관련해서 더 극단적인 사람들이 될수록, 이 장의 앞부분에서 살펴본 세 가지 유형의 정치적 양극화를 뒷받침하는 조건을 만들어낸다는 사실이다. 즉, 우리가 정치적 신념 면에서 극단적인 사람이 될수록 정치 집단 내의 획일성이 증가하고, 나와 다른 사람에 대한 불신이 심화되며, 당파적 진영 사이에 점점 더 깊은 감정적 균열이 생기게 된다.

다시 말하지만, 이 모든 것은 자기강화적이고 하향 나선적인 역학관계 속에서 발생한다. 정치적으로 포화된 사회 환경은 신념 양극화를 유도하고, 이는 다시 모든 형태의 정치적 양극화를 낳는다. 이는 포화 상태를 강화해서, 신념 양극화와 정치적 양극화를 더욱 심화시킨다. 그 결과 우리는 이러한 역기능의 자기충족적 순환에 갇히게 된다. 그래서 실제로 우리는 가장 격렬하게 정치적으로 반대 입장에 있는 사람들이 우리에 대해 생각하는 모습을 닮아가고, 그들은 우리가 가진 왜곡된 이미지에 더 가까워진다. 그리고 이것이 반복된다.

8. 진단적 논증의 완성

이러한 결과가 민주주의에 심각한 위협이 된다는 것은 두말할 나위가 없다. 그러나 이러한 진단에 도달하기까지 우리는 힘든 과정을 거쳐야 했다. 그러므로 발견한 사실들을 검토하면서 2부를 마무리하는 것이 합리적일 것이다.

우리의 사회적 환경은 정치적으로 포화 상태에 이르렀다. 이는 우리의 공간이 사회적으로 정렬되고, 정치가 우리의 보다 광범위한 사회적 정체성과 긴밀하게 융합됨에 따라 우리의 일상적 행위의 점점 더 많은 부분이 정치적 헌신을 이행하는 것으로 간주된다는 것을 의미한다. 그 결과 우리는 정치적 의미를 내포한 행위에 점점 더 많이 참여하지만, 그러한 참여가 거의 대부분 사회적으로 동질적인 조건에서 이루어지게 된다. 우리가 시민으로서 활동할 때 우리와 다른 정치적 헌신을 가진 사람들과는 거의 교류하지 않는 것이다.

이는 충분히 민주주의에 도전을 안겨주는 상황이다. 민주주의를 정치적 포화 상태로 이끄는 원동력 중 하나는 공적으로 참여하는 시민들이 평등한 존재로서 스스로를 통치하는 사회라는 민주주의에 대한 생각이다. 그러한 정치 세계가 정확히 어떤 모습을 지녀야 하는지에 대해서는 지속적인 의견 불일치가 존재하지만 말이다. 이처럼 시민들 간의 의견 불일치가 지속되는 상황에서 공공 정책을 결정할 때 모든 사람에게 평등한 역할을 부여하는 절차에 따라 정치가 이루어져야 한다는 것이 민주주의의 고유한 사고다. 2장에서 주장했듯이, 민주주의가 요구하는 정치적 평등은 평등한 투표권 이상의 것을 포함한다. 민주주의하에서 시민은 평등한 **발언권**을 가져야 하고, 이를 위해서는 동료 시민과 정부가 [이들의 발언을] 평등하게 **청취**할 기회가 있어야 한다. 이러한 방식으로 시민들은 서로의 정치적 의견과 이를 뒷받침하는 근거를 이해할 수 있게 된다. 이러한 상호 이해가 이루어지면 시민들은 자신들이 선출한 대표 및 정부와 함께 서로의 견해에 대해 내실 있는 반대와 견제를 할 수 있고, 서로에게 책임을 물을 수 있다. 이러한 조건에서만 정치적 거버넌스는 강압적인 권력을 무자비하게 부과하는 것을 넘어선 것으로 간주할 수 있다. 달리 말하면, 정치적 결정이 시민들의 공적인 참여에 의해 이루어질 때, 정치 권력의 행사는 시민적 평등이라는 가치와 양립할 수 있는 것이다. 일부 시민은 지지하지 않은 (심지어 완강히 반대할 수도 있는) 정치적 결정을 위해 강압적 권력이 행사되는 상황에 놓일 수도 있지만, 그렇다고 하더라도 그 누구도 종속된 지위로 전락하지는 않는다.

이것이 민주주의의 이상이라고 할 수 있는데, 정치적 포화는 이러한 핵심 열망을 좌절시킨다. 이러한 상황에서는 정치적 소통은 넘쳐나지만, 우리와 정치적으로 다른 사람들에게 귀를 기울이거나 그들의 이야기를 들을 기회는 거의 없다. 우리는 끊임없이 설교하지만, [그 대상은] 주로 우리와 같은 목소리를 내는 집단이다. 그래서 우리는 정치적 분열에 대해 증대된—실은 과장된— 감각을 갖게 되고, 반대편의 견해를 뒷받침하는 근거를 고려하지 않게 된다(반대편도 마찬가지다). 결과적으로 정치는 점점 더 논쟁적으로 변하지만, 적절한 논쟁은 거의 불가능해진다. 이러한 상황에서 집합적인 정치적 결정은 다른 사람들이 일부에게 강요하는 것으로 경험되기 쉽다. 민주주의가 시민들 사이의 냉전으로 퇴보하는 것이다.

물론 민주적 시민들 사이의 **냉전**은 **열전**보다 낫다. 앞 장에서 우리는 시민들이 정치적으로 동질적인 공간에 덜 밀집되고, 당파적 구분을 넘어 더 많이 상호작용할 수 있다면 **좋겠**지만, 현재의 상태도 특별히 민주주의를 **위협**하지는 않는다고 주장하는 대안적 설명을 간략히 살펴본 바 있다. 시민들 사이의 질서 있고 안정된 냉전이 민주주의가 달성할 수 있는 최선이라는 주장이다.

이제 우리는 이러한 주장에 충분히 대응할 수 있는 위치에 있다. 민주적 시민들 사이의 냉전을 불안정하다고 생각할 만한 이유가 없다면, 앞서 제시된 주장은 더 설득력이 있겠지만 실제로는 그렇지 않다. 이 장에서 제시된 신념 양극화의 결과는 정치적으로 포화된 사회적 공간이 만들어내는 역학을 보여준다. 이러한 역학 속에서는 진실하고 좋은 의도를 가진 대중의 공적 참여라고 할지라도 우리 자신을 점점 더 극단적인 모습으로 변모시킨다. 이는 결국 정치적 극단성을 강화해서, 정치적 분열을 부채질한다. 신념 양극화 현상은 우리를 더 극단적인 모습으로 변화시키는 데 그치지 않는다. 우리는 다른 입장의 사람들을 이성적으로 대하지 못하는 사람이 되어간다. 이는 우리의 민주적 역량을 축소하는 것이다.

이를 이해하기 위해서는 시민들이 공동의 정치 질서에 대한 집단적 추론 과정에 참여할 수 있을 때만 평등한 존재들 사이의 자치라는 민주적 이상을 추구할 수 있다는 점을 다시 한번 상기해야 한다. 즉, 시민들은 각자가 지닌 이성적 근거를 알 수 있어야 하며, 공직자의 견해와 정부의 행위뿐만 아니라 서로의 견해에 대해 비판하고, 논쟁하며, 질문하고, 이의를 제기하는 등의 교류 과정에 참여할 수 있어야 한다. 신념 양극화는 이성이 아니라 사회적 정체성을 기반으로 갖게 된 신념의 단순한 확인을 통해 신념 내용과 전반적인 헌신이 극단적으로 변화되는 현상이다. 그래서 신념 양극화의 영향을 받는 사람들은 결국 이성적으로 적절하게 지지할 수 없는 견해를 갖게 되며, 다른 사람과 적절하게 이성적으로 교류하는 능력도 줄어든다. 요컨대, 신념 양극화는 신념의 내용이나 우리의 관점에 대한 전반적인 헌신 면에서 극단적인 변화를 일으키지만, 그에 상응하는 더 나은 논거나 근거 또는 증거를 제공하지 않는다. 오히려 이 현상으로 인해 우리는 일반적으로 그 이전보다 인지적으로 더 **악화된** 위치에 놓이게 된다. 신념 양극화에 빠지면, 우리는 근거로 뒷받침할 수 없는 것을 더 확고하게 믿게 된다. 결정적으로 우리는 반증을 점점 고려하지 않게 되며, 이를 제시하는 사람들을 단순히 무시하려는 경향이 강해진다. 또한, 견해를 공유하지 않는 사람들을 무능한 극단주의자로 간주하며, 우리가 가진 견해를 재검토해야 할 근거가 제시되어도 자신의 입장을 고집하게 된다.

이것이 양극화가 초래하는 근본적인 문제다. 신념 양극화는 민주적 시민성을 적절하게 실행할 수 있는 역량을 직접적으로 파괴해서, 우리가 동료 시민들을 정치적으로 평등한 존재로 대우할 수 있는 능력을 약화한다. 게다가 신념 양극화는 당파적 분열이 확대되고 극단성이 강화되는 보다 큰 역학의 일부이며, 이 모든 것이 자기영속적인 사회적 역기능의 구조 안에서 일어난다. 이러한 경로는 정치적 불신, 냉소주의, 무례함을 낳을 뿐이다. 그리고 이 과정에서 기꺼이 권력을 이용해 자신의 정치적 의지를 다른 사람에게 강요하려는 의도가 증폭된다.

철학자 알래스데어 매킨타이어(Alasdair MacIntyre)는 민주주의를 "다른 수단에 의해 계속되는 내전"이라고 표현한 적이 있다.[39] 이는 아마 정상적인 사회 조건하의 민주주의 현실 세계를 잘 묘사한 표현일 것이다. 현실 세계의 민주주의가 평등한 존재들 사이의 자치라는 이상에 미치지 못한다는 것은 예상할 수 있는 일이다. 그러나 여기에서 제시된 분석은 민주주의가 다른 의미에서 미흡하다는 것을 보여준다. 즉, 민주주의가 이상에서 **더** 멀어지고, 스스로 붕괴를 향해 나아가고 있다는 것이다. 현재 우리의 상황은 "다른 수단에 의해 계속되는 내전"이 전형적인 수단에 의해 계속되는 내전으로 퇴보할 수 있는 조건을 제공하고 있다.

마지막으로 민주주의 과잉에 대응해서 정치를 제자리에 두어야 한다는 핵심 논지로 돌아가보자. 분명 같은 생각을 가진 시민들이 모여 연합하고 행동 집단을 구성할 때만 민주적 정치 운동은 결집할 수 있다. 실제로 우리 시대의 성공적인 사회 정의 운동은 같은 생각을 지닌 사람들이 다른 사람의 시선과 개입에서 벗어나 협력할 때에만 발생할 수 있는 조정과 활력을 바탕으로 이루어졌다. 앞서 제시한 주장은 이와 같은 민주적 정치 행위의 특징을 부정하거나 비난하지 않는다. 문제는 정치적 연합을 형성하고, 이를 동원하기 위해 지속적으로 노력하는 데 있지 않다.

오히려 문제는 우리의 사회적 공간 **자체가** 정치적 포화 상태가 되어, 양극화 역학에 나타난 것처럼 신념 양극화와 그에 따른 퇴행적 파급효과를 낳는 온상이 되고 있다는 점이다. 우리의 일상적 활동은 정치적 정체성의 강화와 과격화를 촉진하는 역할을 하며, 이는 다시 정치적 분열을 악화시키고 있다.

그럼에도 불구하고 우리는 여전히 민주 시민이며, 우리가 공유하는 정치 세계에 대한 책임을 져야 한다. 오늘날 민주주의가 직면하고 있는 도전과제(정치적 교정을 필요로 하는 고질적인 부정의를 포함해)를 고려할 때, 정치에 관심을 완전히 끄는 것은 도덕적으로 허용될 수 없다. 그러나 우리의 정치 참여가 아무리 진실하고 좋은 의도를 가지고 있다 하더라도 우리의 민주적 역량을 약화시키고 민주주의의 퇴보를 가속화할 수 있는 힘에 노출될 수 있다. 정치적 수렁에 빠진 자신을 발견하게 되는 것이다.

양심적인 시민들은 이러한 정치적 역기능에 대응하기 위해 더 집결된 정치 활동이 필요하다는 생각을 가질 수 있다. 그러나 이와 같은 본능적 반응은 절제되어야 한다. 추가적인 개입이 없다면, 정치 활동의 강화는 문제를 악화시킬 가능성이 크다. 우리가 직면하고 있는 문제는 민주 정치를 소홀히 해서 생긴 것도 아니고, 민주 정치를 잘못 실행하고 있어서 생긴 것도 아니다. 오히려 정치가 **우리가 함께 하는 모든 것**이 되어버렸기 때문에 문제다. 그래서 정치에 더 깊이 관여하는 것은 양극화 역학을 부추길 뿐이다. 우리는 민주주의 고유의 문제이지만, 정치적 해결책을 허용하지 않는 정치적 문제에 직면해 있다.

그래서 더욱 난감한 문제다. 정치가 민주주의가 지닌 이러한 문제에 대한 해결책이 아니라면, 다른 해결책은 무엇일까? 정치적 문제에 대한 비정치적 해결책이 어떻게 존재할 수 있을까? 이 문제에서 혼란스러운 지점이 무엇인지 잠시 고찰해보면, 나아가는 길을 구상하는 데 도움이 될 수 있을 것이다.

1장에서 나는 우리가 20세기의 가장 위대한 민주주의 사상가인 제인 애덤스와 존 듀이와 자주 결부시키는 주장에 직관적으로 끌린다고 말했다. 두 사람은 민주주의의 병폐를 치료하는 방법은 항상 더 많은—'더 완전한'이라는 뜻의— 민주주의라고 주장했다. 사실 듀이는 이보다 더 강력한 것을 말했다. 그는 "민주적 목적을 실현하기 위해서는 민주적 방법이 필요하다"라는 원칙을 주장했는데, 이는 민주 정치를 실천하지 않고 민주주의가 지닌 문제를 해결할 수 없음을 뜻한다.[40] 하지만 이 책에서 나는 오늘날 민주주의가 민주주의로 치료할 수 없는 질병을 앓고 있다고 주장했다.

듀이의 원칙은 전혀 정치적이지 않아서 **민주적이지 않기에** 민주주의를 풍요롭게 하는 사회적 수단이 존재할 수 있는 가능성을 간과하고 있다. 달리 말하면, 듀이는 민주적 이상을 과도하게 추구하는 과정에서 민주주의가 **내적으로** 저해될 수 있음을 인식하지 못했다. 1장에서 예로 든 앨리스—몸의 건강함을 지키는 데 몰두했던—의 사례를 떠올려 보자. 앨리스는 건강함을 충분히 챙기지 못해서가 아니라 다른 모든 선은 제쳐두고 건강만을 추구했기 때문에 그러한 목표를 손상시키고 말았다. 이처럼 같이 **목표**를 훼손시키는 방식으로 이를 달성하게 되면 목표를 왜곡하게 된다.

애덤스와 듀이의 입장을 채택할 때, 우리는 다음과 같은 사실을 간과하는 경향이 있다. 어떠한 선/재화는 그것이 적절하게 확보될 때 얻을 수 있고 풍요로워지는 다른 선/재화에서 부분적으로 그 가치가 파생된다는 것이다. 따라서 어떠한 선/재화를 달성하는 것에만 너무 **외곬**으로 노력하게 되면, 이에 실패할 수도 있다. 나는 민주주의가 바로 이러한 종류의 사회적 선이라고 주장한다.

민주주의가 일종의 자가 면역 질환에 걸려 있다고 말하는 것이 이 점을 보다 잘 설명할 수 있다. 민주주의의 번영을 위해 필요하고, 민주 정치를 하는 목적의 일부인 다른 사회적 선을 밀어내고 결국 이를 질식시키는 방식으로 민주주의를 실천할 수 있는 것이다. 이 장과 앞 장에서 나는 특정한 사회적·기술적 힘으로 인해 우리의 진지하고 경계를 늦추지 않는 민주적 노력이 역효과를 내는 상황이 발생했다고 말했다. 우리의 진지한 민주적 참여가 양극화 역학을 조장하고, 이는 다시 우리의 민주적 역량을 파괴한다.

정치적 '자가면역'으로 역기능이 생길 가능성을 간과하는 경향이 있기 때문에 우리는 민주주의가 해결책이 될 수 없는 정치적 문제라는 생각에 혼란스러움을 느낀다. 솔직히 말해 나는 과잉 민주주의 문제에 대한 해결책이 있는지 확신하지 못한다. 하지만 지금까지의 논의를 보면 해결책이 있다면 그것은 정치 바깥에 있어야 한다는 것을 알 수 있다. 민주적 목적을 실현하기 위해 **비민주적**(비정치적이기 때문에) 수단이 필요한 경우도 있는 것이다.

이 책의 나머지 부분에서 제안될 내용에 따르면, 우리의 민주주의가 직면하고 있는 이 특정한 질병에 대한 치료법은 민주주의가 아닌 다른 방법을 선택하는 것이다. 나아갈 길은 정치적이지 않은 협력적 노력을 기울일 수 있는 사회적 장소, 당파적 성향에 호소하지 않으면서 상호작용할 수 있는 곳, 정치를 단순히 제쳐 두는 것이 아니라 정치가 존재하지 않는 공간을 고안하는 것이다. 이런 종류의 협력적 활동에 참여하면서 우리는 양극화의 역학 관계에서 벗어날 수 있을지도 모른다. 비정치적인 사회적 협력이라는 생각 자체가 우리에게 낯설고, 심지어 모순되는 것처럼 느껴질 수 있다는 점을 인정한다. 그러나 이러한 생각이 특이하게 느껴지는 것 자체가 민주주의를 과도하게 추구하고, 정치에 모든 것을 쏟아야 한다고 여기는 경향을 드러내는 것이라고 볼 수 있다. 나는 정치를 제자리에 두어야 한다는 주장을 펴왔다. 어떻게 그렇게 할 수 있는지 설명하는 것은 다음 장의 과제다.

제3부

처방

PRESCRIPTION

제5장

시민적 우애

　현재까지의 논의는 다음과 같다. 앞선 두 장에서는 미국을 비롯한 현대 민주주의 사회에서 민주주의가 과잉되고 있으며, 이는 민주주의에 해롭다는 주장을 펼쳤다. 사회적 환경이 정치적 포화 상태에 이르렀고 신념 양극화에 취약한 상황이 지속되는 것을 고려할 때, 민주주의를 풍요롭게 하고 개선하기 위한 가장 양심적인 정치 참여조차도 퇴행적인 정치적 역기능에 더 기여할 가능성이 높다는 것이 결론이다. 더구나 우리가 가장 흔히 접하는 정치 참여 방식은 특별히 양심적이지도 않고, 민주주의를 풍요롭게 하기보다는 편협한 당파적 목적을 달성하기 위한 경우가 더 많다. 그 결과 최근에 나타난 민주주의 모습은 암담하기 그지없는 상황이다. 이러한 진단이 내려졌으니, 이제 처방을 내놓아야 할 시점이다.

　내가 제안하는 처방의 형태는 이미 제시한 바 있다. 정치가 제자리를 찾아야 한다는 것으로, 우리는 근본적으로 비정치적인 속성을 지닌 사회적 협력에 함께 참여함으로써 이를 실현할 수 있다. 이 제안을 다른 생각으로 오해할 수 있으므로 지금까지는 주로 이 둘이 구분되는 점을 명확히 하는 방식으로 설명해왔다. 그렇다 보니 앞에서 제시한 내용은 불완전하고 애매한 측면이 있었다. 이제는 보다 세부적인 설명을 제시해야 한다.

그렇지만 곧바로 익숙한 어려움에 봉착하게 된다. 진단적 주장에 따르면, 우리의 정치적 충성심과 정체성은 사회적 환경이라는 구조 자체에 내재되어 있다. 그렇다면 정치적인 것을 피해야 한다고 하는데, 우리가 함께 할 수 있는 일은 **무엇이든** 불가피하게 정치적일 수밖에 없다는 결론이 뒤따르게 되지 않을까? 이러한 주장은 우리를 구석으로 몰아넣어 처방을 제시할 여지 자체를 주지 않는 게 아닐까? 나는 이 주장이 매우 만만찮은 도전이라고 생각한다. 그러나 이에 대응하는 한 가지 확실한 방법은 시민들이 함께 참여할 수 있는 비정치적 활동을 처방하는 것에서 시작하는 것이다. 비정치적 활동 목록에 있는 항목을 두고 특정한 정치적 편향이나 성향을 표현한 것에 불과하다는 반론을 정당하게 제기할 수도 있는데, 그렇게 되면 민주주의의 과잉이라는 원래 문제가 다시 나타나게 된다.

나는 이 주제에 대한 연구를 시작한 직후에 진행한 공개 발표에서 이 사실을 알게 되었다. 질의응답 시간에 호의적인 입장의 한 청중이 정치가 제자리를 찾는 데 도움이 될 수 있는 집단 활동을 추천해 달라고 요청했다. 나는 시민들이 자발적으로 함께 공원에서 쓰레기를 치우는 일을 예로 들었다. 그러자 그다지 호의적이지 않은 청중이 이 활동을 "진보적"이라고 반박했다. 이에 대해 나는 공원에서 쓰레기를 치우는 것을 어떻게 정치적인 활동, 그것도 진보적인 활동으로 간주할 수 있는지 이해되지 않는다고 답했다. 쓰레기가 좋지 않다는 것은 정치적 성향을 불문하고 모든 사람이 동의할 수 있고, 실제로 정치적 성향과 무관한 것 아닌가? 이런 질문을 던지고, 다음 질문으로 넘어갔다. 나중에 생각해보니, 내가 이 문제를 충분히 진지하게 받아들이지 않았다는 생각이 들었다. 그 청중이 쓰레기 청소가 진보적이라고 주장하고 있다고 생각했는데, **자원봉사**가 순전히 진보적 기획이라는 주장을 펴는 것이었을 수도 있다. 아니면 교회의 동료 신도들이 아니라 **이웃**과 함께 공원 청소 자원봉사를 하는 것이 진보적이라고 생각했을 수도 있다. 혹은 보다 시급한 다른 사회적 필요보다 공원 청소에 우선순위를 두는 것이 진보적이라고 주장하는 것일 수도 있을 것이다. 정확한 의도는 내가 알 수 없다. 어쨌든 정치를 제자리에 두기 위한 구체적 방안을 제안하려다가 과잉 민주주의 문제를 되풀이했을 뿐이다. 나는 공원 청소 자원봉사가 지닌 정치적 가치를 보지 못한 반면, 반론을 제기한 동료 시민은 이 제안에서 매우 분명한 정치적 편향을 읽어낸 것이다.

이것이 주는 중요한 교훈은 과잉 민주주의 문제를 시민들이 참여할 수 있는 일련의 비정치적 활동으로 해결할 수 없다는 것이다. 안타깝게도 이 문제를 해결하는 것은 그리 쉽지 않다. 정치를 제자리에 두려면 정치에 대한 우리의 관점 자체가 바뀌어야 한다. 따라서 비정치적인 집단 활동의 구체적 제안이 섣불리 제시되어서는 안 된다. 과잉 민주주의 문제를 적절하게 다루기 위해서는 간접적인 경로를 택해야 한다. 그 이유를 보다 잘 이해하기 위해 먼저 이 문제를 직접적으로 다루려는 시도부터 살펴보도록 하자.

1. 더 나은 민주주의 대응

과잉 민주주의 문제는 명백한 해결책이 있는 것처럼 보일 수 있다. 나는 과잉 민주주의 문제가 우리가 행하는 정치적 활동의 빈도와 강도 때문이 아니라 의도했든, 그렇지 않든 간에 우리가 거의 항상 동질적인 공간 안에서 끊임없이 정치적 행위를 한다는 사실에서 생긴다고 주장했다. 그렇다면 이에 대한 적절한 대응은 정치 활동에 참여할 수 있는 **이질적인** 공간을 만들어내는 것이라고 생각하는 것이 당연해 보인다. 이런 관점에서 보면, 과잉 민주주의 문제는 실제로 충분히 민주적이지 못한 정치 형태가 과잉되어 생긴다. 그래서 해결책은 정치를 보다 확실하게 민주적으로 만드는 것이다.

이는 민주주의의 병폐에 항상 더 많은 민주주의로 대응해야 한다는 애덤스/듀이의 주장을 재구성한 것으로 볼 수 있다. 여기서 **'더 많은'**이라는 말은 더 늘어날 뿐만 아니라 더 나아지는 것을 의미한다. 이러한 입장에서는 정치에 참여할 수 있는 더 나은 조건이 마련되면, 일상적인 정치적 상호작용에서 민주적 실천의 개선이 유기적으로 따라올 것이라고 여겨진다. 직관적이면서도 안심이 되는 이러한 생각을 **더 나은 민주주의** 대응이라고 부르도록 하자.

이와 같은 제안은 숙의 민주주의와 관련된 연구 프로그램에 활기를 부여한다.

숙의 민주주의자들은 제대로 된 민주적 맥락에서 담화가 진행되면, 양극화를 초래하는 역학관계가 깨짐에 따라 역기능이 없어질 것이라고 주장한다. 토론자들이 극단으로 치닫지 않게 되고, 공통의 기반이 마련되며, 상호 존중이 회복되고, 원칙에 기초한 합의가 이루어져, 민주주의가 활성화된다는 것이다.[1] 그래서 이들에게는 정치 담화를 위한 제대로 된 민주적 장을 만들고, 그 안에서 시민들이 상호작용할 수 있도록 장려하는 것이 과제가 된다.

　물론 무엇이 제대로 된 민주적 참여의 장을 만드는지에 대해서는 경쟁하는 여러 이론이 있고, 그러한 장을 어떻게 설계할 것인지에 대해서도 논쟁이 존재한다. 2장에서 언급한 것처럼, 일부 숙의 이론가들은 일반적인 민주 정치 양식에서 크게 벗어나 있는 새로운 대규모 제도를 만들어 정치 질서를 근본적으로 변화시킬 것을 촉구한다. 이러한 입장을 따르는 유명한 제안에는 전국적으로 숙의 행사를 진행하기 위한 새로운 공휴일을 제정하는 것과 미국 헌법을 개정해서 [입법부, 행정부, 사법부에 이어] 4번째 부문인 '숙의'부를 설립하는 것이 있다.[2] 보다 온건한 개입방식을 모색하는 다른 이론가들은 미니공중(mini-publics), 시민 배심원단, 시민의회와 같은 다양한 방식으로 소규모 숙의를 진행하는 일반적인 민주적 실천을 도입하는 것을 주장한다.[3] 일부에서는 극단적으로 당파적인 웹페이지에 반대 입장의 사이트 링크를 넣도록 하는 법과 같은 정책 이니셔티브를 주장하기도 했다.[4] 더 나은 민주주의를 위한 숙의주의자들의 제안은 너무 많아서 여기에 모두 나열할 수 없다. 이들은 사람들이 민주주의를 실행할 수 있는 적절한 조건을 구축할 수 있다면, 내가 말한 역기능이 완전히 사라지거나 더 다루기 쉬워져서 정치적 마비를 초래하지 않을 것이라고 주장한다는 공통점이 있다.

　숙의 민주주의자들이 주장하는 더 나은 민주주의 대응은 신중하게 고려할 가치가 있는데, 일부 독자들은 알아챘겠지만 이 책 전반의 주장이 대부분의 숙의 민주주의 이론의 핵심에 있는 민주적인 정치적 정당성 개념을 수용하고 있기 때문이다. 이 개념에 따르면 정치 권력은 모든 시민의 자유와 평등을 적절하게 인정할 때만 정당하게 행사된다고 볼 수 있다. 그리고 시민의 목소리—이유, 논거, 생각, 이견, 비판—에 동료 시민과 공직자들이 경청하고 관심 갖는 과정에 응답해서 정치적 결정이 이루어질 때 이러한 인정이 분명하게 드러난다. 내가 집중적으로 살펴본 역기능은 공적인 정치 담화 과정의 붕괴에서 비롯된 것으로 볼 수 있다. 그래서 [숙의 민주주의자들이] 제시한 해결책은 이질적인 숙의 집단 내에서 시민들이 적절하게 대화를 나눌 수 있도록 특별히 고안된 조건하에서 민주주의를 실행하는 것이다.

특별히 고안된 민주적 공간에서 이루어지는 정치적 숙의에 대한 수십 년간의 실험 연구를 통해 방대한 자료가 누적되었으며, 그중 많은 부분은 매우 고무적인 결과를 담고 있다. 일부 결과에 따르면, 숙의 실험에 참가하는 것은 개인의 정치적 행위와 시민적 참여에 장기적으로 긍정적인 영향을 미친다. 또 다른 자료에 따르면, 이념적으로 다양한 시민으로 선별된 토론에 참여하게 되면, 양극화가 완화되고 토론자들이 극단적인 성향에서 벗어나는 경향이 있다. 이러한 발견을 토대로 시민 참여 전문가와 공적 숙의 촉진자 집단이 생겨나 다양한 규모의 집단 내에서 민주주의를 향상하기 위한 프로그램을 제공하고 있다.

이 모든 것은 기대되는 일이며, 내가 제시하려는 처방도 이러한 종류의 개입에 반대하지는 않는다. 오히려 시민과 공직자 사이에 민주적 숙의가 더 잘 이루어질 수 있도록 공론장을 발전시키는 일은 장려해야 한다는 게 내 생각이다. 민주주의를 개선하기 위한 개입에 반대할 이유가 없지 않은가? 그러나 더 나은 민주주의 제안은 민주적 활동이 이루어지는 환경을 개선하면 과잉 민주주의와 그로 인한 역기능 문제를 **충분히** 해결할 수 있다고 주장한다는 점을 기억해야 한다. 이것이 바로 더 나은 민주주의 제안이 실패하는 이유다. 숙의가 잘 이루어질 수 있는 장소를 제공하는 방식의 더 나은 민주주의 기획은 과잉 민주주의 문제에 대한 해결책으로 충분하지 않으며, 다른 종류의 조치가 없을 경우 문제를 악화시킬 수도 있다.

공적 숙의 실험에서 가장 먼저 주목해야 할 점은 실험 결과가 일률적이지 않다는 사실이다. 어떤 실험에서는 고안된 공적 숙의가 참여자들의 중요한 민주적, 시민적 자질의 향상을 가져온 것이 사실이지만, 다른 실험에서는 정치적으로 이질적인 성원으로 구성된 토론이 기존의 경향을 강화하는 데 그친 것처럼 보이는 사례도 있다. 실제로 일정한 환경에서는 이질적 토론이 양극화를 심화시키고, 참가자들이 정치적 반대편에 대해 품고 있는 부정적인 고정관념을 더욱 고착화하며, 당파적 차이에 대한 인식을 강화하는 것으로 나타났다.[5]

또한, 숙의 실험에 참여한 후 그렇지 않았다면 관심 갖지 않았을 정치 과정에 참여할 가능성이 높아졌다는 결과도 있지만, 정치적 숙의가 정치 참여를 억제하거나 거꾸로 정치 참여가 정치적 숙의를 억제한다는 연구 결과도 있다. 즉, 이질적인 타인과의 정치적 대화에 정기적으로 참여하도록 하는 숙의 민주주의자들의 기획을 따르는 시민은 그러한 만남으로 인해 투표를 포함한 정치 활동에 참여할 가능성이 낮아진다고 생각할 만한 근거가 있다. 그리고 이와 같은 결과는 역으로 비슷한 생각을 가진 사람들 간의 정치적 상호작용이 정치적 활동을 **장려한다**는 것을 보여준다. 이러한 결과에 따르면, 우리는 민주적으로 응답적인 공적 숙의 **혹은** 열정적인 정치 참여를 촉진할 수는 있지만, 두 가지 모두를 촉진할 수는 없다.[6]

이러한 문제를 더 자세히 검토할 필요는 없는데, 사회적으로 복잡한 현상에 대한 실험 결과가 다양하게 나타나는 것은 놀라운 일이 아니기 때문이다. 이러한 종류의 자료는 적절한 해석을 둘러싸고 지속적인 학문적 논쟁을 불러일으킬 것으로 예상해야 한다. 결론은 다양한 자료에 대한 논쟁의 와중에 이러한 자료에 대한 특정 해석에 지나치게 의존해서 과잉 민주주의 문제에 대한 해법을 제시해서는 안 된다는 것이다. 이는 민주적 숙의 과정에 참여가 미치는 영향은 참여에 앞서 지니고 있던 태도와 성향에 따라 크게 달라진다는 연구 결과에 비춰 볼 때 특히 분명해진다. 시민들 사이에 정치적 불일치가 존재함을 인식하면서 정치적 분열을 넘어 협력하길 원하며 숙의에 참여하는 사람은 일반적으로 그러한 참여가 도움이 되는 반면, 숙의 자체에 대해 덜 호의적인 견해를 가지고 토의에 참여하는 사람은 자신의 편향과 편견이 확증되고 증폭될 가능성이 높다.[7] 과잉 민주주의 문제는 부분적으로 숙의에 도움이 될 수 있도록 정치적 의견 차이와 협력에 대한 시민적 성향을 회복하는 문제라는 점을 상기하길 바란다. 숙의적 실험 환경에 무엇을 포함시키느냐에 따라 어떤 결과가 나오는지 결정된다고 생각할 만한 근거가 있다.

또한, 우리가 고려해온 실험 결과는 추가적인 비판적 반응을 불러일으킨다. 많은 숙의 민주주의 실험은 과잉 민주주의 문제가 제기하는 우려와는 상당히 다른 맥락에 있는 특정한 종류의 반대를 명시적으로 다루고 있다. 좀 더 구체적으로 말하면, 공적 숙의에 관한 실증 연구의 대부분은 숙의 민주주의에 대한 다양한 종류의 **회의론**에 대응하는 데 목적이 있다. 이러한 회의론은 시민들이 공적 숙의에 참여하고자 하는 의사가 있는지에 대한 의구심으로 표현되기도 하고, 일반 시민이 숙의를 통해 도움을 받을 수 있는 인지적 능력을 지니고 있는지에 대한 의심으로 표현되기도 한다. 두 경우 모두 공적 숙의가 민주 정치에 도움이 되지 않는다는 주장과 함께 제기되는 경우가 많다.

숙의 실험은 대체로 시민들이 정치적 숙의에 관심을 가지고 있고, 숙의를 정치적으로 가치 있게 만들 수 있는 역량을 지니고 있음을 보여줄 수 있도록 설계되어 있다.[8] 숙의가 이루어지는 인위적인 조건이 실제 세계에서 정치적 대화가 일어나는 상황과 현저히 다르다고 해서 이러한 실험의 중요성이 희석되는 것은 아니다. 숙의 민주주의자들은 회의자들의 주장처럼 현실 세계에서의 정치적 대화는 민주주의를 약화시킨다는 사실을 인정할 수 있고, 대개 인정한다. 그들이 실험을 통해 보여주고자 하는 것은 현실에서 일어나는 정치적 대화가 충분히 숙의적이라는 사실이 아니다. 이보다는 현실 세계의 정치적 담화가 지닌 결함이 극복할 수 없는 것이 아니며, 제대로 된 민주적 환경이 마련되면 일반 시민이 숙의적 정치를 담당할 수 있음을 보여주고자 한다.

과잉 민주주의 문제가 제기하는 도전은 숙의 민주주의 회의론자들이 제기하는 도전과는 다르다. 따라서 이러한 회의론에 대응하기 위한 실증적 연구는 이 책에서 제기한 문제를 다루지 않는다. 일반 시민들 사이의 정치적 숙의가 상당한 민주적 혜택을 만들어낼 수 있는 조건이 존재한다는 것은 고무적인 결과다. 그러나 현재 논의하고 있는 문제는 시민들이 정치적으로 포화 상태에 있는 사회적 공간에서만 거의 배타적으로 상호작용하는 것과 관련이 있다. 정치 참여가 이루어지는 실제 세계에서는 사회적 공간이 이질적으로 구성되어 있지 않으며, 잘 발전된 민주적 담화 이론의 원칙에 따라 소통이 일어나지도 않는다. 또한, 3장에서 주장했듯이 강력한 형태의 정치적 소통은 명시적인 이유나 논거를 담고 있지 않으며, 심지어 발언된 진술 형태로 나타나지도 않는다. 오히려 정치적 소통은 집단 정체성에 대한 다양한 형태의 **신호**를 통해 일반적으로 이루어진다. 그리고 신념 양극화를 설명하는 확인 관점 이론—4장에서 옹호한—은 환경적 특징이 극단적인 변화를 유도하기에 충분하다는 것을 보여준다. 다시 말하지만, 우리가 가진 신념이 사회적 정체성을 공유하는 사람들 사이에 널리 퍼져 있다는 사실을 눈에 띄게 하는 자극만으로도 신념 양극화를 유도할 수 있다. 정치적으로 다양한 시민들이 촉진자의 도움을 받아 제대로 된 민주적 숙의에 참여하는 일은 [일상적인 정치 행위와는] 동떨어져 산발적으로만 일어나기 때문에 광범위한 정치적 포화가 우리의 신념과 태도에 미치는 영향을 상쇄할 수 있을 것으로 기대하기 어렵다.

이제 보다 깊은 문제가 시야에 들어오게 된다. 더 나은 민주주의 제안을 뒷받침하기 위해 수행된 숙의 실험에 대한 논의는 종종 신념 양극화를 **방지**하는 것과 이를 **역전**시키는 것 사이의 중요한 차이점을 간과한다. 사실, 더 나은 민주주의 대응이 지니는 직관적인 힘은 대체로 이 두 가지가 합쳐진 데서 비롯된다.[9] 신념 양극화가 제기하는 민주주의 문제를 해결하는 한 가지 분명한 방법은 신념 양극화가 발생하는 조건을 제거하는 것이다. 그러나 이 자명한 말은 과잉 민주주의 문제, 즉 신념 양극화가 위험한 수준에 이른 다음에 민주주의를 실행하는 문제에 대해서는 아무것도 이야기해주지 않는다. 의학적 비유를 빌리면, 질병의 예방과 치료는 별개의 문제다. 숙의 민주주의자들이 제안하는 더 나은 민주주의 기획이 민주주의의 병폐를 **예방**하는 적절한 방법일 수는 있다. 그러나 필요한 것은 과잉 민주주의라는 질병에 대한 치료법이다.

숙의 실험은 적절한 숙의—전문가들의 도움으로 이질적인 집단 내에서 포용과 예의의 규범에 따라 이루어지는 토론—가 신념 양극화를 방지할 수 있음을 시사한다. 그러나 환영할 만한 결과는 특정 정치적 이슈에 대해 정체성이 반영된 확고한 견해를 갖고 있지 않는 토론자들에게서만 나타나는 것으로 보인다. 이 경우 해당 주제를 이질적인 집단과 토론하도록 촉진하면 실제로 극단적인 태도가 형성되는 것을 방지할 수 있고, 개인이 현재 지니고 있는 신념을 온건한 방향으로 변화시키는 데 도움이 될 수 있다. 하지만 그렇다고 해서 이질적 집단 속에서 토론하도록 촉진하는 것이 신념 양극화에 대한 '해결책'이 되는 것은 아니다.[10] 오히려 필요한 것은 이미 신념 양극화에 빠져 있는 사람들이 **극단에서 벗어날 수 있는** 방법이다. 신념 양극화에 대한 확인 관점 이론이 예측하는 것처럼, 자신의 두드러진 집단적 정체성과 연관된 이슈에 대해 확고한 의견을 가지고 있는 사람이 대화에 참여하게 되면 이질적 집단 내에서의 토론은 이들의 극단성을 **강화하는** 경향이 있다.[11] 따라서 현재의 조건에서 시민들에게 숙의 민주주의자들이 제시하는 방식의 더 나은 민주주의를 실천하도록 권고하면, 양극화 해소에 기여하지 못하고 오히려 양극화 역학을 더 부추길 수 있다. 이런 점에서 이상적인 민주적 숙의에 보다 근접한 상황에 시민이 참여할 수 있도록 고안된 실험은 환영할 만하지만, 그것만으로 충분하지는 않다. 과잉 민주주의 문제에 대한 해결책은 다른 곳에서 찾아야 한다.

2. 정치의 여건

다시 한번 우리는 원점으로 돌아가야 한다. 민주주의는 평등한 존재들 사이의 자치라는 이상을 담고 있다고 반복적으로 주장해왔다. 지금까지 이 이상에 대한 논의는 정치적 의사결정이 모든 시민의 평등이라는 가치에 부합하려면 단순히 표가 아니라 시민의 목소리―우려, 비판, 이유, 논거―에 응답해야 한다는 점을 강조해왔다. 앞선 장들에서 현실 세계의 민주주의에 대한 암울한 이미지를 투영해왔지만, 그러한 암울함은 민주적 이상이 지니는 장엄함과의 대조에서 기인한 바가 크다. 평등한 존재들 사이의 자치라는 이상에 존엄한 무언가가 있다는 것을 누가 부정할 수 있을까? 삶과 사회에 대한 민주적 비전을 거창하게 찬미하기란 쉽다. 그럼에도 불구하고, 과잉 민주주의 문제에 대응하려면 우리는 그러한 이상에 사로잡혀서는 안 된다.

우리는 자주 생각하지 않지만, 민주주의는 사랑하기 어렵다. 결국 민주주의는 어떤 사람이 자신이 거부하는 규칙에 따라 살도록 강제하면서도, 그녀의 평등한 지위를 정당하게 인정할 수 있는 정치적 조건이 있다는 흥미로운 논제다. 그리고 민주주의는 무지하거나, 잘못된 정보를 갖고 있거나, 착각하거나, 부패하거나, 비합리적이거나, 열등하다고 여겨지는 사람들만이 지지할 수 있는 규칙에 따라 살도록 정당하게 강제할 수 있는 체제이기도 하다. 또한, 민주주의는 무지하고 비합리적인 다수가 선호하는 규칙을 따르도록 정당하게 강제할 수 있는 체제다. 민주주의하에서 시민은 다수의 동료 시민이 무지하고 비합리적이라는 것을 입증할 수 있고, 다수가 자신들이 선호하는 규칙을 지지하기 위해 제시한 근거를 반박할 수 있지만, 다수가 선호하는 규칙에 따라 살도록 정당하게 강제될 수 있다. 나아가 민주주의는 그러한 시민이 명백히 비합리적이고 무지한 다수가 선호하는 규칙에 따라 살도록 정당하게 강제할 수 있다는 주장을 포함한다. 다수가 조금만 덜 비합리적이고 무지하다면 완전히 다른 규칙을 열렬히 지지할 것임을 보여줄 수 있다고 해도 마찬가지다.

민주주의에 대한 또 다른 암울한 묘사다. 그러나 앞서 말한 내용이 제대로 기능하지 않는 현재의 민주주의를 기술한 것이 아니라는 점에 유의하는 것이 중요하다. 나는 이상적인 민주주의, **최상의** 민주주의를 기술해왔다. 다시 말하지만, 이상적인 상황에서도 민주주의는 민주적 결정에서 패배한 쪽에 속한 사람들이 그러한 결정을 따라야 하는 체제다. 비록 이들이 지지자들 사이에서 우세한 선택지의 근거를 비난할 수는 있지만 말이다. 완벽하게 민주적 조건하에서 민주적 소수파에 속하는 사람은 다수의 판단이 명백한 결함을 지니고 있더라도 그 결정에 따라야 한다.

현실 세계의 민주주의가 이상과 거리가 멀다는 것은 누구나 알고 있는 사실이다. 현실의 민주주의하에서 시민들은 무지하고, 잘못된 정보를 가지고 있으며, 비이성적인 시민들이 선호하는 규칙에 따라 살도록 강제된다. 우리가 의거해 살아가는 규칙의 상당수는 무지한 동료 시민들이 받아들이고 있는 잘못된 근거에 의해 뒷받침되고 있다. 또한, 더 나은 정책 방향으로 다수를 합리적으로 설득하려고 하는 결연하고 진지한 시도는 자주 실패한다. 즉 다수의 비합리성과 무지는 놀라울 정도로 회복력이 강하다. 따라서 현실 민주주의 속에서 정보를 잘 알고 있는 시민은 비합리적이고 무지한 동료 시민들에게 정치적으로 휘둘릴 수밖에 없다. 이를 잘 아는 정치인과 공직자들은 전략적으로 다수의 비합리성에 부응하고, 일단 권력을 잡게 되면 재선을 위해 통치한다.

2장에서 민주적 투표에서 패배한 쪽에 있는 사람들의 입장에 대해 잠시 살펴본 적이 있다. 과잉 민주주의 문제를 해결하기 위한 처방을 마련하기 위해서는 민주주의하에서 결정이 이루어질 때마다 누군가는 **패배한다**는 사실이 제기하는 문제들을 더 충분히 돌아봐야 한다.

민주주의는 도덕적 이상, 사회의 종류, 삶의 방식, 사회정의의 도구, 집단적 의사결정 메커니즘 등 여러 측면이 있다. 하지만 민주주의는 언제나 하나의 정치 형태이기도 하다. 그리고 정치는 항상 어느 정도는 강제적 권력을 행사하는 문제다. 즉 권력이 행사되지 않았다면 사람들이 하지 않을 수도 있고, 하고 싶지 않을 수도 있으며, 하지 않아도 된다고 생각하는 일을 하도록 유도한다. 실제로 정치는 때때로 사람들이 자신에게 좋지 않다고 생각하는 일을 하도록 권력을 행사하는 것을 포함한다. 따라서 매우 좋은 조건에서도 정치는 혼란스럽고, 갈등을 수반하는 일이다.

강압적 권력을 행사하지만 그 대상이 되는 사람의 근본적 평등을 존중하면서 정치를 수행할 수 있다는 것이 민주주의의 주장이다. 권력을 어떻게 사용해야 하는지에 대해 시민들이 **만장일치**를 이룰 때에만 권력을 부과하면서도 시민의 평등을 존중할 수 있다고 생각할 수도 있다. 그러나 민주주의는 이런 생각을 강하게 부정한다. 일정한 조건하에서는 강제적인 권력을 사용해서 자신이 원하지 않는 일을 억지로 하도록 하더라도, 시민의 평등한 지위를 적절하게 존중할 수 있다는 것이다. 민주 정치의 근간을 이루는 이러한 근본적인 전제를 다음과 같이 정리할 수 있다. 정치 권력을 어떻게 행사해야 하는지에 대해 동의하지 않는 평등한 시민들 사이에서도 정당성을 지닌 정부가 가능하다. 평등한 시민들이 정치 권력이 행사되는 방식에 대해 만장일치를 이루어야만 그러한 권력을 정당하게 행사할 수 있는 것은 아니다.

이와 관련해 중요한 질문들이 있지만, 여기서 다루지는 않을 것이다. 민주주의는 시민들 사이의 정치적 불일치가 지속되는 가운데서도 정당성을 지닌 정치가 가능하다는 생각을 전제로 한다는 것이 요점이다. 실제로 민주주의는 시민의 평등과 자유라는 조건하에서 시민들 사이의 지속적인 불일치가 예상된다는 주장도 수용한다. 그리고 일부 이론가들은 불일치 자체가 민주적 시민이 지니는 자유와 평등의 **표현**이라고까지 말한다. 2장에서 논의한 바와 같이, 민주주의에 대한 고전적 관점은 안정적인 정치체제가 어떻게 이러한 불일치를 관리하고 수용할 수 있는지를 보여주고자 한다. 반면, 공적 참여 관점은 지속적인 정치적 불일치가 민주적 질서의 정당성에 긍정적으로 기여하는 것으로 해석해서 민주주의를 모델화한다. 어떤 관점을 취하든 민주주의는 평등한 시민들 사이에 지속적이고 끊임없는 정치적 불일치가 존재하는 상황에서, 항상 강제적인 힘의 행사를 수반하면서도 정당성을 지닌 정치를 실행하려는 제안이라고 할 수 있다.

따라서 민주적 관점에 따르면 평등한 시민들 사이의 불가피한 정치적 불일치는 정치가 지닌 냉혹한 사실 중 하나다. 분배 정의에 대한 논의에서 용어를 빌려오면, 이러한 불일치는 **정치의 여건** 중 하나라고 말할 수 있다. 즉, 지속적인 정치적 불일치는 정치에 대한 모든 개념이 반드시 설명해야 하는 정치 생활의 특징이자, 우리가 정치 질서를 필요로 하는 이유의 일부다. 간단히 말해, 지속적인 불일치가 없었다면 애초에 정치 질서를 필요로 하지도 않았을 것이기 때문에 정치를 이론화할 필요도 없었을 것이다. 이런 점에서 정치는 지속적인 불일치에 대한 대응이라고 할 수 있다.

민주주의는 정치 권력이 행사되는 방향뿐만 아니라 목표나 목적에 대해서도 시민들의 이견이 존재할 것임을 전제한다는 사실을 강조해야 한다. 즉, 시민들은 단순히 수단이 아니라 정치의 **목적**에 대해 의견을 달리할 것으로 예상할 수 있다. 따라서 시민들은 정의가 가장 잘 달성되는 방법뿐만 아니라 정의가 무엇인지에 대해서도 의견을 달리할 것이다. 물론 이러한 종류의 근본적인 불일치에는 일정한 제약이 따른다. 예를 들어, 정의를 위해 일부 시민이 다른 시민을 체계적으로 억압해야 한다고 주장한다면, 이는 민주주의의 전제가 되는 평등이라는 가치에 부합하지 않는다. 반민주적 정의관을 지닌 시민에 대해서는 정치적 정당성과 관련해 흥미로운 문제를 제기할 수 있지만, 현재의 논의에서 너무 멀어지게 된다. 어쨌든 민주적 시민 내에서는 자유, 정의, 자율성 등의 핵심적인 정치적 가치가 무엇인지에 대해 상반된 견해가 광범위하게 존재할 것으로 예상할 수 있다. 요컨대, 정치의 여건 속에는 규범적으로 **깊은** 불일치가 존재하는 것이다.

일정한 규범적 깊이를 가진 정치적 불일치가 정치의 여건 중 하나라는 것을 인정하면, 우리는 정치적 상실이 정치 질서의 또 다른 불가피한 특징이며, 그러한 상실 또한 정치의 여건 중 하나라는 것을 알게 된다. 이 사실이 미치는 전체적인 영향을 파악하는 것이 중요하다. 민주 정치는 단순히 정치 권력의 행사를 둘러싼 다양하고 상충하는 선호나 욕구 간의 경쟁이 아니다. 물론 민주주의는 선호와 욕구의 경쟁을 수반하지만, **가치의 충돌**도 포함한다. 시민들은 일반적으로 자신의 견해가 옳고 그름, 공정과 불공정, 정의와 부정의 등에 대한 보다 깊은 신념에서 비롯된 것으로 이해한다. 이는 특정한 정치적 결정 상황에 단순한 선호 이상의 것이 개입된다는 것을 뜻한다. 더 정확히 말하면, 시민들은 정치 세계를 자신이 지닌 가치에 부합하도록 맞추기 위해 주창하고, 청원하며, 조직하고, 논쟁하며, 캠페인을 하고, 투표를 한다. 시민들은 자신들이 선호하는 정치적 결과를 얻기 위해 노력할 뿐만 아니라 더 깊은 도덕적 헌신 때문에 필요하다고 여겨서 특정한 결과를 선호한다.

이는 민주 정치가 대체로 격렬하고 불안정한 이유를 설명해준다. 민주주의하에서 정치적 결정이 이루어져야 하지만 이견이 존재하는 것은 엄연한 사실이기에 어떤 결정이 이루어질 때마다 어떤 시민은 패배하고 다른 시민은 승리한다. 그리고 이러한 승패는 대개 단순히 자신의 의사가 수용되거나 거부되는 문제가 아니다. 민주적 선거에서 패배한 쪽에 서게 된 시민은 승리한 쪽의 선택지를 차선책이 아니라 불쾌한 것으로 간주할 수 있다. 그렇게 되면 패배는 단순히 실망이나 좌절감으로 끝나는 것이 아니라 **모욕**으로 다가올 것이다. 그러나 그러한 결정이 올바른 방식으로 이루어졌고, 다른 실질적인 요건(예: 시민적 권리를 침해하지 않아야 함)을 충족시킨다면, 패배한 쪽의 시민은 그러한 결과를 받아들여야 한다. 이는 대부분의 상황에서 자신들이 규범적으로 옳지 않다고 생각하는 규칙과 지시에 따라야 함을 뜻한다.

올바른 민주적 절차에 따른 정치적 결과가 시민들에게 구속력을 갖는다고 해서, 특정 결과에 반대하는 사람들이 이를 묵묵히 감내해야 한다는 뜻은 아니다. 민주주의는 적절한 절차를 통해 결정이 내려진 후에도 시민들이 이에 반대해 논쟁, 주창, 선동, 캠페인을 계속할 수 있는 통로를 허용한다. 또한, 특정 상황에서는 항의, 거부, 시민 불복종과 같은 적극적인 저항의 형태도 허용한다. 2장에서 언급한 것처럼 민주주의하에서 정치적 권력의 행사와 그 대상이 되는 시민의 평등을 조화시키려고 할 때, 그 여부는 시민들에게 지속적인 논쟁, 비판, 주창을 할 수 있는 경로를 제공하는가에 결정적으로 달려 있다. 따라서 민주주의를 통해 어떠한 시민이 지닌 가치에 반하는 결과가 만들어지더라도 해당 시민은 계속해서 시정, 수정, 번복을 요구할 권리가 있다. 이를 통해 이 사람이 받는 강제는 평등한 시민의 지위와 양립하게 된다.

물론 이는 민주적 정당성을 매우 단순화시켜 설명한 것이다. 하지만 한 가지 중요한 점을 짚어보기에는 충분하다. 불일치와 상실이라는 두 가지 정치적 여건을 고려할 때, 민주주의의 성공은 중대한 규범적 쇠퇴와 오류로 간주될 수 있는 순간 이후에도 민주적 절차에 대한 투자를 지속할 수 있는 시민적 역량에 달려 있다는 사실이다. 다시 말해, 민주주의는 도덕적으로 결함이 있거나 심지어 비양심적인 결과가 만들어지더라도 민주 정치에 충실할 수 있는 시민을 필요로 한다.

이를 이해하기 위해서는 민주주의가 불만을 가진 시민들에게 제공하는 교정과 청구 수단은 모두 민주주의 사회가 대체로 시민들의 반대, 항의, 비판, 판단을 지속적으로 수용한다는 전제에 바탕하고 있음에 주목해야 한다. 시민들이 민주적인 형태의 비판과 교정에 참여하도록 하기 위해서는 동료 시민들에 대해 일정한 태도를 유지해야 한다. 즉, 심각하게 결함이 있는 민주적 결과로 여겨지는 상황에서도 동료 시민들을 이성적 근거와 문제제기, 수정제안을 받아들일 수 있는 선의의 민주적 행위자로 바라볼 수 있어야 하며, 동료 시민들이 계속해서 민주적 시민으로서 행위할 것이라는 **신뢰**를 가질 수 있어야 한다. 이와 같이 시민들이 서로를 신뢰할 수 없다면, 어떠한 민주적 결과가 다른 사람에게는 무자비하게 권력을 행사하는 일이 될 수 있음을 거의 생각하지 못할 것이다. 이에 따라 정치적 불만을 해소하기 위한 민주적 방법이 필요하다고 생각하지도 않을 것이다.

민주주의를 사랑하기란 그냥 어려운 정도가 아니라 정말 어렵다. 규범적으로 개탄스럽다고 여겨지는 정치적 결과가 나온 뒤에 민주 정치에 대한 투자를 지속하기란 쉽지 않다. 아마 동료 시민들 사이에서 널리 선호되는 정치적 결과에 심각한 규범적 결함이 있다고 생각하면서도 동료 시민에 대한 신뢰를 유지하는 것은 더욱 어려울 것이다. 그러므로 민주주의를 지속하기 위해서는 시민이 민주적 정치 질서에 수반되는 불가피한 정치적 상실을 관리할 수 있는 역량, 즉 민주주의를 통해 자신이 지닌 가치에 반하는 정치적 결과가 만들어지더라도 민주주의에 대한 투자를 지속할 수 있는 능력을 갖춰야 한다.

3. 시민적 우애와 시민적 적대감

다음 과제는 필요한 민주적 역량을 밝히는 것이다. 이 절의 뒷부분에 가면 명확해질 것이므로 대략적인 윤곽을 제시하는 것으로 시작하면 충분해 보인다. 정치적 상실 이후에 민주주의에 대한 투자를 지속하기 위해서는 동료 시민들이 우리가 제시하는 근거에 응답하고, 이의 제기를 기꺼이 고려하며, 대안을 구상할 수 있고, 비판에 비춰 자신의 견해를 수정할 준비가 되어 있음을 신뢰할 수 있어야 한다는 점은 이미 언급했다. 우리는 민주적 결정이 내려진 후, 그 결과에 기뻐하는 사람들이 정치적 상실을 겪은 사람들을, 그럼에도 개선과 수정을 지속적으로 요구할 자격이 있는 완전한 시민으로 간주할 것이라는 점을 신뢰할 수 있어야 한다. 민주 시민은 발언할 수 있어야 할 뿐만 아니라 그들의 목소리가 청취되어야 한다는 요건은 개표가 끝난 후에도 사라지지 않는다. 따라서 민주 시민으로서 우리는 자신의 [정치적] 헌신에 대한 이의 제기를 경청하고, 동료 시민이 제기하는 비판을 진지하게 다루며, 자신의 견해를 지지하는 이유를 제시하고, 필요한 경우 우리의 생각을 수정할 수 있는 역량을 갖춰야 한다. 이는 합리적 근거를 받아들이고, 처리하는 방식과 관련된 중추적 **인지** 능력이다. 이를 **합리성**(reasonableness)이라는 용어로 집약할 수 있는데, 민주 시민은 합리성의 역량을 발휘해야 한다.

민주적 시민성을 발휘하기 위해서는 다른 종류의 역량도 필요하다. 정치적 상실에 직면해서도 민주주의를 유지하기 위해서는 시민들이 일종의 **공감**(sympathy)이나 동료애를 가지고 서로를 바라볼 수 있어야 한다. 즉, 서로를 자신과 마찬가지로 진심으로 추구하는 가치를 위해 민주 정치를 실행하고자 하는 사람으로 인식할 수 있어야 하는 것이다. 그리고 동료 시민들의 정치적 관점을 지탱하는 가치에 단호하게 반대할 때도 그러한 공감을 유지할 수 있어야 한다. 민주 시민은 어떠한 사람이 정의와 다른 중요한 정치적 가치에 대해 부정확하거나 심지어 불쾌한 견해를 가지고 있다 해서 민주 시민으로서의 자격이 박탈되는 것은 아니라는 점을 인식해야 한다. 그래서 정치적으로 반대 입장에 있는 사람들이 시민으로서 부적합하다고 생각하지 않고, 잘못 알고 있거나 오해하고 있다고 간주할 수 있어야 한다. 우리는 이러한 전반적인 모습을 민주적 **공감** 능력이라고 부를 수 있다.

물론 이러한 요건에는 한계가 있다. 일부 정의관은 민주 사회에 대한 근본적인 헌신과 명백히 충돌한다. 이러한 견해를 가진 시민은 다양한 방식으로 다루어져야 하며, 특정 견해는 청취나 관용의 대상이 되지 않는다. 실제로 민주 사회의 시민성에 부적합하다고 볼 수 있는 견해가 존재할 수 있다. 그러나 어떤 견해가 부정될 수 있는지 여기서 다루지는 않는다. 민주적 공감의 한계에 대한 논의는 현재의 범위를 벗어나기 때문이다. 근본적인 가치관을 둘러싸고 극명하게 나뉘어 있고 이로 인해 서로 극도로 대립하더라도, 그러한 가치관은 올바른 민주적 시민성과 양립할 수 있다는 점이 중요하다. 여기서 특징적인 점은 민주적 시민성이 요구하는 공감은 그러한 불일치를 묵살하지 않는다는 사실이다. 그러한 공감은 진지한 도덕적 행위자이자 민주적 행위자로서 동료 시민을 대상으로 하며, 그들이 지닌 견해에 대해 분명한 반감을 가지고 있다 하더라도 발휘될 수 있다.

지금까지는 민주 시민들 간의 관계와 관련된 두 가지 폭넓은 역량인 합리성과 공감에 대해 살펴봤다. 하지만 민주 시민은 자신과 관련된 능력도 길러야 한다. 정치적 상실에도 불구하고 인내심을 가지고 민주적 행위를 지속할 수 있어야 하는 것이다. 정치적 패배 이후 앞으로 나아갈 때 인내심과 독창성, 그리고 신중함을 발휘할 수 있는 능력을 지녀야 한다. 그리고 계획하고, 전략을 세우며, 다른 사람과 협력할 수 있어야 한다. 또한, 연합을 구축하고, 다른 사람들과 공동의 대의를 찾으며, 공통 기반을 마련하고, 민주적 행위를 위한 계획을 함께 조율해 나갈 수 있는 인격적 자질을 키워야 한다. 이러한 역량을 총칭해서 **끈기**라고 부를 수 있다.

따라서 모든 정치체제에 불가피하게 존재하는 불일치와 상실을 다루기 위해서는 시민들이 충분한 수준의 합리성, 공감, 끈기를 발휘해야 한다. 다시 말하지만 민주주의는 어렵다. 하지만 민주주의가 지금 생각하는 것처럼 매우 까다롭지 않을 수도 있다. 민주적 역량이 필요하다고 해서 동료 시민 중 일부가 괴짜, 미치광이, 비양심적인 민주적 행위자라는 사실을 부정해야 하는 것은 아니다. 또한, 어떤 사람과 어울리거나 대화해야 한다는 의무를 부과하는 것도 아니다. 정치적 입장이 다른 사람에게 날카로운 정치적 비판이나 항의를 자제하라고 요구하지도 않는다. 특정한 정치적 관점을 수용하는 어떤 사람들과 관계를 맺으려 하지 않아도 올바른 민주적 시민성에 위배되지는 않는다. 방금 제시한 설명에 다른 시민에게 분노와 반감을 드러내서는 안 된다거나 침착함과 예의 바름을 보여야 한다는 내용은 없다. 기술한 민주적 역량에는 공동체를 이루어야 한다거나 다투지 말아야 한다는 의무도 들어 있지 않다. 다만 시민들이 함양해야 할 특정한 **역량들**을 구체적으로 제시했을 뿐이다. 시민들이 이런 식으로 서로를 바라보고, 대**할 수** 있어야 한다는 것이다. 어떤 경우든 이러한 역량이 행동으로 나타나는 구체적인 방식은 여기에서 다룰 수 없는 세부 사항에 따라 크게 달라진다.

내가 명시한 민주적 역량에 대해 더 할 말이 많지만, 구체적인 내용을 더 깊게 파고들 필요는 없다. 또한, 내가 제시한 역량에 대한 대략적인 서술을 그대로 받아들일 필요도 없다. 내가 제시한 설명은 민주 시민이 정치적 상실 속에서도 어떻게 민주적 헌신을 지킬 수 있는지를 생각하는 일반적인 기준을 설정하는 데 도움이 될 뿐이다. 중요한 점은 정치 권력을 어떻게 행사해야 하는지에 대한 지속적이고 깊은 규범적 갈등 속에서도 시민들이 서로를 **동료 시민**으로 간주할 수 있고, 그래서 정치 권력을 동등하게 공유할 수 있는 권리를 지닐 때만 민주주의가 번성할 수 있다는 사실이다. 조금 다르게 표현하면, 시민들이 서로의 정치적 관점과 판단이 심각하게 잘못되었다고 생각하는 경우에도 서로를 **평등한 존재**로 대우할 수 있어야 민주주의가 번성할 수 있다.

따라서 앞서 제시한 합리성, 공감, 끈기에 대한 설명은 민주 시민이 길러야 하는 보다 일반적인 성향의 구성요소를 이해하는 한 가지 방법일 뿐이다. 민주적 역량을 특징짓는 다른 방법도 존재한다. 그럼에도 불구하고 이러한 세부 사항에 대한 타당성 있는 설명은 다음에 이어질 전반적인 주장과 일치할 가능성이 크다. 현재 중요한 사실은 민주적 시민성이 그와 같은 일정한 역량들을 요구한다는 점을 인정하는 것이다. 필수적인 역량의 정확한 성격에 대한 논쟁을 접어두기 위해 이를 포괄할 수 있는 보다 일반적인 용어를 사용하는 것이 도움이 될 수 있다. 진정한 우정에는 친구의 결점에 대한 환상을 품지 않으면서도 친구의 선을 위해 헌신하려는 태도가 수반된다. 이러한 생각을 끌어오면 민주주의는 시민들 사이의 특별한 형태의 우정, 즉 **시민적 우애**(civic friendship)를 필요로 한다고 말할 수 있을 것이다.

시민적 우애는 보다 친숙한 형태의 우정과는 다르다. 우정의 정확한 본질에 대해서는 철학자들 사이에 오랜 논쟁이 있지만, 다음과 같이 정의하는 것은 문제가 되지 않을 것이다. 우정은 일반적으로 어느 정도의 대면 상호작용을 포함하는 대인관계의 일종이라고 말할 수 있다. 우정에는 특정한 종류의 돌봄과 애정이 수반되며, 친구는 일반적으로 서로를 좋아해야 한다. 또한, 친구는 어느 정도는 일련의 가치관을 공유해야 하는데, 상대방의 선이 자신의 선을 구성하는 요소라고 느껴야 하기 때문이다. 우정은 특정한 경쟁 관계 속에서도 생길 수 있다. 그렇지만 친구는 서로를 돌보고 상대가 잘 살 수 있도록 격려한다.

시민적 우애는 많은 면이 다르다. 서로를 알거나 직접적인 상호작용을 해야 시민적 우애가 생기는 것은 아니다. 또한, 서로를 좋아할 필요도 없고, 서로의 선에 대한 감각을 공유할 필요도 없으며, 상대방의 선을 자신의 선을 구성하는 요소로 여길 필요도 없다. 실제로 시민적 우애가 있어도, 사람으로서 서로를 **싫어할** 수도 있다. 시민 사이의 우애는 서로를 사회를 위한 업무를 공유하는 존재로, 그러한 업무를 형성하고 이끌어가는 데 동등한 역할을 담당할 자격이 있는 사람으로 간주하는 상호 존중에서 비롯된다. 그러므로 시민적 우애는 계속해서 정치적 반대편에 속해 있는 열정적이고, 심지어 호전적인 시민들을 평등한 시민으로서 동등한 정치 권력을 누릴 자격이 있는 존재로 보다 큰 맥락에서 바라보게 한다.

민주적 공감에 대한 논의에서 말한 것처럼 시민적 우애에도 한계가 있다는 점을 상기하는 것이 중요하다. 평등한 존재들 사이의 자치에 대한 근본적인 헌신과 충돌하는 정치적 이상을 수용하는 사람들은 민주적 시민성에 부합하지 않는다. 그래서 시민들이 서로에게 빚지고 있는 그러한 종류의 존중을 받을 자격이 없다. 이들에게 빚진 것이 무엇인지에 대한 질문은 이 책의 주제에서 벗어난 문제다. 현재 중요한 것은 민주 사회에 대한 근본적인 헌신에 부합하면서도 서로 너무 달라서 공존할 수 없는, 그리고 아마 모순되는 시민들 사이의 다양한 정치적 견해가 존재한다는 점이다. 따라서 올바른 민주적 시민들 사이에서도 정치적 불일치와 상실은 피할 수 없다. 시민적 우애는 시민들이 정치적 상실 이후에도 민주주의에 대한 투자를 유지하도록 하는 역량과 성향의 집합이라고 하겠다.

양극화 역학은 시민적 우애를 구성하는 역량을 질식시키고 침식한다. 이 점을 분명히 하기 위해, 양극화 역학은 우리 자신을 더욱 극단적인 존재로 만들어, 비판자의 말을 듣고 합리적으로 대응할 수 있는 역량을 무력화시킨다는 점을 상기해 보자. 이는 우리를 비슷한 생각을 가진 집단에 더 고착시켜, 정치적으로 반대 입장에 있는 사람들과의 차이를 증폭시키고 과장하도록 만든다. 이로 인해 우리와 대략 비슷하지 않은 사람이 이질적이고, 급진적이며, 이해할 수 없는 사람으로 보이기 시작하고, 함께할 가치가 전혀 없는 사람으로 여겨지게 된다. 정서적인 정치적 양극화가 나타나고, 반감이 강해짐에 따라 정치적으로 반대 입장에 있는 사람들은 민주적 시민성을 발휘할 수 없고, 이에 적합하지 않은 사람이라는 인식도 커진다.

양극화 역학은 시민적 우애를 약화시키면서 정반대의 성향인 **시민적 적대감**(civic enmity)을 조장한다. 시민적 적대감은 건강한 민주 정체의 특징이라고 할 수 있는 반감과 반목의 형태와는 다르다. 다시 말하지만, 내가 제시하는 견해는 투쟁, 갈등, 대립이 없는 정치를 요구하지 않는다. 앞에서 말한 것처럼, 올바른 민주적 시민들 사이에서도 갈등과 상실이 발생하는 것은 피할 수 없다. 시민적 적대감은 자신의 정치적 반대편이나 비판자를 그 자체로 민주적 시민성에 부합하지 않는 존재로 간주하는 성향을 말한다. 자신의 정치적 견해에서 조금이라도 벗어나면 올바른 민주주의로 볼 수 없다는 견해이며, 따라서 민주적인 정치 권력을 가지고 있지만 자신의 정치적 견해에 반대하는 사람은 민주주의 자체에 대한 위협이라는 입장을 취한다.

그러므로 핵심 문제를 다른 형태로 정리할 수 있다. 과잉 민주주의는 양극화 역학을 활성화해서 시민적 적대감을 조장하고, 시민적 적대감은 민주주의를 약화시킨다. 민주주의는 시민적 우애를 지닌 시민들을 필요로 하는데, 현재의 민주주의는 분명 시민적 적대감을 키우고 부추기는 환경 속에서 이루어지고 있다. 마침내 우리는 과잉 민주주의 문제가 제기하는 도전의 핵심에 도달했다. 시민적 적대감을 지닌 사람들 사이에서 어떻게 시민적 우애를 키울 수 있는가?

4. 상관성을 지닌 사회적 선

이 질문을 다루기 위해서는 좋은 일을 과도하게 추구하는 것이 어떻게 가능한지에 대한 1장의 논의로 돌아가야 한다. 여기서 **한계효용 체감**의 영향을 받기 때문에 과도하게 추구될 수 있는 선/재화와 [다른 것을] **밀어낸다**는 점에서 과도하게 추구될 수 있는 선/재화를 구분한 사실을 상기해보길 바란다. 시민적 우애를 어떻게 키울 수 있는지에 대한 대답은 앞서 설명한 좋은 것이 어떻게 과용될 수 있는지에 대한 설명이 풍부해질 때 찾을 수 있다.

어쩌면 당연해 보일 수 있는 것에서부터 시작해보자. **의도적**이고 **직접적**으로 추구하게 되면 상실되는 선이 있다. 대표적인 예가 쾌락이다. 쾌락은 다른 것을 추구할 때 가장 확실하게 얻을 수 있는 선이다. 즉, 우리는 쾌락 이외의 다른 것을 목표로 노력할 때 쾌락을 **얻는다**. 쾌락을 경험하기 위해 시작했을 때, **그것이** 의식적으로 우리 활동의 전부가 되면 잠시 동안은 즐거울 수 있지만 결국에는 불만족스럽게 끝나고 만다. 비슷한 예로 재미가 있다. 재미있는 것은 좋은 일이다. 그러나 재미를 얻지 못하는 가장 확실한 방법은 재미를 어떠한 활동의 유일한 목표로 삼는 것이다. 재미가 의도적으로 노력해야 하는 목표가 되면, 즉 "지금 재미있게 노세요"라는 말에 따라 행동하게 되면, 지루함이 뒤따르게 된다. 우리는 다른 목적의 활동에 참여함으로써 재미를 찾고, 그러한 목적을 추구하는 과정에서 재미를 경험한다. 물론 **재미를 위해** 무언가를 할 수도 있지만, 재미 추구가 명백한 목적이 아닌 다른 무언가를 하는 동안에 우리는 **재미를 느낀다.** 십대들 사이에 만연해 있는 독특한 종류의 지루함을 보라. 대체로 그들은 그들 자신의 즐거움 외에는 추구할 것이 없으므로, 모든 것에 흥미를 잃는다.

쾌락과 재미의 이러한 특징은 이러한 선들이 근본적으로 **부산물**이라고 말함으로써 포착할 수 있다. 이러한 선은 다른 목적을 가진 활동에서 비롯된다. 그래서 간접적인 경로를 통해 이를 추구하는 것이 최선이다. 다시 말하지만 쾌락과 재미를 **위해서** 할 수 있는 일들이 없다는 말이 아니다. 실제로 우리는 이러한 선을 위해 많은 활동을 하고 있다. 요점은 우리가 재미를 위해 무언가를 한다면, 추구하고자 하는 다른 목표를 염두에 둘 때 성공할 수 있다는 것이다. 예를 들어, 우리는 **게임을 하거나 롤러코스터를 타면서** 재미를 추구한다. '재미를 위해' 테니스를 치는 사람은 테니스를 치는 것이 목적이어야 한다. 테니스를 치면서 재미를 느끼는 것이다. 일반적으로 우리는 의도적으로 쾌락이나 재미를 추구할 수 있지만, 다른 목적도 함께 추구해야 한다.

시민적 우애가 아닌 평범한 우정에 대해서도 비슷한 말을 할 수 있다. 우정은 좋은 것이다. 친구가 있다는 것은 좋은 일이다. 하지만 **우정**을 대인관계의 목적으로 삼는 것은 사람들을 소외시키는 확실한 방법임이 분명하다. 우리는 우정이 아닌 다른 목적을 가진 집단적 활동에 다른 사람과 함께 참여하면서 친구를 사귀게 된다. 그래서 우정을 만드는 것을 명시적인 목적으로 하지 않는 일을 함께 추구하고 경험하는 과정에서 우정이 **생겨난다**고 말할 수 있다. 그러한 공유 과정이 없으면 우정은 시들기 마련이다. 두 사람이 우정에 걸맞은 애정과 보살핌을 유지할 수도 있다. 하지만 그 이상의 것을 공유하지 않으면 서로를 계속 돌볼 수는 있어도 우정은 사라진다.

이 마지막 결론은 쾌락과 재미의 예보다 더 복합적인 의미에서 부산물이라고 할 수 있는 선이 있음을 뜻한다. 쾌락과 재미처럼 우정도 다른 목적이 있는 활동에서 생기므로 그러한 의미에서 부산물이다. 그러나 우리가 이러한 다른 노력에서 우정을 **얻는다**고 말하는 것은 적절하지 않다. 재미나 쾌락과는 달리 우정은 정확히 어떠한 **산물**이 아니기 때문에 직접적 의미에서 부산물이 될 수 없다. 오히려 우정은 앞 절에서 언급한 것과 같은 특징의 성향과 행동을 수반하는 지속적인 **공동활동**이다. 따라서 그 구조가 재미와 쾌락의 구조와 달라야 하는 것은 당연하다. 그리고 실제로 그렇다. 우정은 특정한 공동의 노력에서 생겨나며, 그와 같은 노력과 함께 할 때에만 지속될 수 있다. 우정은 어떠한 다른 목적의 추구와 함께 할 때에만 추구되고 키울 수 있는 선이라고 말할 수 있을 것이다.

이러한 생각에 담긴 의미를 이해하기 위해 어떠한 친구가 당신에게 다가와 우정이 더 깊어질 수 있게 함께 노력하자는 제안을 한다고 상상해보자. 좀 이상한 제안이기는 하다. 하지만 그런 생각은 잠시 접어두고 "그래, 그러자! 그럼 우리 함께 무엇을 할까?"라고 대답한다고 해보자. 그런데 친구가 어리둥절해하며 다음과 같이 반응한다. "어? 방금 말했잖아. 우정을 더 깊게 쌓자고! **그게** 방금 우리가 하기로 한 거잖아!" 다소 코믹한 이 대화는 우정에 관한 중요한 진실을 드러낸다. 우정은 **상관성을 지닌 선**(correlate good)이다. 즉, 우정을 추구하고 우정이 번성하려면, 다른 선을 추구하고 다른 선이 번성해야 한다. 우정은 공유된 선이라는 더 넓은 지평 안에서만 번성할 수 있다.

다시 앨리스 이야기로 돌아가보자. 앨리스는 오로지 건강만을 추구해서 몸을 관리하느라 여행, 친구와 시간 보내기 등 자신이 소중하다고 여기는 다른 좋은 것들을 밀어낸다. 앞에서 앨리스의 건강 계획이 왜곡되어 있다고 생각할 만한 이유가 있다고 말했다. 앨리스는 일반적으로 건강해지려고 하는 목적이라고 할 수 있는 활동과 경험을 포기하면서까지 건강이라는 선을 추구하고 있다. 그래서 우리는 이러한 앨리스의 노력을 **집착**이라는 진단 용어로 규정하는 경향이 있다. 그리고 장기적으로 볼 때 이러한 집착이 몸의 건강을 유지하는 데 도움이 될 것인지에 대해서도 의문을 가질 수 있다.

이는 어떠한 가치 있는 선을 추구한다는 것은 우리의 전반적인 도덕적 삶에서 어느 정도의 폭과 다양성을 전제로 한다는 것을 말해준다. 따라서 앨리스가 여행 중에 향유했던 풍성한 우정과 풍부한 경험이 부재하다면 앨리스의 완벽한 몸은 건강하지 못하고 흉해 보일 수 있으며, 어쩌면 **증상**일 수도 있다. 우리는 몸의 건강함을 하나의 선으로 간주하는 경향이 있는데, 그러한 선의 가치는 건강해져서 추구할 수 있는 다른 선에 의해 부분적으로 구성된다. 따라서 다른 선을 추구하는 것을 **희생**하면서까지 건강함을 추구하면, 이는 결함이 있고 병적인 것처럼 보이게 된다.

우정에 대해서도 비슷한 생각을 할 수 있다. 우정은 상관성을 지닌 선이며, 다른 선을 추구할 때에만 추구되고 번성할 수 있다는 점은 이미 언급했다. 여기에 우정이라는 선은 하나의 다른 목표를 추구하는 데 일차원적으로 혹은 완전히 집착할 때 훼손된다는 점을 덧붙일 수 있다. 이는 이른바 우정이 관련 당사자들의 전망을 축소하는 기능을 할 경우에 더욱 분명해진다. 우정이라는 선은 당사자들의 지평이 **확장되는** 방식과 부분적으로 관련이 있다. 그래서 친구는 우리가 새로운 것을 시도할 때 함께할 수 있는 사람들인 경우가 많다. 우정의 좋은 점 중 하나는 새로운 도전을 가능하게 해서 서로의 성장을 돕는다는 데 있다. 우정이라는 선은 부분적으로 우정을 통해 가능해지는 다른 선에 의해 구성되며, 이러한 선은 어느 정도의 폭과 다양성을 지녀야 한다. 그래서 우리는 이러한 부가적인 선을 친구들과 함께 추구함으로써 우정을 쌓는다. 새롭게 추구하는 것을 공유하고, 새로운 계획을 함께 수행하면 우정이 **풍성해지는** 이유다.

친구와 흔히 '버디'라고 불리는 관계의 차이점에 주목해보라. 버디는 낚시, 하이킹, 음주, 동호회 등과 같은 **특정** 종류의 활동을 함께하는 친구 같은 파트너를 말한다. 버디를 갖는 것도 중요하지만, 친구와 구별되는 점이 있다. 버디 관계의 선은 일부 제한적이고 분명한 한계 범위가 있는 활동을 함께하고 서로 지지하면서 형성되는 당사자들 간의 신뢰성에서 생긴다. 반면, 친구 관계의 선은 서로 지지하면서 가능해지는 시도의 가변성과 관련이 있다. 그래서 친구 관계가 다양하고 확장된 경험의 공유를 수반하지 않을 때, 우정은 정체되고 쇠퇴하기 시작한다.

분명히 말하지만 민주 시민이 대면 공동체에서 우정을 형성하거나 뭉쳐야 한다고 제안하기 위해 설명하고 있는 것은 아니다. 민주 시민은 **시민적** 우애를 구성하는 서로에 대한 성향을 스스로 길러야 한다는 게 내 주장이다. 시민적 우애는 앞서 언급한 중요한 측면에서 일반적인 우정과 다르다. 하지만 그럼에도 이 둘은 유사한 구조를 가지고 있다.

시민적 우애를 구성하는 역량은 시민들 간의 관계가 자신의 시민적 역할에만 집착해서 시민으로서의 충성심과 진영에 사로잡히게 될 때 막히고 질식된다. 다른 모든 것을 배제하고 하나의 활동에 철저하게 집착하는 우정처럼, 정치적 일에만 일차원적으로 몰두하는 시민적 우애는 양극화 역학을 고착화할 수밖에 없다. 그래서 앞에서 민주 시민이 서로를 올바로 시민으로 대하기 위해서는 시민 이상의 존재로 간주할 수 있어야 한다고 말했다. 이제 우리는 서로를 정치 너머의 가치 있는 프로젝트와 목표에 헌신하며 살아가는 평등한 인격체로 인정해야 한다는 점을 덧붙일 수 있다. 이러한 점을 종합해보면, 우리가 정치적으로 반대편에 있는 사람들을 **오직** 시민으로만 대하게 되면 그들을 정치 권력을 가질 자격이 있는 존재로 여길 수 있는 능력이 약화한다고 말할 수 있다. 그들을 우리와 같은 평등한 존재가 아니라 장애물이나 위협으로 간주하게 되는 것이다. 우리와 정치적 입장을 공유하는 사람들도 마찬가지라는 점이 중요하다. 공통의 정치적 목표를 추구하는 과정에서 사회적 상호작용의 내용을 소진하게 되면, 그들을 동료 시민이 아니라 협력자나 같은 편으로 간주하게 된다. 역설적으로 들릴지 모르지만, 우리가 동료 시민을 전적으로 시민으로만 간주하게 되면 그들을 평등한 존재로 대할 수 있는 능력이 줄어들게 된다.

따라서 시민적 우애를 키우려면 서로를 시민적 정체성과 역할 이외의, 더 중요하게는 그 **이상의** 존재로 바라볼 수 있는 방법을 찾아야 한다. 이는 생각보다 어려운 일이다. 우리의 사회적 환경은 정치적으로 포화 상태에 있다. 이는 우리의 정치적 충성심과 분열을 두드러지게 하는 힘이 일상적 상호작용에 크게 작용하고 있다는 것을 의미한다. 이는 또한 동료 시민, 특히 정치적으로 반대편에 있는 사람들에 대한 우리의 견해가 대부분 양극화 역학의 산물이며, 이로 인해 왜곡되어 있음을 의미한다. 따라서 '진영을 가로질러' 협력을 추진하려는 노력만으로는 충분하지 않으며, 그러한 노력을 통해 해결하고자 하는 문제의 원인을 정확히 파악할 필요가 있다. 이로부터 민주주의는 시민적 우애에 의존하기 때문에 정치가 제자리에 놓일 때에만 번성할 있다는 사실이 더욱 분명해진다. 시민적 우애를 키우기 위한 우리의 노력은 우리의 정치적 성향과 분열을 두드러지게 하지 않는 만남과 협력 활동에서 시작해야 한다. 정치를 억누르거나 보류하는 것이 아니라 이를 넘어서려고 노력하는 것이다.

5. 양극화 역학을 깨기

나는 이미 비정치적인 협동적 활동이라는 생각 자체가 생소하게 느껴질 수 있다는 점을 인정한 바 있다. 하지만 진단적 주장이 맞는다면, 이는 예상해야 할 수 있는 일이다. 정치적 포화 상태에서는 비정치적인 집단 활동을 상상하기 어렵기 때문이다. 이러한 생각이 특이하게 여겨지는 것 자체가 정치적 포화 상태와 양극화 역학의 증상이라고 볼 수 있는 것이다. 그러나 이게 전부가 아니다. 지금까지의 주장이 타당하다면, 우리가 함께 하는 모든 것이 정치적 표현이라는 게 **사실**이 된다. 우리의 사회적 환경이 정치적 포화 상태에 이르렀다는 것은 바로 이런 의미다.

이러한 사실에 비춰 이 장의 서두에서 언급한 점을 상기해보길 바란다. 비정치적인 협력적 활동의 목록을 만드는 것은 부질없는 일일 수 있다. 만약 우리의 사회적 환경이 실제로 정치적 포화 상태이고, 이러한 포화 상태로 인해 양극화 역학이 고착화되었다면, 내가 제안하는 비정치적 노력의 사례도 나의 정치적 가치와 충성심을 반영할 가능성이 크다. 그리고 이 말이 맞다면, 내가 제시할 수 있는 어떠한 실천적 제안도 양극화 역학에 기름을 붓는 것일 가능성이 크다. 따라서 비정치적인 협력적 활동의 목록을 기술하는 것은 무용한 것을 넘어 좋지 않은 역효과를 초래할 수 있다. 과잉 민주주의 문제에 대한 해결책은 단순히 낯선 이들과 새롭고 색다른 활동을 하는 데 있지 않다. 그러한 노력은 양극화된 정치적 사람들로 가득하게 될 것이다. 그렇다면 우리는 덫에 걸린 것 아닐까? 아닐 수도 있다.

큰 규모의 정치적 문제는 비슷한 규모의 개입을 통해서만 해결할 수 있다고 생각하는 경향이 존재한다. 이러한 경향은 일반적으로 타당하지만, 우리를 잘못된 길로 이끌 수 있다. 어떤 경우에는 작은 조치를 취하는 것이 큰 문제를 해결하는 가장 좋은 방법일 수 있기 때문이다. 과잉 민주주의는 이에 속한다. 이 문제에 대한 해결책은 개인으로서 우리 스스로 시작할 수 있는 비교적 사소한 변화에서 나온다.

과잉 민주주의 문제는 양극화 역학을 깨뜨림으로써 해결된다. 이를 위해서는 먼저 우리 자신부터 정치적으로 경쟁하는 입장의 사람들에 대한 **시각을 변화**시켜야 한다. 앞서 말한 이유 때문에 '적을 알아가는' 전략을 통해 이러한 변화가 이루어질 가능성은 크지 않다. 그래서 내 주장은 정치적으로 경쟁하는 입장의 사람들을 점심 식사에 초대하거나 초당적으로 팀을 이루어 소프트볼 경기를 하도록 하는 등의 제안을 담고 있지 않다. 원한다면 이러한 활동에 자유롭게 참여할 수 있다. 그러나 과잉 민주주의에 대한 해결책은 궁극적으로 개인으로서 **우리 자신에게** 있다. 좀 더 구체적으로 말하면, 정치적으로 반대편에 속한 사람들에 대한 우리의 시각을 바꾸려면 먼저 우리 자신을 바라보는 시각부터 달라져야 한다.

신념 양극화, 정치적 양극화, 그리고 이를 초래하는 다양한 부수적 현상들—'반향실', '격리', '버블', '대안적 사실' 등—에 대한 일반적인 경고는 대부분 **2인칭** 또는 **3인칭** 형태를 취한다. 즉, 우리가 이러한 현상을 비난할 때는 대체로 다른 사람, 일반적으로 정치적으로 경쟁하는 입장의 사람들이 그러한 역기능을 겪는 것으로 언급한다. 마찬가지로, 최근 민주주의의 공적 담론 상태에 대해 불평할 때도 일반적으로 우리와 입장이 다른 사람들에게 책임을 전가한다. 그리고 당파적 극단주의와 적대감의 심화에 대해 우려할 때 우리는 거의 항상 정치적으로 반대편에 있는 사람들을 떠올린다. 우리는 일반적으로 우리 자신이 양극화 역학에 사로잡혀 있다고 생각하지 않으며, 정치적으로 같은 입장의 사람들이 더 극단적인 모습으로 변했다고 생각하지도 않는다. 양극화 역학은 다른 사람들에게나 영향을 미치는 것처럼 보이는 것이다. 우리는 보통 우리 자신의 경우에는 이를 인식하지 못한다.

이에 대한 좋은 설명이 있다. 정치적 헌신은 신념 양극화의 산물이며 우리가 가진 증거와 부합하지 않는다는 진실한 1인칭 평가 후에는 이를 유지하기 어려울 것이다. 즉, **감춰짐**(surreptitiousness)은 양극화 현상의 특징 중 하나이며, 실제로 양극화 현상이 널리 퍼져 있는 이유 중 하나이기도 하다. 우리는 작용할 당시에는 거의 감지할 수 없는 힘 때문에 더 극단적인 존재로 바뀐다. 따라서 우리는 양극화가 반대 입장의 사람들에게 어떻게 작용하는지는 분명히 알 수 있어도, 우리 자신이나 같은 입장의 사람들에게 미치는 영향은 인식하지 못하는 경향이 있다.

그러나 이제 신념 양극화가 작동하는 메커니즘과 이것이 일으키는 역학을 확인했으므로, 신념 양극화가 미치는 영향을 타인에게만 전적으로 돌리는 것이 근거가 없다고 결론 내릴 수 있다. 우리는 반대 입장의 사람들이 신념 양극화의 영향을 받는다고 생각하는 정도만큼 우리 자신도 그에 상응하는 영향을 받을 가능성이 크다는 사실을 인정해야 할 이유가 있다. 신념 양극화에 우리 자신이 취약하다는 사실을 부정하는 경향 자체가 양극화 역학의 또 다른 표현이라는 것을 인식해야 한다. 신념 양극화가 오직 다른 사람에게만 나타난다고 여기는 경향은 우리를 더 극단으로 밀어붙이고, 같은 생각을 가진 사람끼리 뭉쳐, 우리와 다른 사람의 생각이나 비판에서 멀어지게 하는 또 다른 메커니즘이다. 그래서 이러한 경향은 시민적 우애가 약화하고, 시민적 적대감이 고조되는 과정이기도 하다.

따라서 정치를 제자리에 돌려놓기 위한 첫 번째 단계는 우리 자신이 양극화 역학에 취약하다는 사실을 인정하는 것이다. 우리는 흔히 왜곡과 부패를 정치적으로 반대편에 있는 사람들의 탓으로 돌리지만, **우리 스스로가** 그러한 왜곡과 부패에 취약하다는 것을 인식하기 위해 노력해야 한다. 우리는 우리 자신의 견해가 신념 양극화의 산물일 가능성이 크다는 것을 인정해야 한다. 그렇다고 해서 우리가 가진 모든 정치적 헌신을 처음부터 다시 만들어야 한다고 권고하는 것은 아니다. 그것은 쓸데없는 일이 될 것이다. 더 중요한 단계는 우리가 정치적으로 반대편에 있는 사람들을 어떻게 바라보는지에 초점을 맞추는 것이다. **그들**에 대한 우리의 시각은 우리가 속한 집단에서 묘사하는 것의 산물일 가능성이 크다. 그리고 이러한 묘사는 그들이 누구이며 무엇을 믿는지에 대한 세밀하고 정확한 그림을 만들어내는 것과는 상관없이, [집단의] 결속을 높이기 위한 특정한 역학이 작용한 결과일 가능성이 크다.

우리의 본능은 그렇지 않다고 말할지 모르지만, 우리와 정치적으로 반대편에 있는 사람들은 민주주의의 핵심을 위협하는 시각을 지닌 극단주의자들로만 구성된 단일체가 아니다. 실제로 일부 연구에 따르면 지난 30년 동안 적대감의 수준이 증가했음에도 불구하고, 반대 입장의 정당에 속한 일반 당원들은 구체적인 정책에 대해서는 입장 차이가 심각하게 증가하지 않았으며, 오히려 특정 주요 이슈에 대해서는 당파적 차이가 줄어든 것으로 나타났다.[12] 이 결과가 놀랍다면, 신념 양극화가 흄의 얼굴을 가지고 있다고 말했던 것을 떠올려 보길 바란다. 우리가 우리 자신의 관점에 더 강하게 집착할수록 같은 집단에 속하지 않는 사람에게는 **정서적으로** 더 큰 거리감을 느끼게 된다. 이렇게 강화된 정치적 거리감은 정치적인 정책을 둘러싼 우리의 생각과 견해가 깊은 차이를 가지고 있다는 인상을 낳는다. 앞에서 말했지만, 신념 양극화는 정서적인 정치적 양극화를 낳고, 정서적인 정치적 양극화는 당파적인 정치적 양극화와 플랫폼의 정치적 양극화를 초래한다. 우리 모두는 양극화 역학에 취약하기 때문에 자신과 정치적 반대편의 정치적 견해 사이의 이념적 거리를 과장해서 생각하는 경향이 있다. 이를 깨닫기 어렵다고 생각하는 사람들은 양극화 역학 때문이라고 여겨야 한다.

그렇다고 해서 정치적으로 경쟁하는 입장의 사람들에게 화해적인 자세를 취해야 한다고 주장하는 것은 아님을 다시 한번 강조하고 싶다. 정책에 대한 자신의 견해를 완화할 필요가 있다거나 자신과 반대편의 견해 차이를 깨뜨려야 한다고 주장하는 것도 아니다. 양극화 역학이 양쪽 모두 영향을 준다는 점을 고려해 이와 같은 재조정이 필요한지의 여부는 여기서 다룰 수 없는 별개의 문제다. 우리 자신이 양극화 역학에 취약하다는 사실을 인식하는 것과, 우리 자신의 견해를 확고히 하고 정치적으로 헌신하는 바를 위해 감시하는 정치적 행위를 지속하는 것은 모순되지 않는다. 현재 제안하는 것은 양극화 역학의 효과를 흔히 어느 한쪽으로 **돌리는 것**은 근거가 없으며, **정치적 반대편**에 대한 자신의 견해가 양극화의 산물일 가능성이 높다는 것을 인식할 필요가 있다는 점이다.

이 첫 번째 단계는 이미 잘 입증되어 있는 것을 진지하게 수용하기만 하면 되므로 쉬워 보일 수도 있다. 하지만 작은 발걸음이라고 해서 모두 쉬운 것은 아니다. 우리의 사회 환경은 정치적 포화 상태에 있다. 이는 우리의 소셜 미디어 피드, 오락 습관, 그 밖의 많은 것이 우리의 정치적 성향에 맞게 정렬되어 있으며, 우리의 사회적 정체성을 확인하도록 구조화되어 있음을 뜻한다. 우리가 양극화에 취약하다는 사실을 정확히 인식하는 것만으로는 충분하지 않다. 일상생활 속에서 우리는 [자신의 관점을 다른 사람을 통해] 분명하게 확인시켜주는 것들에 노출되어 있다. 우리가 할 수 있는 한, 이러한 영향을 **줄이기** 위한 적극적 행동에 참여하려고 노력할 필요가 있다. 소셜 미디어 계정을 삭제할 필요까지는 없겠지만, 피드에 표시되는 지극히 정치적인 계정, 특히 반대편을 조롱하는 밈에 집착하는 계정은 보이지 않게 하거나 많이 노출되지 않도록 하는 것이 좋다. 또한, 온라인 뉴스와 케이블 뉴스 소비를 중단하라고까지 말하지는 않을 것이다. 하지만 텔레비전 뉴스보다는 전통적인 인쇄물과 라디오가 더 정확하고 신뢰할 수 있는 정보원이라는 사실이 밝혀졌음에 유념할 필요는 있다.[13]

보다 일반적인 권고는 다음과 같다. 다른 사람들과 함께 비정치적인 활동을 하기 위해서는 먼저 자신을 둘러싼 사회적 환경의 [정치적] 포화도를 줄이는 조치를 취해야 한다. 따라서 자신의 사회적 환경에서 가장 정치적으로 포화 상태인 영역에서 플러그를 뽑고 나와야 하며, 이 외에도 일정 수준 절제하고 거부하는 데 참여해야 한다. 우리의 사회적 환경은 정치적 메시지와 기타 자극을 포함하고 있을 뿐만 아니라, 우리에게서 분명한 정치적 행위를 **이끌어내는** 역할을 하기 때문이다. 다시 말하지만, 정치를 제자리에 두는 것은 정치적 침묵이나 체념을 요구하는 것이 아니다. 우리의 사회적 삶의 모든 측면이 민주적 시민성의 장소가 될 **수도** 있지만, 그러한 용도로만 사용**되어서는** 안 된다고 주장하는 것이다. 그래서 [모든 곳에서] 공공연하게 정치적 소통을 하도록 하는 끊임없는 자극을 거부하려는 결심이 필요하다. 즉, 정치를 제자리에 두려면 우리의 사회적 환경 내에 경계를 설정하고, 민주주의가 영향을 미칠 수 있는 범위를 제한해 다른 종류의 사회적 만남이 이루어질 수 있도록 해야 한다. 그래서 페이스북을 정치적 행위의 장소로 이용하지 않는 것과 정의에 전적으로 헌신하는, 깨어 있고 양심적인 민주적 시민이 되는 것은 모순되지 않는다. [정치적으로 같은 입장의] 친구와 [소셜 미디어] 피드는 그렇지 않다고 말할지 모르지만, 소셜 미디어를 반려동물을 찍은 영상을 보는 데에만 사용한다고 해서 자신의 정치적 의무를 방기하는 것은 아니다.

정치적으로 반대 입장에 있는 사람들에 대한 우리의 시각을 왜곡하는 힘들에 우리가 취약하다는 사실을 인식하고, 우리를 둘러싼 사회적 환경의 [정치적] 포화도를 줄이려는 조치를 함으로써 양극화 역학을 깨뜨리기 시작할 수 있다. 이것이 출발점이다. 정치적으로 경쟁하는 입장의 사람들에 대한 우리의 시각을 [긍정적으로] 회복하는 데 어느 정도 변화가 생긴 후에 비정치적인 활동을 시도하는 것이 바람직하다. 이 일은 자신과 정치적으로 반대 입장의 사람들을 확인한 다음 그들과 함께할 어떤 일을 제안하는 것이 아니라는 점에 유의하길 바란다. 비정치적인 협력적 활동은 비당파적 혹은 초당파적 활동이 아니며, 그런 식의 설명으로 시작할 수 있는 일이 아니다. 비당파적 혹은 초당파적 활동은 정치적 협력을 명시적인 목표로 삼고 있기 때문에 시민적 우애가 상관성을 지닌 선이라는 점을 인식하지 못한다. 우리 앞에 놓인 과제는 정치를 제자리에 두는 것이며, 이것은 우리가 정치적인 적일 수 있다고 알고 있는 사람들과 함께 일함으로써 이루어진다. 이것은 정치가 개입하는 것이 부적절하고, 정치가 어울리지 않는 활동이다. 요컨대, 우리는 '당파적 입장을 넘어'서려는 시도 이상의 것을 해야 한다. 우리는 넘어설 게 없는 협력의 장을 찾을 필요가 있다.

깊은 우정을 쌓기 위해 함께 노력하자고 제안한 친구의 예를 떠올려보자. 이 대화가 약간 웃긴 이유는 친구가 자신이 제안하고 있는 활동을 적절히 설명하는 데 혼란스러운 모습을 보이기 때문이다. 그는 마치 **본질적으로** 우정을 돈독하게 하는 어떤 활동이 있다고 생각하는 것 같다. 그러나 그와 같은 활동은 존재하지 않는다. 어떤 활동이 우정을 돈독히 하는 데 도움이 되는지, 아닌지는 전적으로 당사자들에게 달려 있다. 우리가 양극화 역학을 깨뜨리려면, 특정한 설명을 만족시키는 활동에 참여해야 한다. 즉, 상대방이 어떤 정치적 헌신을 지니고 있는지 알지 못하고, 그러한 사실이 관심사가 되지 않는 사람들과 협력적 활동에 참여해야 하는 것이다. 본질적으로 정치적인 성격을 지니는 집합적 활동도 있을 것이다. 그러나 어떠한 다른 종류의 협력을 관련된 의미에서 비정치적인 것으로 볼 수 있는지의 여부는 우리가 **무엇을 가져오는지**에 따라 크게 달라진다.

따라서 실천적인 조언을 하면 다음과 같다. 정치적으로 반대하는 입장의 사람들에 대한 시각을 회복하기 위해 노력한 다음, 분명한 정치적 성향을 가지고 있지 않다고 생각하는 협력적 노력이나 활동을 시작해보라. 그러한 일이 평소에 해보지 않았던 것이면 더 좋다. 지역에 있는 공원에서 쓰레기를 줍거나 공공도서관에서 누군가에게 독서를 가르치는 일을 자발적으로 지원해볼 수 있다. 노약자를 방문하는 단체에 가입하고, 볼링팀이나 독서 클럽에 참여하고, 요리 교실에 등록할 수도 있다. 지역사회의 공동체를 조직하는 일에 참여하거나, 지역의 스포츠팀을 응원할 수도 있다. 지역의 술집에서 퀴즈의 밤 행사를 주최할 수도 있고, 지역의 사업체들을 후원하는 집단을 만들 수도 있고, 지역 합창단 오디션에 참가할 수도 있다. 무엇을 시도하든 크게 중요하지 않다. 특정한 정치적 정체성을 표현하는 것과는 무관하다고 당신이 정말로 생각하는 일을 하는 게 중요하다.

이러한 활동에 참여하다가, 정치적 성향이 유사함을 드러내는 사람들에 둘러싸여 있음을 깨닫게 되면 다른 일을 시도해보라. 또한, 당신과 반대되는 정치적 성향을 가지고 있음을 드러내는 사람들에 둘러싸여 있음을 깨닫게 되면, [그러한 활동을] 자제하고 거부하는 것이 좋다. 그리고 정치와 연관된 일에 관여하지 않겠다는 의사를 분명히 밝히길 바란다. 그래도 안 되면, 다른 일을 찾아보라. 정치와 동떨어진 협력적 활동에 참여하는 것이 목적이라는 점을 기억하길 바란다.

이는 작지만, 그렇다고 해서 꼭 쉬운 단계는 아니다. 또 다른 어려움도 있다. 비정치적인 협력적 활동에 참여하는 것을 처방으로 제시했지만, 이러한 노력이 민주주의를 회복하려는 의도로만 이루어질 수는 없다. 볼링 리그에 가입하려면, 볼링을 중심에 놓고 노력해야 한다. 재미로 테니스를 치는 사람이 **테니스를 치는** 활동을 하고 있다고 말해야 하는 것처럼, 시민적 우애를 키우기 위해 볼링 리그에 가입할 때도 다른 것, 즉 **볼링**을 중심에 놓고 노력해야 한다. 새로운 친구를 사귀고 싶어서 볼링 리그에 가입하는 사람을 생각해보자. 물론 볼링을 통해 새로운 친구를 사귀는 일을 하고 있다고 말하는 것은 어떤 면에서는 적절하다고 할 수 있다. 그렇지만 그러한 방법으로 친구를 사귀는 데 성공하려면 볼링을 자신이 참여하고 있는 활동으로 여겨야 한다.

시민적 우애를 쌓기 위한 비정치적 협력도 마찬가지다. 민주주의 회복에 기여하고 싶다는 열망이 참여의 동기가 될 수는 있지만, 이러한 계획의 성공 여부는 주로 비정치적 활동 **그 자체에** 관심을 기울이는 정도에 달려 있다. **공원 청소, 노인 방문, 클럽 참여, 팀 지원** 등과 같은 활동을 통해 시민적 우애를 키울 수 있다면, 우리 스스로가 그러한 활동들을 해나가야 한다. 시민들이 서로 협력해서 가치 있는 결과를 만들어내면서도 서로의 정치적 성향을 의식하지 않는 사회적 만남을 늘려갈 수 있다면, 우리는 양극화 역할을 깨뜨리고 시민적 우애를 키워나갈 수 있을 것이다.

6. 시민적 우애는 가능한가?

현재까지의 주장을 정리해보자. 나는 먼저 양극화 역학을 깨고 정치를 제자리로 돌려놓기 위해 취할 수 있는 두 가지 방안을 제시했다. 첫 번째는 양극화에 자신이 취약하다는 사실을 인정하는 것이고, 두 번째는 자신을 둘러싼 환경의 [정치적] 포화도를 낮추기 위한 작지만 중요한 조치를 취하는 것이다. 이를 실천한 뒤 다음 단계는 자신의 정치적 의사를 표현하는 것과 정말로 무관하다고 여겨지는 사회 활동에 참여하는 것이다. 이러한 노력의 가장 중요한 목표이자, 보다 일반적으로 양극화 역학을 깨뜨리는 열쇠는 자신과 정치적으로 반대 입장에 있는 사람들에 대한 인식을 [긍정적으로] **회복**하는 것이다. 우리의 정치적 적대감과 분열이 적어도 부분적으로는 우리 모두가 겪고 있는 쇠약 증후군(debilitating syndrome)의 결과임을 인정하는 것은 정치적으로 경쟁하는 입장의 사람들을 평등한 존재로 간주하는 능력을 회복하는 첫걸음이다. 정치적 분열의 깊이와 심각성에 대한 우리의 생각이 모두에게 부정적 영향을 미치고 있는 [양극화] 역학에서 기인한다는 사실을 인식한 다음, 이를 바탕으로 정치적 성향을 모르는 사람들과 함께 인간성과 시민성을 재확인하는 협력적 활동에 참여한다면, 우리가 겪고 있는 정치적 갈등이 정치적으로 반대 입장에 있는 사람들이 타락하고 부패해서 생긴 결과가 아니라는 것을 인정하기 시작할 수 있다. 그 결과 가장 중요한 정치적 사안에 대해 우리와 정치적으로 반대 입장의 사람들이 심각하게 잘못 알고 있고, 틀렸으며, 지식이 없다고 하더라도, 이들이 우리와 동등한 존재로서 평등한 민주적 발언권을 가질 자격이 있다는 사실을 긍정할 수 있을 것이다.

시민적 우애는 이처럼 타인에게 야누스적 성향을 드러낼 수 있는 능력이다. 시민적 우애가 민주주의적 이상에 부합하는 정치적 가치를 지닌 사람들에게만 적용된다는 점을 고려하더라도, 시민적 우애는 불가능한 것처럼 보일 수 있다. 우리 자신의 견지에서 볼 때 가장 중요한 정치적 사안에 대해 심각하게 잘못 알고 있는 사람들을 어떻게 정책을 결정할 동등한 권력을 가진 존재로 간주할 수 있을까? 당연히 나올 수 있는 주장으로 생각되는데, 정의가 가장 중요하다면 정의에 대해 잘못 알고 있다고 여겨지는 사람들을 왜 우리와 정치적으로 동등한 존재로 받아들여야 하는가? 시민적 우애가 가능하긴 한 것일까?

자주 갈등하고 때로는 괴로워하기도 하지만 그럼에도 불구하고 시민적 우애는 가능하다. 유사한 구조를 가진 친숙하고 널리 퍼져 있는 성향에 비유해보자. 표준적인 설명에 따르면, 종교적 관용은 내적으로 부자연스러운 성향이다. 이는 다른 사람이 [자신의] 양심에 따라 심각하게 잘못되고 영원히 해로울 수도 있는 길로 가고 있다고 판단할지라도, 그 사람의 양심을 존중하는 능력이다. 이를 조금 더 분명하게 이해하기 위해 ① 자신의 신앙 외에는 구원이 없고, ② 구원을 얻는 것이 인간이 성취해야 할 가장 중요한 일이며, ③ 다른 사람이 구원을 얻도록 돕기 위해 자신이 할 수 있는 일을 해야 한다는 종교적 신념을 가진 사람이 있다고 생각해보자. 종교적 관용은 ④ 내가 정치적 힘을 이용해서 구원을 위해 종교적으로 준수해야 할 사항에 따르도록 다른 사람을 강요하는 것은 비효율적일 뿐 아니라 잘못된 일이라는 추가적인 신념을 갖는 것이다.

이 네 번째 신념을 갖게 되면, 문제가 생긴다. 구원이 정말로 인간이 성취해야 할 가장 중요한 일이라면, 그리고 결과적으로 다른 사람의 구원을 도울 의무를 인정하다면, 구원에 필요한 행동을 강요하기 위해 힘을 사용하는 것에 원칙적으로 반대할 수 있는 근거는 무엇인가? 존 로크(John Locke)는 그러한 강제가 종교적 신념을 심어주는 **비효율적인** 수단이라는 전제하에 종교적 관용을 옹호하는 주장을 펼친 것으로 악명이 높다. 여기서 우리는 정치적 강제력을 포함한 힘을 사용하는 것은 설령 성공하더라도 정당화될 수 없다는 견해를 명시적으로 고려하고 있다. 독실한 종교적 신자라면 이 같은 견해에 동의할 수 있을까?

종교적 신자들이 흔히 내세우는 경구 중에 구원은 정치에 비해 너무 중요하다는 말이 있다. 정치는 구원을 추구하기는 너무 사소하고 조잡한 도구라는 생각이다. 정치를 통해 구원을 위해 지켜야 할 일들을 강제**할 수 없다**는 뜻이 아니라, 힘을 이용해 그 일을 해낼 수 있다고 하더라도 구원이라는 고귀한 목적 면에서는 **잘못된** 도구일 뿐이라는 생각이다. 종교적 신념을 가지고 있으면서도 관용적인 사람의 입장은 갈등을 겪을 수밖에 없다. 그럼에도 불구하고 종교적 관용은 널리 실천되고 있을 뿐만 아니라, 종교 공동체들에서 핵심 가치로 수용되고 있다.

시민적 우애도 비슷하다. 시민적 우애를 지닌 사람은 부정의와 다른 형태의 규범적 오류를 옹호하고 있다고 생각하는 사람도 정치적으로 평등한 존재로 인정한다. 어떻게 이러한 입장을 유지할 수 있을까? 다시 한번 종교적 관용에서 단서를 찾을 수 있다. 이 문제에 대한 표준적 견해에 따르면, 종교적 신념을 가진 사람은 **양심**을 인정함으로써 다른 사람의 심각한 신학적 오류를 용인하려는 동기를 갖게 된다. 관용적인 종교 신자는 이단 교리를 옹호하는 사람들도 자신과 같은 능력을 행사할 수 있음을 인정한다. 그녀는 그들의 잘못이 자신의 진실한 양심에 따라 살아가려는 고귀한 일에서 비롯된다고 생각한다. 그래서 다른 사람에게 자신의 신념에 반하는 삶을 강요하는 것이 얼마나 사악한 일인지 이해한다. 그녀의 관용은 양심에 따라 살아가려는 일에 대한 존중에서 나온다고 말할 수 있다. 시민적 우애도 마찬가지다. 이를 지닌 사람은 정치적으로 반대 입장에 있는 사람들의 정치적 오류가 정의, 자유, 자율성 등에 대한 자신의 깊은 신념과 정치 세계를 일치시키려는 열망에서 비롯된다고 여긴다. 따라서 그녀는 무자비하거나 일방적으로 부가된다고 느껴지는 형태의 정치적 강요를 당할 때의 모욕감을 이해한다. 그럼에도 불구하고 그녀는 이 문제에 대한 자신의 입장에 확신을 갖고 있다. 하지만 평등한 존재들 사이의 자치라는 근본적 이상에 부합하는 한, 다른 사람들이 자신이 가진 정의관에 따라 사회 질서를 만들려는 일을 인정하고 존중한다.

확실히 시민적 우애를 발휘하는 것은 힘든 일이다. 시민적 우애의 야누스적 측면을 고려하면, 대체로 다른 사람에 대한 모순적 입장으로 나타난다. 하지만 오늘날 널리 실천되고 있으며 일반적으로 높은 평가를 받고 있는 종교적 관용보다 시민적 우애가 더 힘들거나 고통스럽지는 않다. 과잉 민주주의 문제는 민주적 종교개혁이라는 생각에서 그 해결의 단초를 찾을 수 있다고 말할 수 있다. 민주적 종교개혁은 시민 개개인의 정직성과 시민적 양심을 고양하는 동시에 상호 존중이라는 사회적 이상을 옹호한다.

제6장

정치의 자리

과잉 민주주의는 민주주의의 퇴보다. 그러나 과잉 민주주의 경향은 정치적 포화 상태에서 신념 양극화가 일어날 때 나타날 수 있는 안정적이고 예측 가능한 결과다. 현재의 민주 정치 문제는 현대 민주주의 사회의 사회적 환경이 완전히 정치적 포화 상태에 이르렀다는 사실에서 비롯된다. 그래서 책임 있는 민주적 시민성을 실천하려는 진지한 시도조차도 양극화 역학에 빠져, 시민적 적대감을 심화하고 고착화할 위험성이 있다. 민주적 정당성은 시민적 적대감의 반대 개념인 시민적 우애에 달려 있다. 과잉 민주주의는 정치적으로 **퇴행적**이다. 민주주의가 과잉되면 민주주의는 쇠퇴한다.

그러나 우리는 여전히 평등한 존재들의 자치 공동체를 유지하고 있다. 우리 모두는 시민으로서 공동의 민주적 질서에 기여할 의무가 있다. 그래서 정치와 완전히 거리를 두는 것은 책임 있는 선택이 아니다. 정치를 제자리에 두는 것은 민주 정치가 **원래** 자리를 찾았다는 인식을 수반하며, 우리가 민주주의의 장소 안에서 시민으로서의 역할을 수행할 때 우리는 자신이 적합하다고 생각하는 만큼 활발하고 헌신적으로 행동할 수밖에 없다. 그러나 정치를 제자리에 두는 것은 민주주의가 **일정한** 자리를 가지고 있다는 인식도 수반한다. 민주주의는 사회적 삶의 모든 것을 포괄하는 것이자 온 마음을 바쳐야 할 목적이 아니라는 것이다. 우리가 과잉 민주주의를 피하면서 동시에 책임 있는 수준의 민주적 참여를 유지하려면 정치가 들어설 자리가 없는 협력적 활동의 장을 만들어야 한다. 즉, 우리는 사회적 환경의 정치적 **포화도를 낮추기 위해** 노력해야 한다.

먼저 우리 스스로를 변화시켜야 포화도를 낮출 수 있다. 구체적으로, 우리는 정치적으로 대립하는 입장의 사람들에 대한 우리의 관점을 고쳐야 한다. 그리고 이러한 변화는 우리가 주로 다른 사람에게만 사용하던 진단 도구를 우리 자신에게 사용하는 것에서 시작된다. 우리는 정치적으로 반대 입장에 있는 사람들에 대한 편향된 서술이 양극화 역학의 산물임을 인정해야 한다. 이를 인정하면서도 얼마든지 자신의 우선적인 정책적 헌신을 유지할 수 있다는 점을 다시 한번 강조하고 싶다. 양극화 역학에 대한 자신의 취약성을 충분히 인식한다고 해서, 정의가 무엇을 요구하는지에 대한 자신의 평가를 굽힐 필요도 없고, 상대방이 어느 정도 잘못되었다고 보는지에 대한 자신의 견해를 완화할 필요도 없다. 정치적으로 반대 입장에 있는 사람들이 항상 타락하고 부패해서 잘못된 판단을 내린다고 생각하지 않는 정도의 인식 변화만 있으면 된다. 즉, 정치적 오류, 심지어 가장 심각한 종류의 정치적 오류라고 하더라도 꼭 비겁함 때문만은 아니라는 점을 인정하는 것이다. 우리는 가장 중요한 모든 일과 마찬가지로 정치에서도 합리적인 차이, 정직한 실수, 비난할 수 없는 잘못, 진실한 오류의 여지가 있다는 것을 명심해야 한다.

이러한 내적인 전환이 이루어지고 나면, 우리는 동료 시민들을 그들이 차지하고 실행하는 정치적 역할 이상의 존재로 간주할 수 있다. 그다음에는 정치적 역할이 두드러지지 않거나 더 나아가 중요하지 않은 사회적 맥락에서 다른 사람과 협력할 수 있는 방법을 찾아야 한다. 현재의 시민적 적대감 수준을 고려할 때, 시민적 우애의 특별한 구성 요소들을 구성하는 역량을 회복시키고 함양하는 일은 정치가 존재하지 않는 맥락, 민주주의의 **영역**을 벗어난 것으로 간주할 수 있는 공간과 활동에서만 시작할 수 있다. 민주주의를 넘어서는 사회적 참여의 가능성을 인정할 때에만 우리는 정치를 제자리에 둘 수 있는 것이다. 그리고 정치가 제자리에 있을 때에만, 우리의 가장 진지하고, 활기차고, 진정성 있는 정치적 행동이 민주적 이상을 발전시키는 데 기여할 수 있다.

　따라서 이 책에서 제시한 처방을 가장 일반적으로 서술하면 다음과 같다. 민주주의하에서 살아간다고 할지라도 정치가 우리가 함께 행하는 **모든 일**의 목적이 아니며, 정치가 우리의 집단적 삶 전체에 스며들게 해서는 안 된다는 사실을 염두에 두고, 개인으로서 [정치 권력을] 주시하는 행동을 취할 때 정치를 제자리에 둘 수 있다는 것이다. 안타깝게도 이러한 인식을 유지하는 것은 생각보다 훨씬 어렵다. 정치적 포화 상태로 인해 이러한 사실이 흐려지는 측면도 있고, 우리는 직관적으로 민주주의를 이상으로 이해하기 때문에 민주주의의 영역을 확장시키는 방향으로 이끌리는 경향이 있다. 민주주의를 평등한 사람들 사이의 자치라는 고귀한 도덕적 이상에 헌신하는 일종의 **사회**로 이해하는 것은 적절하지만, 그렇다고 해서 모든 사회적 상호작용과 대인관계의 지평이 그 자체로 민주 정치를 수행하는 것으로 볼 수는 없다. 물론 일부 민주주의 이론가들은 민주주의라는 개념을 최선의 정치제도, 사회제도, 대인관계 방식과 동일시할 정도로 부풀리는 것을 좋아한다. 이러한 견해에 따르면 **민주주의**는 인류의 모든 것을 아우르는 선이기 때문에 이 개념의 **정의**상 민주주의는 과잉될 수 없다. 이처럼 부풀려진 정의를 사용하는 견해는 이 책에서 살펴 본 문제를 모호하게 만들 뿐이다. 민주주의 이상을 아무리 부풀려도, 민주주의 사회에서 살아가는 사람들이 함께하는 일 중에는 민주적 시민성을 행사하거나 민주주의를 실행하는 것과 무관한 일이 존재한다. 실제로 이 책의 주장이 [독자들을 설득하는 데] 성공적이었다면, 비정치적 사회 참여의 장이 **있어야 한다**는 결론에 이르게 된다.

　앞 문장에서 **'있어야 한다'**는 말은 규범적이면서도 개념적이다. 민주적 정당성을 위해서는 시민들이 시민적 우애의 역량을 충분히 발휘해야 하고, 시민적 우애는 비정치적인 일을 공동으로 추구할 때만 뿌리를 내리고 번성할 수 있다는 점에서 개념적이다. 따라서 **모든 것이 정치적**이어서 그러한 장이 존재할 수 없다면 민주적 정당성은 불가능하다. 나는 이것이 민주주의를 옹호하는 사람들이 피하고 싶어하는 결과라고 생각한다. 또한, 우리가 시민으로서의 책임을 다하기 위해서는 비정치적인 협력의 장이 **존재할 필요가 있다**는 점에서 **'있어야 한다'**라는 말은 규범적이기도 하다. 이러한 행위를 유지하지 못한다면 우리는 민주 시민으로서 실패를 자초하는 것이며, 스스로 민주주의 쇠퇴에 기여하는 셈이다. 이 책의 제안은 약해지거나 미지근한 민주주의를 요구하는 것이 아니다. 오히려 진정성 있고, 활기차며, 참여적인 민주주의에 투자하는 시민들이 정치를 제자리에 돌려놓아야 한다는 것이다. 이러한 활기찬 민주 정치는 보다 폭넓은 사회적 환경 속에 자리 잡을 때만 번영할 수 있다.

정치가 제자리를 찾아야 한다는 생각에 여전히 의구심이 든다면, 정치가 무엇을 **위한** 것인지 자문해보길 바란다. 이 질문을 던진다고 해서 민주주의의 가치가 도구적이라고 생각하는 것은 아니다. 민주주의가 비도구적 가치를 지닌다고 주장하면서도 민주주의, 더 일반적으로 정치적 결사체 역시 무언가를 **위한** 것이라는 점을 인정할 수 있다. 그래도 잘못된 것처럼 느껴진다면, 다음과 같이 바꿔서 생각해보자. 민주주의의 **목적**은 무엇인가? 민주주의가 중요한 이유는 무엇인가?

거의 모든 설명에서 민주주의 목적의 일부는 정의, 평등, 자유, 자율성, 존엄성 등과 같은 **중요한 정치적 가치**라고 할 수 있는 것들을 확보하기 위해 (도구적으로든 혹은 더 깊은 의미에서든) 필요하다는 것이다. 이러한 중요한 가치의 본질은 다양하게 해석될 수 있지만, 그럼에도 불구하고 이러한 가치가 왜 그렇게 중요한지 묻는 것은 의미가 있다. 답은 간단하다. 이러한 가치가 중요한 이유는 **인간의 삶**이 중요하기 때문이다. 이는 단순히 살아있는 인간 유기체의 생물학적 발생이 중요하다고 말하는 것이 아니라, **살아 있는 일대기**로서 인간 삶이 중요하다고 말하는 것이다. 물론 우주적 질서에서 생명이 왜 중요한지에 대해 질문할 수도 있겠지만, 다행히 현재로서는 이 문제를 피할 수 있다. 정의, 평등, 자유, 자율성, 존엄성이 중요한 이유는 우리의 삶의 방식이 우리 자신과 타인에게 중요하기 때문이다. 이것이 우리 삶의 **무언가를 만들기** 위해 계획하고, 인내하며, 분투하고, 희생하며, 열망하고, 노력하는 이유다. 인생이 잘 풀린다는 것이 무엇을 의미하는지에 대해서는 옹호할 수 있지만 상반되는 다양한 개념이 존재한다. 그러나 중요한 정치적 가치들이 우리의 성공을 용이하게 해준다는 점에 대해서는 대부분 동의하고 있다. 즉, 이러한 가치들은 우리가 우리 삶의 저자가 되고, 우리 삶을 **우리 것으로** 만들고, 우리 방식대로 살 수 있게 해준다.

다시 말하지만, 민주주의 자체에 어떤 의미를 부여하든 민주주의는 우리가 우리 삶의 저자가 될 수 있는 조건을 확보하고 유지하기 **위한** 것이기도 하다. 우리의 삶은 확고하게 사회적이며, 우리는 자신의 삶을 스스로 만들어갈 수 있는 권한을 지닌 다른 사람들과의 협력을 통해서만 자신의 삶을 만들어갈 수 있다는 인식이 민주주의 이상에 내재되어 있다는 점이 중요하다. 우리 자신의 삶을 살아간다는 것은 마찬가지로 자신의 삶의 저자인 다른 사람들과 협력하며 살아가는 것을 포함한다. 그리고 이를 위해서는 다른 사람들이 우리 자신의 일대기에 등장하는 단순한 소품이나 조연이 아니라 그들 자신의 삶을 써나가는 저자라는 사실을 올바로 인정해야 한다. 민주주의의 목적은 특정한 타인과의 소중한 인간관계—사랑, 돌봄, 존중, 지원, 공감, 감사, 이해, 상호성의 관계—를 드러내는 일을 계획하고 추구하는 데 헌신하는 삶을 살 수 있도록 하는 것이라고 말함으로써 이러한 생각을 포착할 수 있다. 소중한 인간관계는 중요한 정치적 가치가 보호되고 증진되는 조건에서 자라난다.

이렇게 민주주의를 이해하더라도 반목과 갈등은 존재한다. 민주주의의 목적은 소중한 인간관계를 가능하게 하는 것이라고 말한다고 해서 민주주의하에서 우리가 모두 친구여야 한다거나, 사람에 대해 적대감이나 반감을 갖는 것은 민주주의와 양립할 수 없다고 주장하려는 것은 아니다. 갈등과 이견은 정치의 불가피한 여건 중 하나다. 우리가 잘 구축된 정치 질서를 필요로 하는 이유는 '**그냥** 사이좋게 지낼' 수 없기 때문이다. 정치는 필연적으로 권력의 행사를 수반하기 때문에 민주주의하에서는 항상 충돌과 논쟁이 일어나기 마련이다. 따라서 도덕적으로 동등한 우리의 지위를 인정하면서 우리 자신을 정치적으로 조직하려면 많은 노력이 필요하다. 민주주의 목적이 소중한 인간관계를 가능하게 하는 데 있다는 사실을 인정하는 것은 힘들게 싸워가며 정치를 하는 목표가 있다는 사실을 상기시켜주는 역할을 한다. 그러한 목표가 있기에 민주주의를 위해 기울이는 모든 노력이 가치를 갖게 된다.

민주주의를 열렬히 지지하는 사람들의 주장에도 불구하고, 민주주의의 목적은 더 많은 민주주의와 더 나은 민주주의가 될 수 없다. 또한, 민주주의를 번영시키는 것이 인간 삶의 목적이 될 수도 없다. 민주주의의 목적과 선은 정치 너머의 것들을 가꾸는 데 있기 때문이다. 민주주의라는 용어에는 나는 부정하고 싶은 [민주주의 하면 떠오르는] 많은 연상들이 가득하지만, 정치의 목적, 그래서 민주주의의 목적은 인간의 번영이라고 말할 수 있다. **그것이** 민주주의를 하는 이유다. 나는 단순히 민주주의와 인간 번영을 동일시하는 철학자들을 따르는 것은 혼란스러울 뿐만 아니라 비생산적이라고 주장해왔다. 민주주의를 과도하게 추구하면 민주주의의 해체에 기여하게 되며, 전체적인 일의 목적을 놓칠 수 있다. 그리고 민주주의의 목적을 놓치게 되면, 인간 삶을 가치 있게 만드는 목적과 열망에서 점점 더 멀어지게 된다. 이를 통해 우리는 누구도 공유하고 싶지 않은 집단적 운명을 실현하는 데 기여하게 되는 것이다.

인간은 적절하게 구조화된 사회·정치적 질서 안에서 다른 사람들과 함께 상호작용할 때에만 번영할 수 있는 존재라는 사실은 너무나 분명하다. 그러한 질서에는 권력의 행사가 수반되기 때문에 우리의 삶은 그러한 권력을 어떻게 적절하게 사용할 것인지를 둘러싼 갈등으로 가득할 수밖에 없다. 어쩌면 이는 우리가 충분히 민주적인 제도하에서만 잘 살 수 있음을 의미할 수도 있다. 민주주의를 보호하고, 유지하며, 발전시키는 일은 인류 번영의 핵심 요소로 여겨질 만큼 거대하고 지속적인 기획이라는 점은 분명하다. 그럼에도 불구하고 우리의 번영은 개인적으로나 집단적으로나 정치만으로는 얻을 수 없는 선을 실현하는 데 달려 있다.

감사의 말

나로서도 아이러니가 아닐 수 없다. 이 책은 우리가 민주주의 정치 이외의 다른 것에 관심을 기울여야 한다는 주장을 담고 있지만, 정치철학자로서 내 경력 전체는 민주주의에 대해 사고하는 데 전념해왔다. 따라서 정치에 거의 초점을 두지 않는 사회 참여를 다양하게 경험하게 해준 친구와 가족들(대부분 학자는 아니지만)에게 감사를 전하는 것으로 시작하는 게 적절할 것이다. 그중 첫 번째는 깊은 통찰력과 건전한 조언, 새로운 아이디어, 그리고 무엇보다 내가 가치를 간과했을지도 모르는 일에 대한 애착의 원천이 되어준 아내 조앤 빌렛이다. 어머니 파트리샤 탈리스는 내가 하는 거의 모든 일을 열정을 가지고 지원해주시는 분이다. 이 책을 집필하는 과정에서 나는 학자 생활을 시작하기 전의 과거 일들을 공유하는 오랜 친구들(철학자가 아닌)과 정기적으로 만나 토론하면서 비슷한 방식으로 도움을 받았다. 테아노 아포스톨루, 도나 베이커, 마이클 칼라마리, 매트 코터, 줄리 황, 데이브 맥컬로, 에드워드 테일러가 그들이다.

물론 동료도 친구가 될 수 있다. 이 책에서는 스콧 에이킨과의 우정과 지속적인 철학적 협력의 결과로 개선된 부분이 많이 있다. 스콧은 원고 대부분을 읽어주었을 뿐만 아니라 원고에 담긴 생각에 대한 수없이 많은 즉흥적인 토론에도 기꺼이

응해주었다. 자신의 작업을 갑자기 중단하면서까지 대화를 나눠 준 경우도 분명 여러 차례 있었으므로, 그의 인내심에 감사하고 있다. 어쨌든 스콧은 내가 이 책에서 제시하는 견해의 많은 세부 사항을 생각하는 데 도움을 주었다. 더 중요한 사실은 그가 민주 정치 **이외의** 다른 것에 대해 철학적으로 생각해볼 수 있는 기회를 제공해주었다는 점이다. 다른 동료이자 친구인 제프리 트루막도 비슷한 도움을 주었다. 제프리를 아는 사람이라면 누구나 증언하듯이, 제프리는 누구나 만나고 싶어 하는 가장 관대하고 사려 깊은 대화 상대다. 제프리는 또한 조언과 지도를 구하거나 직관을 확인하기 위해 그의 연구실에 주기적으로 드나드는 것을 용납해주었다.

다음은 보다 전통적인 감사 인사다. 다음의 친구, 동료, 교사, 학생들은 이 책을 쓰는 데 도움을 주신 분들이다. 각 장의 초고에 논평을 해주신 분, 이메일로 보낸 질문에 답변을 보내주신 분, 자신의 관련 작업을 공유해주신 분, 학술회의에서 비판과 이견을 제시해주신 분, 일상적인 대화 과정에서 단순히 질문을 던져주신 분 등 다양하다. 크리스토프 알스트롬-비지, 엘리자베스 앤더슨, 조디 아즈주니, 마이클 베이컨, 엘리자베스 바론, 윌리엄 제임스 부스, 조나단 브레머, 톰 브룩스, 킴벌리 브라운리, F. 토마스 버크, 메리 버터필드, 앤 카쿠올로스, 스티븐 칸, 그렉 카루소, 존 케이시, 톰 크리스티아노, 캘럽 클랜튼, 매트 콩돈, 와트 코넬리센, 존 코비노, 레베카 데이븐포트, 제로엔 드 라이더, 이디트 돕스-웨인스타인, 카타리나 두틸 노바에스, 모린 에커트, 엘리자베스 에덴버그, 데이비드 에드먼즈, 데이비드 에스트런드, 캐리 피그도르, 엘리자베스 피스, 앤드류 포스하임스, 섀넌 파이프, 제리 가우스, 에디 글로드, 샌디 골드버그, 렌 굿맨, 데이비드 미구엘 그레이, 알렉스 게레로, 한나 건, 마이클 한넌, 니콜 하순, 마이클 하버, 피아차 헤네한, 다이애나 헤니, D. 미카 헤스터, 데이비드 힐데브란트, 마이클 호지스, 샨토 아이엥가, 게리 예거, 안젤로 주프라스, 클레멘스 카펠, 데이비드 카스파, 존 라크스, 헬렌 랜더모어, 애나벨 레버, 타니아 레비, 알리사 로워리, 마이클 린치, 케이트 만, 미셸 마골리스, 메이슨 마셜, 타쿤다 마토스, 에이미 맥키어넌, 달라 미건, 사라 클락 밀러, 조쉬 밀러, 크리스천 밀러, 셰릴 미삭, 조나단 노펠드, 카렌 응, 브라이언 오코너, 존 오코

너, 루 아웃로, 존 페터만, 잔 팔로미노, 파비엔 피터, 린 라드케, 이본 랠리, 레지나 리니, 데이비드 론델, 루크 셈라우, 아론 시몬스, 피터 심슨, 카렌 스토르, 카스 선스타인, 폴 테일러, 롭 템피오, 로런스 토첼로, 나이젤 워버튼, 레이프 웨너, 존 웨이마크, 줄리안 우어트에게 감사를 전하고 싶다.

또한, 훌륭한 철학적 토론 및 타당한 조언과 더불어 특별한 연구 지원을 제공해 준 리사 마두라에게 감사드린다. 문법과 양식 문제에 대한 전문적인 지침을 제공해준 니콜 헬러에게 다시 한번 감사드리며, 옥스퍼드 대학 출판부의 루시 랜달과 한나 도일의 지도와 지원에도 감사드린다.

이 책의 일부는 다양한 학술회의 및 포럼에서 발표된 글에서 가져왔다. 포드햄 대학교의 인식론과 윤리 워크숍(2016년 9월), 코네티컷 대학교의 지적 겸손과 공공 숙의 학술회의(2016년 11월), 캔버라 대학교의 숙의 민주주의 심포지엄(2016년 12월), 라스베이거스 소재 네바다 대학교의 철학 콜로키움(2017년 2월), 애리조나 대학교의 철학 콜로키움(2017년 3월); 코펜하겐 대학교 정치 인식론 워크숍(2017년 12월), TEDx내슈빌 컨퍼런스(2018년 3월), 런던 대학교 정치 인식론 학술회의(2018년 5월), 오슬로 대학교 사회 인식론 네트워크 행사(2018년 5월), 조지타운 대학교 정치 인식론 워크숍(2018년 10월), 로체스터 공과대학교 철학 콜로키움(2018년 11월) 행사의 주최자와 참석하신 분들께도 감사드린다.

현재 한국 정치에서는 무슨 일이 일어나고 있는가? 많은 사람이 한국 민주주의가 좋지 않은 방향으로 가고 있다고 느끼고 있다. 그 이유로 최근에 활발하게 논의되고 있는 것이 정치적 양극화 문제다. 강한 당파성에 기초해 진영화된 정치 경쟁이 이루어지는 모습은 한국 정치에서 새로운 현상은 아니다. 대통령제와 선거제도가 초래하는 승자독식의 정치와 제로섬적 경쟁이 정치제도 측면에서 원인으로 많이 언급되었다. 보다 최근에는 '팬덤 정치'라고 불리는 강성 지지층에 의한 정당 포획, '탈진실' 문화 속 매체의 선택적 노출과 편향 동원 등이 원인으로 제시되고 있다. 정치적 양극화가 문제가 되는 가장 큰 이유는 경쟁하는 정당들 간의 실제적인 이념적·정책적 차이가 크지 않음에도 불구하고, 정당 지지자들 사이의 적대감이 증가하고 있기 때문이다. 즉 신념적·정서적 양극화로 인해 타협과 조정 및 생산적 소통의 공간이 줄어들고, 상대를 동등한 시민으로 존중하는 것이 아니라 공존할 수 없는 대상으로 간주하는 경향이 커지고 있는 것이다.

정치사상/정치철학 연구자로서 이 현상에 대한 연구들을 검토하면서 몇 가지 질문을 갖게 되었다. 첫째, 정치적 양극화가 한국 정치에서 새로운 현상이 아니라면, 왜 최근에 이 문제가 중요해졌는가? 단지 그 정도가 심각해졌기 때문인가? 기존과 다른 측면은 없는가? 둘째, 민주주의 사회에서 발생하는 정치적 양극화는 민주주의가 지닌 어떤 문제점 때문에 발생하는가? 이는 민주주의가 부족해서 혹은 성숙하지 못해서 생기는 문제인가? 셋째, 민주주의 측면에서 이 문제에 대한 해법은 무엇인가? 정치제도 개혁이 아닌 다른 해법은 없는가?

이러한 고민을 하던 중에 이 책을 접하게 되었고, 이러한 질문에 대한 저자의 대답은 신선하게 다가왔다. 물론 저자는 주로 미국 정치에 대한 관찰을 토대로 이 책을 기술했기 때문에 한국의 상황에 그의 생각을 곧바로 대입하는 것은 두 나라의 맥락적 차이를 간과하는 것일 수 있다. 그럼에도 불구하고 그의 분석과 해법이 한국 상황에서도 일정한 적실성을 갖는다는 게 내 생각이다. 이 책을 번역해서 소개하는 이유다.

첫 번째 질문과 관련해 저자의 분석을 통해 제시해볼 수 있는 대답은 우리의 사회적 공간이 정치적으로 포화 상태가 되면서 정치적 양극화가 심각해지고 있다는 것이다. 쉽게 말하면, 우리가 상호작용하는 일상적인 사회관계가 정치를 기준으로 구획되고 있다는 뜻이다. 나는 이를 보여주는 상징적 사건이 2019년 8월 9일 조국 민정수석이 법무부 장관 후보로 지명된 후 그와 가족을 둘러싼 의혹이 제기되면서 발생한 '조국 사태'라고 생각한다. 검찰 수사에 반발해서 검찰 개혁을 요구하는 촛불문화제가 열리고, 이에 대항해 조국 법무부 장관의 사퇴를 촉구하는 집회가 개최되면서 온라인과 오프라인상에서 정치적 대립이 벌어졌다. 이 사건은 사람들의 일상적 삶에도 큰 파장을 남겼는데, 이를 둘러싼 정치적 입장의 차이로 인해 친구, 직장 동료, 가족 등의 사이가 틀어진 경우가 많았다. 정치가 일상적 인간관계에서도 중요한 기준으로 작용하면서 우리를 갈라놓는 것이다.

두 번째 질문에 대한 저자의 대답은 현재 민주주의 사회에서 발생하는 정치적 양극화는 과잉 민주주의, 즉 민주주의를 과도하게 추구해서 생기는 것이므로 더 나은 또는 더 많은 민주주의를 통해 해결될 수 없다는 것이다. 과잉 민주주의 경향은 사회적 환경이 정치적으로 포화한 상태에서 신념 양극화가 일어날 때 발생한다. 민주주의의 이상 중 하나인 '참여'라는 관점에서만 본다면, 이미 과도한 참여가 일어나는 상황이라고 말할 수 있다. 이러한 조건에서 어떤 형태든 정치적 참여를 호소하는 것은 상황을 더 악화시킬 수 있다. 한국에서 정치적 양극화 문제는 박근혜 정부 말부터 문재인 정부 시기에 심각해졌다. 문재인 정부는 박근혜 대통령의 퇴진을 요구하는 촛불집회와 맞불집회로 강한 동원 경쟁이 일어난 조건에서 등장했기 때문에 이 시기는 사회적 환경의 정치적 포화도가 증가하고, 신념 양극화가 심해질 수 있는 상황이었다. 일반적으로 대통령선거를 통해 전국적 수준의 경쟁이 이루어지고 나면 일상적인 삶으로 돌아가면서 정치적 참여가 줄어드는데, 문재인 정부 시기에는 정치적 이슈가 있을 때마다 열성 지지층을 중심으로 상시적으로 동원과 참여가 일어났다. 2022년 대통령선거는 그 정점이었고, 지금도 그 여파 속에 있다. 이러한 상황에서 단순히 민주 시민의 정치적 참여를 강조하는 것은 다수를 획득해 권력을 쟁취하도록 부추기는 것일 수 있다는 점에서 저자의 지적을 곱씹어 볼 필요가 있다.

세 번째 질문에 대한 저자의 답변은 우리를 둘러싼 환경의 정치적 포화도를 낮추고, 정치와 무관한 영역에서 참여를 늘리라는 것이다. 그렇다고 해서 저자가 정치에 관심을 끄고, 자신의 일상에만 관심을 가지고 살아가라고 주장하는 것은 아니다. 건강한 민주주의를 위해 정치에 관심을 두고, 참여를 유지하는 것은 필요하다. 그러나 정치를 너무 중시한 나머지 이를 기준으로만 자기 삶의 환경을 구축하게 되면, 정치적으로 동질화된 조건에서 신념 양극화에 빠져 타당한 근거로 뒷받침할 수 없는 것들을 더 확고하게 믿으며 극단화될 수 있다. 정치는 중요하지만, 어디까지나 우리 삶의 일부다. 함께하는 좋은 삶을 위해 민주주의가 필요한 것이지, 민주주의를 위해 우리가 존재하는 것은 아니다. 외롭고 고립된 사람이 점점 더 늘어나고 있는 상황에서 우리에게 필요한 것은 서로에게 관심을 가지고 시민적 우애를 나눌 수 있는 건강한 사회적 관계다.

정치적 양극화에 대한 저자의 진단과 처방에 동의하지 않는 사람도 물론 있을 것이다. 그러나 민주주의를 바라보는 우리의 시각이 어떠한 점에서 정치적 양극화로 이어질 수 있는지를 검토하는 이 책을 통해 정치가 우리 삶에서 어떤 위치를 차지해야 하는지 생각해보는 기회가 되길 희망한다.

이 책은 2022년 대한민국 교육부와 한국연구재단의 지원을 받아 수행된 연구(NRF-2022S1A3A2A01089543)다. 연구를 독려해주신 고려대 정치연구소, SSK 양극화연구센터의 선생님들께 감사드린다. 또한, 이 책을 출간할 수 있게 도움을 주신 지은주 교수님께도 감사의 말씀을 전하고 싶다.

후주

서문

1. 이러한 경향은 계속되고 있다. 내 동료 중 한 명은 최근 내슈빌에서 "트럼프 2020: 자유주의자들을 다시 울리자."라고 적힌 범퍼 스티커를 발견했다.

2. Cella 2018.

3. Willingham 2018.

4. Soh 2018.

5. 최근 사례는 Judkis 2016, Bernstein 2016, Post Senning 2016, Miller and Nickalls 2016, Brophy Marcus 2016, Cummings 2017, Pulia 2017, Obeidallah 2017을 참고.

6. Brady et al. 2017.

1장

1. Addams 1902: 9; Dewey 1927: 325.

2. 정치를 제자리에 두라는 요청이 정치적 의미에서 보수적이라고 생각할 이유가 없다는 점도 덧붙이고 싶다. 이러한 견해가 정치적 보수주의뿐만 아니라 진보적(미국에서는 '자유의적') 정치 강령**과도 부합하길** 바란다.

3. R. Jay Wallace(2013: 210ff.)의 '부르주아의 곤경'(bourgeois predicament)에 대한 분석

과 비교해보라.

4. 모든 것이 정치라는 주장을 인정한다고 해보자. 그렇다면 정치에 **대해서는** 무엇을 말할 수 있을까? 정치란 무엇이라고 말할 수 있을까? 모든 것이 정치라는 주장을 받아들이면, 이 주장의 의미를 명확히 하기 위해 말하는 것 **자체도** 정치로 이해되어야 한다. 모든 것이 정치라고 말할 때 의미하는 바를 이해하기 위해 정치가 무엇인지 알아내려 하고 있는 것이다. 내가 가진 개념적 자원과 설명 자원이 바닥나버린다. 이처럼 모든 것이 정치적이라는 주장은 그 자체를 이해할 수 없게 만들 위험이 있다.

5. Schumpeter 2008: 269. 이러한 견해를 담고 있는 최근 문헌은 Przeworski 1999와 Posner 2003을 참고. 고전적인 최소주의 견해는 아니지만, 이와 밀접하게 관련된 견해는 Achen and Bartels 2016에서 살펴볼 수 있다.

6. Schumpeter 2008: 283.

7. Schumpeter 2008: 295.

8. Somin 2016은 작은 정부가 광범위한 대중의 무지에 대한 최선의 대응책이라는 견해를 취하고 있으며, Brennan 2016도 정부의 크기가 아니라 대중이 지니는 정치 권력의 범위에 관한 것이긴 하지만 유사한 시각을 옹호하고 있다.

2장

1. 법적 소송에 대한 설명은 Bates 1993을, 이것이 제기하는 철학적 문제에 대해서는 Macedo 2000을 참고.

2. Lynch 2014: 6.

3. Rousseau 1988: 92.

4. Estlund 2000; Mulligan 2018.

5. Lopez-Guerra 2011; Landemore 2012; Guerrero 2014.

6. Pateman 1970; Mansbridge 1983; Barber 2004 참고.

7. Putnam 1995.

8. Goodin 2000: 92.

9. Young 1996.

10. Cohen 1989.

11. Pettit 2012: 225.

12. Gutmann and Thompson 2004: 80.

13. Sunstein 2017.

14. Gastil 2008; Fishkin 2009.

15. Ackerman and Fishkin 2004; Leib 2004.

3장

1. 이와 관련해서는 Jennings and Stoker 2016을 참고.

2. Rohrschneider and Whitefield 2019; Schmitt and Freire 2012 참고.

3. Pew 2014a.

4. Pew 2016. Taylor 2016a와 Taylor 2016b도 참고.

5. 회의적 시각은 Fiorina, Abrams, and Pope 2005를 참고. 단행본 분량의 연구는 Levendusky 2009; Campbell 2016; Mason 2018을 참고. 이에 대한 유용한 개관은 Hetherington 2009; Mason 2015; Johston, Manley, and Jones 2016을 참고.

6. Lelkes 2016 참고.

7. Sunstein 2015.

8. Thaler and Sunstein 2008; Thaler and Sunstein 2003.

9. 이 입장은 Lanier 2018에서 옹호되고 있다.

10. 그래서 Bishop(2009: 40)은 다음과 같이 말한다. "이 나라는 해안마다 그 어느 때보다 다양할 수 있다. 하지만 주위를 둘러보라. 우리의 거리는 비슷하게 살고, 비슷하게 투표하는 사람들로 가득하다."

11. Chen and Rodden 2013. Tam Cho, Gimpel, and Hui 2013도 참고.

12. Iyengar and Krupenkin 2018. Williamson 2008도 참고.

13. 한 가지 예로, Aristotle 1992: VIII.1.

14. Bogardus 1925. 연관된 사회학적 문헌에 대한 논의는 Mason 2018의 1장을 참고.

15. Cahn and Carbone 2010; Pew 2014a: 42–50; Taylor 2016b: 7–9.

16. Tapestry: http://www.esri.com/data/tapestry/zip-lookup. 이 사이트는 무료지만, 지역 인구에 대한 상세한 생활양식 데이터를 제공하는 에스리의 추가 제품을 홍보하는 수단이기도 하다.

17. https://teleport.org/about-us/

18. Lafrance 2014.

19. Williamson 2008.

20. Margolis 2018.

21. Skocpol 2013: 212–220.

22. Mutz and Mondak 2006.

23. Gift and Gift 2015.

24. Bonica, Chilton, and Sen 2015.

25. Carney, Jost, Gosling, and Potter 2008.

26. Iyengar 2016.

27. Pew 2014a: 48. Iyengar and Westwood 2015: 691-692.

28. Iyengar and Westwood 2015: 692. Huber and Malhotra 2017; Klofstad, McDermott, and Hatemi 2012도 참조.

29. Huber and Malhotra 2017: 278-280.

30. Arfer and Jones 2019. 흥미롭게도 이 연구에서는 보수적인 정치 성향과 Ashley Madison 웹사이트 사용 사이에 **양의** 상관관계가 있는 것으로 나타났다. 그리고 민주당 지지자들이 이 사이트를 가장 적게 이용하는 것으로 나타났다.

31. Nicholson, Coe, Emory, and Song 2016.

32. Iyengar and Konitzer 2017: 24.

33. Bishop 2009: 255. Iyengar(2016: 220)의 다음과 같은 말과 비교해보라. "오늘날 공화당원과 민주당원은 정치뿐만 아니라 인종적, 종교적, 지역적 정체성에서도 차이가 있다"; Mason(2018: 13)은 다음과 같이 적고 있다. "민주당원과 공화당원은 서로 다른 유형의 사람이 되었다." Shi, Mast, Weber, Kellum, and Macy 2017도 참고.

34. Mason and Wronski 2018: 257.

35. Bennett 1998 참조.

36. 현재 데이터는 Hetherington and Weiler 2018을 참고.

37. 표본 추출은 Wilson 2013; Wilson 2014; Weber 2013; Maheshwari 2018을 참고.

38. McConnell, Margalit, Halhorta, and Levendusky 2017: 12-13. Gerber and Huber 2009도 참고.

39. Bishop 2009: 184.

40. 예를 들면, Sunstein 2017 and Mutz 2015를 참고.

41. Peterson, Goel, and Iyengar 2017 참고.

42. 현재 MSNBC는 프로그램 광고에 "이것이 우리다"(This Is Who We Are)라는 문구를 사용하고 있다는 점에 주목할 필요가 있다.

43. 예를 들어 "부시 지지자와 케리 지지자의 분리된 현실"이라는 제목의 2004년 PIPA 보고서를 참고. Kull, Ramsay, and Lewis 2013도 참고.

44. Pew 2014b: 1.

45. 이는 20년 이상 선스타인이 연구해온 주요 주제다. 가장 최근의 해법은 Sunstein 2017 참고.

46. Sunstein 2017: 154–256.

47. Pew 2016.

48. Iyengar, Sood, and Lelkes 2012: 408.

49. Miller and Conover 2015.

50. Claussen and Ensley 2016.

51. Iyengar and Westwood 2015.

52. Pew 2014a: 35.

53. 이 문장을 입력하면서 현재 소셜 미디어에서 #SecondCivilWar가 유행하고 있다는 사실이 떠올랐다. 극우 음모론자 알렉스 존스는 자신의 웹사이트를 통해 2018년 7월 4일에 민주당이 미국 시민들에게 전쟁을 선포할 계획이라는 주장을 퍼뜨렸다. 물론 이런 일은 일어나지 않았고, 존스는 소셜 미디어에서 해시태그(#SecondCivilWarLetters)와 함께 조롱을 당했다.

54. Coffey and Joseph 2013: 133; Iyengar and Westwood 2015: 691; Margolis and Sances 2017.

55. Carney, Jost, Gosling, and Potter 2008: 835.

56. Shah, McLeod, Kim, Lee, Gotlieb, Ho, and Breivik 2007: 219.

57. Mason 2018: 44.

58. Coffey and Joseph 2013: 118.

59. Shah, McLeod, Kim, Lee, Gotlieb, Ho, and Breivik 2007.

60. 상세한 설명은 Stolle and Micheletti 2013 참고.

61. Coffey and Joseph 2013: 118.

62. NRA 온라인 스토어도 마찬가지다.

4장

1. Pew 2016: 3.

2. Pew 2016: 8.

3. 이러한 장르의 예로는 다음을 참고. Kruse and Zelizer 2019; Chua 2018; Schneider 2018; Levitsky and Ziblatt 2018; Rosenfeld 2017; and Taylor 2016b.

4. 여기서 용어를 선택하는 것은 까다로운 문제다. 내가 신념 양극화로 부르는 것은 일반적으로 **집단 극화**(group polarization)로 알려져 있다. 이것이 더 일반적인 용어이기는 하지만, 나는 현재의 맥락에서 '집단 극화'가 오해를 낳을 소지가 있다고 생각한다. 왜냐하면 내가 방금 설명한 **정치적 양극화**는 집단들에 관한 것이고, 집단 극화 현상은 집단 구성원의 신념과 관련이 있기 때문이다. 그럼에도 불구하고 이 용어가 완전히 만족스러운 것은 아니다. **신념 양극화**라는 용어는 일부 인식론자들이 의견 불일치 상황에서 대화 상대가 더 독단적으로 변하는 경우를 특징짓기 위해 사용되었다는 점에 유의해야 한다. 이러한 용법에 대해서는 Kelly 2008을 참고하길 바란다. 내가 이 용어를 사용하는 방식은 켈리와는 다르다. 한 가지 복잡한 사실을 덧붙이자면, 내가 **신념 양극화**로 부르는 것은 엄밀히 말해 신념에 관한 것이 아니라는 사실이 논의 과정에서 분명해질 것이다. 아쉽게도 용어의 혼란을 정리하는 것은 이 책의 목적에서 많이 벗어나는 일이다.

5. Mason 2018: 60ff.

6. 실제로 1978년 연구자들이 "사회심리학의 역사에서 명백하지 않은 현상이 다양한 문화와 종속 변수의 차이에도 불구하고 이렇게 확고한 경험적 근거를 가진 경우는 드물다"(Lamm and Myers 1978: 146)라고 선언할 정도로 이러한 현상은 매우 흔하다. 그 이후로 신념 양극화에 관한 문헌은 더욱 축적되었는데, Sunstein 2009의 부록에는 가장 중요한 실험 결과 중 일부가 요약되어 있다.

7. Sunstein 2009: 18-19. Baron, Hoppe, Kao, Brunsman, Linneweh, and Rogers 1996.

8. Moscovici and Zavalloni 1969.

9. Myers and Bishop 1970: 778-779.

10. Myers 1975.

11. Hastie, Schkade, and Sunstein 2007. 여기서 나의 설명은 Sunstein 2009: 5-8의 요약을 따르고 있다.

12. 실제로 어떠한 집단이 토론 후에 위험한 집합행동에 참여할 가능성은 이 집단의 개별 구성원들이 토론 전에 집단을 위해 그러한 수준의 위험을 감수할 가능성보다 높다. '모험 이행'(risky shift)으로 알려진 이러한 현상은 일반적으로 신념 양극화를 분명하게 보여주는 것으로 이해되고 있다. Isenberg 1986: 1141 참고. Sia, Tan, and Wei 2002: 71-72에 있는 "집단 극화 탓으로 이야기되는 불행한 사건들"의 목록도 참고. 이 목록에는 베트남 전쟁을 확대하기로 한 존슨 행정부의 결정, 챌린저호 폭발로 이어진 NASA의 위험 감수, 금융 분야의 일부 실패한 전망 등이 포함되어 있다.

13. Schkade, Sunstein, and Kahneman 2000.

14. Johnson, Stemler, and Hunter 1977.

15. 여기서 이 문제를 다룰 수는 없지만, 신념의 수준을 가장 잘 이해할 수 있는 방법을 둘러싸고 철학자들 사이에 논쟁이 계속되고 있다는 점에 유의하길 바란다. Frank Ramsey(1990)가 제시한 영향력 있는 방법에 따르면, 신념의 수준은 주체가 신념의 진실성에 상당한 금액을 기꺼이 걸려고 하는 **의지**로 측정할 수 있다. 신념의 진실성에 더 많은 금액을 걸수록 신념의 수준이 높아지는 것이다.

16. Burnstein and Vinokur 1977.

17. Sunstein 2017: 72.

18. Myers, Bruggink, Kersting, and Schlosser 1980. Zajonc 1968도 참고.

19. Sunstein 2009: 40-42.

20. Van Swol 2009: 194.

21. Vinokur and Burnstein 1978.

22. Lamm and Myers 1978: 185.

23. Abrams, Wetherell, Cochrane, Hogg, and Turner 1990.

24. Le 2007.

25. Abrams, Wetherell, Cochrane, Hogg, and Turner 1990. 또한, 신념이 양극화되어 있는 개인은 '역화 효과'(backfire effect)에 취약할 수 있음에 주목할 필요가 있다. 자신이 속한 집단의 외부에 있다고 여겨지는 사람이 집단 정체성에 근거해서 가지고 있는 신념을 반박할 때, 도전받은 신념에 대한 확신이 강화되어 더 열렬하게 그 신념을 고수하게 되는 것이다. 이에 대해서는 Nyhan and Reifler 2010 and Munro and Ditto 1997을 참고. 그러나 이 현상의 견고성에 대해서는 논쟁이 존재한다. Haglin 2017 and Wood and Porter 2019 참고.

26. 나는 Baron, Hoppe, Kao, Brunsman, Linneweh, and Rogers 1996의 설명을 따르고 있다.

27. 많은 수의 확인 사례가 **그 자체로** 일종의 증거가 될 수 있는 경우는 제외했다.

28. Baron, Hoppe, Kao, Brunsman, Linneweh, and Rogers 1996: 558-559.

29. Sunstein 2009: 29.

30. Baron, Hoppe, Kao, Brunsman, Linneweh, and Rogers 1996: 559.

31. Baron, Hoppe, Kao, Brunsman, Linneweh, and Rogers 1996: 559.

32. Sunstein 2009: 24. Pariser 2011 and Vaidhyanathan 2018도 참고.

33. Del Vicario, Vivaldo, Bessi, Zollo, Scala, Caldarelli, and Quattrociocchi 2016.

Garimella and Weber 2017도 참고.

34. 나는 다소 두려운 마음으로 흄의 이름을 사용하고 있다. 분명히 말하지만, 내 주장이 흄이 긍정했던 견해라고 말하는 것은 아니다. 그가 받아들였**을 만한** 견해라고 주장하는 것도 아니다. 이 견해를 **흄적**이라고 부르는 것은 극단적 전환이 주체의 특정한 정서적 변화로 시작된다는 점, 즉 자신감의 증가가 보다 극단적인 신념 내용으로의 전환을 가져온다는 점을 강조하기 위한 것일 뿐이다. 나는 이러한 설명이 신념 획득과 신념 변화에 대한 흄의 일반적인 개념에 잘 부합한다고 생각하지만, 여기서 이를 입증하기는 어렵다.

35. Westfall, Van Boven, Chambers, and Judd 2015.

36. Iyengar and Krupenkin 2018.

37. Pew 2016: 5.

38. Marks, Copland, Loh, Sunstein, and Sharot 2018.

39. MacIntyre 1984: 254.

40. Dewey 1939: 367–368.

5장

1. 이러한 입장의 주장에 대한 요약과 기존 문헌에 대한 인용은 Curato, Dryzek, Ercan, Hendricks, Niemeyer 2017을 참고. Fishkin 2018은 이 견해를 확장한 주장을 담고 있다.

2. Ackerman and Fishkin 2004; E. Leib 2004.

3. Christopher Karpowitz and Chad Raphael 2014; Grönlund, Bächtiger, and Setälä, eds. 2014.

4. Sunstein 2017: 226.

5. 예를 들면, Neblo et al. 2010 참고.

6. Mutz 2006.

7. Mutz 2006: 75.

8. For example, see Neblo et al. 2010.

9. 예를 들어, Curato et al. (2017: 33)은 "숙의가 [신념] 양극화의 해결책"이라고 주장하지만, 제대로 숙의가 이루어진 집단에서는 "양극화가 발견되지 않는다"라는 것을 증거로 제시한다.

10. Curato et al. 2017: 33.

11. Sunstein 2017: 91.

12. Fiorina, Abrams, and Pope 2005; Fiorina, Abrams, and Pope 2008.

13. Kull, Ramsay, and Lewis 2013.

Abrams, D., M. Wetherell, S. Cochrane, M. A. Hogg, and J. C. Turner. 1990. "Knowing What to Think by Knowing Who You Are: Self-categorization and the Nature of Norm Formation, Conformity and Group Polarization." *British Journal of Social Psychology* 29.2: 97-119.

Achen, Christopher H. and Larry M. Bartels. 2016. *Democracy for Realists: Why Elections Do Not Produce Responsive Government*. Princeton, NJ: Princeton University Press.

Ackerman, Bruce and James S. Fishkin. 2004. *Deliberation Day*. New Haven, CT: Yale University Press.

Addams, Jane. 1902. D*emocracy and Social Ethics*. London: Macmillan.

Arfer, Kodi B. and Jason J. Jones. 2019. "American Political-Party Affiliation as a Predictor of Usage of an Adultery Website." *Archives of Sexual Behavior* 48.3: 715-723.

Aristotle. 1992. *The Nichomachean Ethics*. David Ross, trans. New York: Oxford University Press.

Bail, Christopher A., Lisa P. Argyle, Taylor W. Brown, John P. Bumpus, Haohan Chen, M. B. Fallin Hunzaker, Jaemin Lee, Marcus Mann, Friedolin

Merhout, and Alexander Volfovsky. 2018. "Exposure to Opposing Views on Social Media Can Increase Political Polarization." *Proceedings of the National Academy of Sciences* 115.37: 9216-9221.

Baron, Robert S., Sieg I. Hoppe, Chaun Feng Kao, Bethany Brunsman, Barbara Linneweh, and Diana Rogers. 1996. "Social Corroboration and Opinion Extremity." *Journal of Experimental Social Psychology* 32.6: 537-560.

Barber, Benjamin R. 2004. *Strong Democracy: Participatory Politics for a New Age*. Los Angeles: University of California Press.

Bates, Stephen. 1993. *Battleground*. New York: Poseidon Books.

Bennett, Lance W. 1998. "The UnCivic Culture: Communication, Identity, and the Rise of Lifestyle Politics." *PS: Political Science & Politics* 31.4: 755.

Bernstein, Elizabeth. 2016. "How to Have Thanksgiving Dinner Without a Family Blowup," *Wall Street Journal*. November 20. https://www.wsj.com/articles/how-to-have-thanksgiving-dinner-without-a-family-blowup-1479643202.

Bishop, Bill. 2009. *The Big Short: Why the Clustering of Like-Minded America Is Tearing Us Apart*. New York: Harcourt Publishing Co.

Bogardus, Emory S. 1925. "Social Distance and Its Origins." *Journal of Applied Sociology* 9: 216-226.

Bonica, Adam, Adam Chilton, and Maya Sen. 2015. "The Political Ideologies of American Lawyers." *Journal of Legal Analysis* 8.2: 292-294.

Brady, William J., Julian A. Wills, John Jost, Joshua Tucker, and Jay Van Bavel. 2017. "Emotion Shapes the Diffusion of Moralized Content in Social Networks." *Proceedings of the National Academy of Sciences* 114.28: 7313-7318.

Brennan, Jason. 2016. *Against Democracy*. Princeton, NJ: Princeton University Press.

Brophy Marcus, Mary. 2016. "The politics of Thanksgiving: Keeping the peace post-election," *CBS News*. November 22. https://www.cbsnews.com/news/thanksgiving-politics-keeping-the-peace-with-family-post-election- donald-trump-hillary-clinton/.

Burnstein, Eugene and Amiram Vinokur. 1977. "Persuasive Argumentation and

Social Comparison as Determinants of Attitude Polarization." *Journal of Experimental Social Psychology* 13: 315-332.

Cahn, Naome and June Carbone. 2010. *Red Families v. Blue Families: Legal Polarization and the Creation of Culture*. New York: Oxford University Press.

Campbell, James E. 2016. *Polarized: Making Sense of Divided America*. Princeton, NJ: Princeton University Press.

Carney, Dana R., John T. Jost, Samuel D. Gosling, and Jeff Potter. 2008. "The Secret Lives of Liberals and Conservatives: Personality Profiles, Interaction Styles, and the Things They Leave Behind." *Political Psychology* 29.6: 807-840.

Cella, Mary. 2018. "Safe Topics to Discuss This Holiday Season," *New York Times*. November 17. https://www.nytimes.com/2018/11/17/opinion/sunday/thanksgiving-family-political-discussion.html.

Chen, Jowei and Jonathan Rodden. 2013. "Unintentional Gerrymandering: Political Geography and Electoral Bias in Legislatures." *Quarterly Journal of Political Science* 8.3: 239-269.

Chua, Amy. 2018. *Political Tribes: Group Instinct and the Fate of Nations*. New York: Penguin.

Claassen, Ryan L. and Michael Ensley. 2016. "Motivated Reasoning and Yard-Sign Stealing Partisans: Mine Is a Likeable Rogue, Yours Is a Degenerate Criminal." *Political Behavior* 38: 317-335.

Coffey, Daniel J. and Patricia Hallam Joseph. 2013. "A Polarized Environment: The Effect of Partisanship and Ideological Values on Individual Recycling and Conservation Behavior." *American Behavioral Sciences* 57.1: 133.

Cohen, Joshua. 1989. "Deliberation and Democratic Legitimacy." In *The Good Polity*, eds. A. Hamlin and P. Pettit, 17-34. Oxford: Blackwell.

Cummings, William. 2017. "Trump's in the White House, turkey's on the table: What to do if you don't want to talk politics," *USA Today*. November 17. https://www.usatoday.com/story/news/nation/2017/11/17/trump-era-holiday-survival-guide/864764001/.

Curato, Nicole, John S. Dryzek, Selen A. Ercan, Carolyn M. Hendricks, and

Simon Niemeyer. 2017. "Twelve Key Findings in Deliberative Democracy Research." *Daedalus* 146.3: 28-38.

Del Vicario, Michela, Gianna Vivaldo, Alessandro Bessi, Fabiana Zollo, Antonio Scala, Guido Caldarelli, and Walter Quattrociocchi. 2016. "Echo Chambers: Emotional Contagion and Group Polarization on Facebook." *Scientific Reports* 6.1: 1-14.

Dewey, John. 1927. *The Public and Its Problems*. In *The Later Works of John Dewey* Vol. 2 (1925-1927). Ed. Jo Ann Boydston. Carbondale: Southern Illinois University Press.

Dewey, John. 1939. "Democratic Ends Need Democratic Methods for Their Realization." In *The Later Works of John Dewey* Vol. 14 (1925-1953). Ed. Jo Ann Boydston. Carbondale: Southern Illinois University Press.

Estlund, David. 2000. "Political Quality." *Social Philosophy and Policy* 17.1: 127-160.

Fiorina, Morris P., Samuel J. Abrams, and Jeremy C. Pope. 2005. *Culture War? The Myth of a Polarized America*. London: Pearson Longman.

Fiorina, Morris P., Samuel J. Abrams, and Jeremy C. Pope. 2008. "Polarization in the American Public: Misconceptions and Misreadings." *Journal of Politics* 70.2: 556-560.

Fishkin, James S. 2009. *When the People Speak: Deliberative Democracy and Public Consultation*. New York: Oxford University Press.

Fishkin, James S. 2018. *Democracy When the People Are Thinking*. New York: Oxford University Press.

Garimella, Venkata and Ingmar Weber. 2017. "A Long-Term Analysis of Polarization on Twitter." *Proceedings of the Eleventh International AAAI Conference on Web and Social Media*: 528-531.

Gastil, John. 2008. *Political Communication and Deliberation*. Thousand Oaks, CA: Sage Publications Inc.

Gerber, Alan S. and Gregory A. Huber. 2009. "Partisanship and Economic Behavior: Do Partisan Differences in Economic Forecasts Predict Real Economic Behavior?" *American Political Science Review* 103.3: 407-426.

Gift, K. and T. Gift. 2015. "Does Politics Influence Hiring? Evidence from a Randomized Experiment." *Political Behavior* 37.2: 653-675.

Goodin, Robert. 2000. "Democratic Deliberation Within." *Philosophy and Public Affairs* 29.1: 81-109.

Grönlund, Kimmo, André Bächtiger, and Maija Setälä, eds. 2014. *Deliberative Mini-Publics: Involving Citizens in the Democratic Process*. Colchester, UK: ECPR Press.

Guerrero, Alexander. 2014. "Against Elections: The Lottocratic Alternative." *Philosophy and Public Affairs* 42: 135-178.

Gutmann, Amy and Dennis Thompson. 2004. *Why Deliberative Democracy?* Princeton, NJ: Princeton University Press.

Haglin, Kathryn. 2017. "The Limitations of the Backfire Effect." *Research and Politics*, July-September: 1-5.

Hastie, Reid, David Schkade, and Cass R. Sunstein. 2007. "What Happened on Deliberation Day?" *California Law Review* 95.3: 915-940.

Hetherington, Marc J. 2009. "Putting Polarization in Perspective." *British Journal of Political Science* 39.2: 413-448.

Hetherington, Marc and Jonathan Weiler. 2018. *Prius or Pickup?* Boston: Houghton Mifflin Harcourt.

Huber, Gregory A. and Neil Malhotra. 2017. "Political Homophily in Social Relationships: Evidence from Online Dating Behavior." *Journal of Politics* 79.1: 269-283.

Isenberg, Daniel J. 1986. "Group Polarization: A Critical Review and Meta-Analysis." *Journal of Personality and Social Psychology* 50.6: 1141-1151.

Iyengar, Shanto and Masha Krupenkin. 2018. "The Strengthening of Partisan Affect." *Advances in Political Psychology* 39.1: 201-218.

Iyengar, Shanto. 2016. "E Pluribus Pluribus, or Divided We Stand." *Public Opinion Quarterly* 80, Special Issue: 219-224.

Iyengar, Shanto and Sean J. Westwood. 2015. "Fear and Loathing Across Party Lines: New Evidence on Group Polarization." *American Journal of Political Science* 59.3: 690-707.

Iyengar, Shanto and Tobias Konitzer. 2017. "The Moderating Effects of Marriage Across Party Lines." Working paper. https://pdfs.semanticscholar. org/a55b/ 50f3de44529ee301c662aa42fb244e4ab992.pdf.

Iyengar, Shanto, Guarav Sood, and Yphach Lelkes. 2012. "Affect, Not Ideology: A Social Identity Perspective on Polarization." *Public Opinion Quarterly* 76.2: 405-431.

Jennings, Will and Gerry Stoker. 2016. "The Bifurcation of Politics: Two Englands." *Political Quarterly* 87.3: 372-382.

Johnson, Norris R., James G. Stemler, and Deborah Hunter. 1977. "Crowd Behavior as 'Risky Shift': A Laboratory Experiment." *Sociometry* 40.2: 183-187.

Johnston, Ron, David Manley, and Kelvyn Jones. 2016. "Spatial Polarization of Presidential Voting in the United States, 1992-2012: The 'Big Sort' Revisited." *Annals of the American Association of Geographers* 106.5: 1047-1062.

Judkis, Maura. 2016. "Fight, flight or drink: Surviving Thanksgiving when you hate how your family voted," *Washington Post*. November 18. https:// www.washingtonpost.com/news/food/wp/2016/11/18/fight-flight-or- drink-surviving-thanksgiving-when-you-hate-how-your-family-voted/?noredirect=on&utm_term=.7837ede1b948.

Karpowitz, Christopher and Chad Raphael. 2014. *Deliberation, Democracy, and Civic Forums: Improving Equality and Publicity*. Cambridge, UK: Cambridge University Press.

Kelly, Thomas. 2008. "Disagreement, Dogmatism, and Belief Polarization." *Journal of Philosophy* 105.10: 611-633.

Klofstad, Casey A., Rose McDermott, and Peter K. Hatemi. 2012. "The Dating Preferences of Liberals and Conservatives." *Political Behavior* 35: 519-538.

Kruse, Kevin M. and Julian E. Zelizer. 2019. *Fault Lines: A History of the United States since 1974*. New York: W. W. Norton.

Kull, Steven, Clay Ramsay, and Evan Lewis. 2013. "Misperceptions, the Media, and the Iraq War." *Political Science Quarterly* 118.4: 569-598.

Lafrance, Adrienne. 2014. "Big Data Can Guess Who You Are Based on Your Zip

Code," *Atlantic Monthly*. October 14.

Lamm, Helmut and David Myers. 1978. "Group-Induced Polarization of Attitudes and Behavior." *Advances in Experimental Social Psychology* 11: 145-187.

Landemore, Hélène. 2012. *Democratic Reason: Politics, Collective Intelligence, and the Rule of the Many*. Princeton, NJ: Princeton University Press.

Lanier, Jaron. 2018. *Ten Arguments for Deleting Your Social Media Accounts Right Now*. New York: Henry Holt and Company.

Le, Eun-Ju. 2007. "Deindividuation Effects on Group Polarization in Computer‐Mediated Communication: The Role of Group Identification, Public‐Self‐Awareness, and Perceived Argument Quality." *Journal of Communication* 57.2: 385-403.

Leib, Ethan J. 2004. *Deliberative Democracy in America: A Proposal for a Popular Branch of Government*. University Park: Pennsylvania State University Press.

Lelkes, Yphtach. 2016. "Mass Polarization: Manifestations and Measurements." *Public Opinion Quarterly* 80, Special Issue: 392-410.

Levendusky, Matthew. 2009. *The Partisan Sort: How Liberals Became Democrats and Conservatives Became Republicans*. Chicago: University of Chicago Press.

Levitsky, Steven and Daniel Ziblatt. 2018. *How Democracies Die*. New York: Crown Publishing Group.

Lopez-Guerra, Claudio. 2011. "The Enfranchisement Lottery." *Politics, Philosophy, and Economics* 10.2: 211-233.

Lynch, Michael P. 2014. *In Praise of Reason*. Cambridge, MA: MIT Press.

MacIntyre, Alasdair. 1984. *After Virtue: A Study in Moral Theory*. Notre Dame, IN: University of Notre Dame Press.

Macedo, Stephen. 2000. *Diversity and Distrust*. Cambridge, MA: Harvard University Press.

Maheshwari, Sapna. 2018. "When Is a Burrito More than Just a Burrito? When It's a Lifestyle," *New York Times*. July 29. https://www.nytimes.com/2018/07/29/business/media/lifestyle-brands-marketing.html.

Mansbridge, Jane J. 1983. *Beyond Adversary Democracy*. Chicago: University of Chicago Press.

Margolis, Michele F. 2018. *From Politics to the Pews*. Chicago: University of Chicago Press.

Margolis, Michele F. and Michael W. Sances. 2017. "Partisan Differences in Nonpartisan Activity: The Case of Charitable Giving." *Political Behavior* 39: 1-26.

Marks, Joseph, Eloise Copland, Eleanor Loh, Cass Sunstein, and Tali Sharot. 2018. "Epistemic Spillovers: Learning Others' Political Views Reduces the Ability to Assess and Use Their Expertise in Nonpolitical Domains." Harvard Public Law working paper. https://papers.ssrn.com/sol3/papers.cfm?abstract_id=3162009.

Mason, Lilliana. 2015. "'I Disrespectfully Agree': The Differential Effects of Partisan Sorting on Social and Issue Polarization." *American Journal of Political Science* 59.1: 128-145.

Mason, Lilliana. 2018. *Uncivil Agreement: How Politics Became Our Identity*. Chicago: University of Chicago Press.

Mason, Lilliana and Julie Wronski. 2018. "One Tribe to Bind Them All: How Our Social Group Attachments Strengthen Partisanship." *Advances in Political Psychology* 39.1: 257-277.

McConnell, Christopher, Yotam Margalit, Neil Halhorta, and Matthew Levendusky. 2017. "The Economic Consequences of Partisanship in a Polarized Era." *American Journal of Political Science* 62.1: 5-18.

Miller, Patrick R. and Pamela Johnston Conover. 2015. "Red and Blue States of Mind: Partisan Hostility and Voting in the United States." *Political Research Quarterly* 68.2: 225-239.

Miller, Matt and Sammy Nickalls. 2016. "How to Talk Politics Over the Holidays Without Being a Dick," *Esquire*. November 22. https://www.es- quire.com/news-politics/news/a50899/talking-politics-thanksgiving/.

Moscovici, S. and M. Zavalloni. 1969. "The Group as a Polarizer of Attitudes." *Journal of Personality and Social Psychology* 12.2: 125-135.

Mulligan, Thomas. 2018. "Plural Voting for the Twenty-First Century." *Philosophical Quarterly* 68.271: 286-306.

Munro, Geoffrey D. and Peter H. Ditto. 1997. "Biased Assimilation, Attitude Polarization, and Affect in Reactions to Stereotype-Relevant Scientific Information." *Personality and Social Psychology Bulletin* 23.6: 636-653.

Mutz, Diana. 2006. *Hearing the Other Side: Deliberative versus Participatory Democracy*. Cambridge UK: Cambridge University Press.

Mutz, Diana. 2015. *In Your Face Politics: The Consequences of Uncivil Media*. Princeton, NJ: Princeton University Press.

Mutz, Diana C. and Jeffrey J. Mondak. 2006. "The Workplace as a Context for Cross-Cutting Political Discourse." *Journal of Politics* 68.1: 140-155.

Myers, D. G. 1975. "Discussion-Induced Attitude Polarization." *Human Relations* 28.8: 699-714.

Myers, D. G. and G. D. Bishop. 1970. "Discussion Effects on Racial Attitudes." *Science* 169.3947: 778-779.

Myers, D. G., J. B. Bruggink. R. C. Kersting, and B. A. Schlosser. 1980. "Does Learning Others' Opinions Change One's Opinion?" *Personality and Social Psychology Bulletin* 6: 253-260.

Neblo, Michael, Kevin M. Esterling, Ryan P. Kennedy, David M. J. Lazer, and Anana E. Sokhey. 2010. "Who Wants to Deliberate-And Why?" *American Political Science Review* 104.3: 566-583.

Nicholson, Stephen P., Chelsea M. Coe, Jason Emory, and Anna V. Song. 2016. "The Politics of Beauty: The Effects of Partisan Bias on Physical Attractiveness." *Political Behavior* 38.4: 883-898.

Nyhan, Brendan and Jason Reifler. 2010. "When Corrections Fail: The Persistence of Political Misperceptions." *Political Behavior* 32.2: 303-330.

Obeidallah, Dean. 2017. "A Guide to Surviving the First Trumpsgiving," *Daily Beast*. November 23. https://www.thedailybeast.com/ a-guide-to-surviving-the-first-trumpsgiving.

Pariser, Eli. 2011. *The Filter Bubble: What the Internet Is Hiding from You*. New York: Penguin.

Pateman, Carole. 1970. *Participation and Democratic Theory*. Cambridge, UK: Cambridge University Press.

Peterson, Erik, Sharad Goel, and Shanto Iyengar. 2017. "Echo Chambers and Partisan Polarization: Evidence from the 2016 Presidential Campaign." Working paper. https://5harad.com/papers/selective-exposure.pdf.

Pettit, Phillip. 2012. *On the People's Terms: A Republican Theory and Model of Democracy*. Cambridge, UK: Cambridge University Press.

Pew Research Center. 2014a. "Political Polarization in the American Public." June 12. http://www.people-press.org/2014/06/12/political-polarization- in-the-american-public/.

Pew Research Center. 2014b. "Political Polarization and Media Habits" October 21. https://www.pewresearch.org/wp-content/uploads/sites/8/2014/10/Political-Polarization-and-Media-Habits-FINAL-REPORT-7-27-15.pdf.

Pew Research Center. 2016. "Partisanship and Political Animosity in 2016." June 22. http://www.people-press.org/2016/06/22/partisanship-and- political-animosity-in-2016/.

Posner, Richard A. 2003. *Law, Pragmatism, and Democracy*. Cambridge, MA: Harvard University Press.

Post Senning, Daniel. 2016. "How to Avoid Politics and Survive Your Thanksgiving Meal," *Fortune*. November 24. http://fortune.com/2016/11/ 24/donald-trump-thanksgiving-politics/.

Program on International Policy Attitudes (PIPA). 2004. "The Separate Realities of Bush and Kerry Supporters." October 21. https://drum.lib.umd. edu/ bitstream/ handle/ 1903/ 10533/ The%20Separate%20 R e a l i t i e s % 2 0 of % 2 0 B u s h % 2 0 a n d % 2 0 Ke r r y % 2 0 Supp or t e r s . pdf?sequence=3&isAllowed=y.

Przeworski, Adam. 1999. "Minimalist Conceptions of Democracy: A Defense." In *Democracy's Value*, eds. Ian Shapiro and Casiano Hacker-Cordón, 23-55. Cambridge, UK: Cambridge University Press.

Pulia, Shalayne. 2017. "How to Survive the Holidays When Your Relatives Are Trump Supporters," In *Style*. November 22. https://www.instyle.com/

holidays-occasions/how-to-survive-holidays-relatives-trump-supporters.

Putnam, Robert D. 1995. "Bowling Alone: America's Declining Social Capital." *Journal of Democracy* 6.1: 65-78.

Ramsey, Frank. 1990. "Truth and Probability." In *Frank Ramsey: Philosophical Papers*, ed. D. H. Mellor, 52-109. Cambridge, MA: Cambridge University Press.

Rohrschneider, Robert and Stephen Whitefield. 2009. "Understanding Cleavages in Party Systems: Issue Position and Issue Salience in 13 Post- Communist Democracies." *Comparative Political Studies* 42.2: 280-313.

Rosenfeld, Sam. 2017. *The Polarizers: Postwar Architects of Our Partisan Era*. Chicago: University of Chicago Press.

Rousseau, Jean-Jacques. 1988. *The Social Contract*. London: Penguin Classics.

Schkade, David, Cass R. Sunstein, and Daniel Kahneman. 2000. "Deliberating about Dollars: The Severity Shift." *Columbia Law Review* 100.4: 1139-1175.

Schmitt, Hermann and André Freire. 2012. "Ideological Polarisation: Different Worlds in East and West." In *Citizens and the European Polity: Mass Attitudes Towards the European and National Polities*, eds. David Sanders, Pedro Magalhaes, and Gabor Toka, 65-87. Oxford: Oxford University Press.

Schneider, Bill. 2018. *Standoff: How America Became Ungovernable*. New York: Simon and Schuster.

Schumpeter, Joseph A. 2008. *Capitalism, Socialism, and Democracy*. New York: HarperCollins Publishers.

Shah, Dhavan V., Douglas M. McLeod, Eunkyung Kim, Sun Young Lee, Melissa R. Gotlieb, Shirley S. Ho, and Hilde Breivik. 2007. "Political Consumerism: How Communication and Consumption Orientation Drive 'Lifestyle Politics'." *Annals of the American Academy of Political and Social Science* 611: 217-235.

Shi, Yongren, Kai Mast, Ingmar Weber, Agrippa Kellum, and Michael Macy. 2017. "Cultural Fault Lines and Political Polarization." *WebSci'17: Proceedings of the 2017 ACM on Web Sciences Conference*. https://ingmarweber.de/wp-content/uploads/2017/06/Cultural_Fault_ Lines_and_

Political_Polarization.pdf.

Sia, Choon-Ling, Bernard C. Y. Tan, and Kwok-Kee Wei. 2002. "Group Polarization and Computer-Mediated Communication: Effects of Communication: Cues, Social Presence, and Anonymity." *Information Systems Research* 13.1: 70-90.

Skocpol, Theda. 2013. *Diminished Democracy: From Membership to Management in American Civic Life*. Norman: University of Oklahoma Press.

Soh, Debra. 2018. "How to survive political disagreements with your family this holiday season," *Globe and Mail*. December 27. https://www.theglobeandmail.com/opinion/article-how-to-survive-political-disagreements-with-your-family-this-holiday/.

Somin, Ilya. 2016. *Democracy and Political Ignorance: Why Smaller Government Is Smarter*. Stanford, CA: Stanford University Press.

Stolle, Dietlind, and Michele Micheletti. 2013. *Political Consumerism: Global Responsibility in Action*. Cambridge, UK: Cambridge University Press.

Sunstein, Cass R. 2009. *Going to Extremes: How Like Minds Unite and Divide*. New York: Oxford University Press.

Sunstein, Cass R. 2015. *Choosing Not to Choose: Understanding the Value of Choice*. New York: Oxford University Press.

Sunstein, Cass R. 2017. *Republic: Divided Democracy in the Age of Social Media*. Princeton, NJ: Princeton University Press.

Tam Cho, Wendy K., James G. Gimpel, and Iris S. Hui. 2013. "Voter Migration and the Geographic Sorting of the American Electorate." *Annals of the Association of American Geographers* 103.4: 856-870.

Taylor, Paul. 2016a. "The demographic trends shaping 2016 and beyond." Pew Research Center. January 27. http://www.pewresearch.org/fact-tank/2016/01/27/the-demographic-trends-shaping-american-politics-in-2016-and-beyond/.

Taylor, Paul. 2016b. *The Next America: Boomers, Millennials, and the Looming Generational Showdown*. New York: Public Affairs.

Thaler, Richard H. and Cass R. Sunstein. 2003. "Libertarian Paternalism." *American Economic Review* 93.2: 175-179.

Thaler, Richard H. and Cass R. Sunstein. 2008. *Nudge: Improving Decisions About Health, Wealth, and Happiness*. New Haven, CT: Yale University Press.

Van Swol, Lyn M. 2009. "Extreme Members and Group Polarization." *Social Influence* 4.3: 185-199.

Vaidhyanathan, Siva. 2018. *Anti-Social Media: How Facebook Disconnects Us and Undermines Democracy*. New York: Oxford University Press.

Vinokur, Amiram and Eugene Burnstein. 1978. "Novel Argumentation and Attitude Change: The Case of Polarization Following Group Discussion." *European Journal of Social Psychology* 8.3: 335-348.

Wallace, R. Jay. 2013. *The View from Here: On Affirmation, Attachment, and the Limits of Regret*. New York: Oxford University Press.

Weber, Peter. 2013. "The politics of fast food: What Republicans and Democrats like to eat," *The Week*. February 27. http://theweek.com/articles/ 467272/ politics-fast-food-what-republicans-democrats-like-eat.

Westfall, Jacob, Leaf Van Boven, John R. Chambers, and Charles M. Judd. 2015. "Perceiving Political Polarization in the United States: Party Identity Strength and Attitude Extremity Exacerbate the Perceived Partisan Divide." *Perspectives on Psychological Science* 10.2: 145-158.

Williamson, Thad. 2008. "Sprawl, Spatial Location, and Politics: How Ideological Identification Tracks the Built Environment." *American Politics Research* 36.6: 903-933.

Willingham, AJ. 2018. "How to talk politics at your family holiday dinner this year," *CNN.com*, November 22. https://www.cnn.com/2016/11/22/health/ thanksgiving-holiday-conversation-survival-guide-trnd/index.html.

Wilson, Chris. 2014. "How Liberal Is Your Burger?" *Time*. November 10. http:// time.com/3572348/republican-democrat-stores/.

Wilson, Reid. 2013. "You are where you shop: What your grocery store says about you," *Washington Post*. December 9. https://www.washingtonpost.

com/blogs/govbeat/wp/2013/12/09/you-are-where-you-shop-what-your-grocery-store-says-about-you/?noredirect=on&utm_term=.a8f9a4937c13.

Wood, Thomas and Ethan Porter. 2019. "The Elusive Backfire Effect: Mass Attitudes' Steadfast Factual Adherence." *Political Behavior* 41.1: 135-163.

Young, Iris Marion. 1996. "Communication and the Other: Beyond Deliberative Democracy." In *Democracy and Difference: Contesting the Boundaries of the Political*, ed. Seyla Benhabib, 20-136. Princeton, NJ: Princeton University Press.

Zajonc, Robert. 1968. "Attitudinal Effects of Mere Exposure." *Journal of Personality and Social Psychology Monograph Supplement* 9.2: 1-27.

이 저서는 2022년 대한민국 교육부와 한국연구재단의
한국사회과학연구(NRF-2022S1A3A2A01089543)의 지원을 받아 수행한 연구임.

과잉 민주주의
양극화 사회에서 정치의 자리

제1판 1쇄 2024년 3월 31일

지은이   로버트 B. 탈리스
옮긴이   조계원
펴낸이   장세린
편집   배성분, 박을진
디자인   김진나

펴낸곳   (주)버니온더문
등록   2019년 10월 4일(제2020-000051호)
주소   서울특별시 용산구 청파로93길 47
홈페이지   http://bunnyonthemoon.kr
SNS   https://www.instagram.com/bunny201910/
전화   010-3747-0594 팩스 050-5091-0594
이메일   bunny201910@gmail.com

ISBN   979-11-93671-08-5 (93340)